平等主義の哲学
——ロールズから健康の分配まで

広瀬巖 著
by Iwao Hirose

齊藤拓 訳

母に

EGALITARIANISM
by Iwao Hirose

Copyright © 2015 Iwao Hirose
All Rights Reserved.
Authorised translation from English language edition published by Routledge,
a member of the Taylor & Francis Group.
Japanese translation published by arrangement with
Taylor & Francis Books Ltd through The English Agency (Japan) Ltd.

日本語版への序文

　本書は、哲学・経済学・政治学を学ぶ学部専門課程および大学院の学生を主な対象とした平等主義的価値理論に関する概説書である。分析哲学の手法にもとづいて、抽象的な道徳哲学の問題を論理的かつ明瞭に説明するよう心がけた。本書を読むにあたっては、分析哲学に関する予備知識は必要ない。論理的に思考することのみが求められている。

　本書が日本語に翻訳され、日本の読者に読まれることを私は強く望んでいた。なぜなら、日本では近年、福利厚生の格差が拡大しており、これからも拡大し続けることが確実だからである。特に正規雇用と非正規雇用の労働者の間の格差は深刻であり、正規雇用と非正規雇用では、生涯賃金に格差が生じることが予測される。生涯賃金の格差が福利の他の領域の不平等に及ぼす影響も強く懸念される。つまり、生涯賃金及び福利厚生の不平等は、健康状態の格差、生存年数の格差、子供を持つ機会の格差、子供の教育の格差、そして究極的には生きることへの希望の格差へと影響を与えるだろう。このように、日本では格差の問題がこれまでになく重要になってきているのだが、平等を希求する道徳的原理とは何かという議論はあまり活発に行われていない。本書では、平等に関する道徳理論すべてを論じることはできなかったが、福利の平等を希求するとは道徳的にどういうことなのかという根本的な議論を活発にする契機になれば幸いである。

　英語版原著は全7章で構成されていたが、日本語版では第6章を割愛することにした。英語版原著の第6章では主に二つのトピックが論じられている。第一のトピックは厚生分配評価の時間的単位である。福利の分配を評価する際、ある特定の期間についてそれ以外の期間とは無関係に（例えば2016年を）評価

すべき（時間断片説）だろうか、それとも生涯全体にわたる福利の分配を評価すべき（生涯全体説）だろうか？　割愛した第6章では、後者には道徳的正当性があるが、前者には十分な道徳正当性がないと論じた。第二のトピックは、人口規模に関する倫理理論に関わっている。人口の規模が道徳的変数とされた時、福利配分の評価の仕方に変化が現れるだろうか？　この問題は現代道徳哲学における理論的難問の一つなのだが、人口規模の道徳理論自体が極度に抽象的であり、また日本であまり紹介されていないため、割愛することにした。

　最後になるが、日本語訳を短期間に、そして正確に翻訳してくださった齊藤拓先生にお礼と感謝を申し上げたい。彼は日本ではあまり議論されてこなかった分析的道徳哲学の平等主義理論を熟知する数少ない研究者である。齊藤先生の研究成果とともに、本書が分野の違いに関わりなく広い読者層に届くことを祈っている。

2016年3月モントリオールにて

広瀬　巌

まえがき

　本書では、現代の道徳哲学および政治哲学における、広い意味で平等主義的な分配的正義に関する諸理論の主要な考え方のいくつかを説明する。平等主義に関する文献はあまりに膨大なので、そのすべての側面を取り上げることはできない。いくつもの重要な側面のうち、本書では、平等主義的分配原理の持つ評価に関する側面に焦点を当てる。評価に関する側面という語で私が言わんとしているのは、諸々の事態の相対的な善さないし順序付けに関する研究である。つまり、フェミニズム、民主的平等論、グローバル正義、福利という概念それ自体、福利の個人間比較など、平等主義における他の重要な諸側面については論じない。それゆえ私は、本書が分配的正義という分野全体についての完全な参考書ではないことをよく認識している。

　本書は主として哲学および政治理論を学ぶ学部上級生および大学院生のためのテキストとして構想されているが、より広い読者に読んでもらうことも目指している。規範倫理学や政治哲学の初歩的な知識と分析スキルが前提とされてはいるが、経済学や政治学、社会学、公共政策、公衆衛生、医学、その他、人間の福利の分配に関心を向けるあらゆる領域の学生がアクセスできるレベルの説明になっている。

　分配的正義は哲学の一分野であるのみならず、別の学術領域の一分野でもある。例えば、経済学の形式的分析は、平等主義的な分配的正義論の構造を理解するうえで極めて重要かつ有益であるが、少なからぬ人々がそれに尻込みする。私が思うに、分配的正義の諸理論を説明する最も効果的な方法は、経済学と政治理論の成果を哲学的分析へと統合することである。そのため、そうした成果のいくつかを形式的でないかたちで組み込むことにした。近年では多くの大学

まえがき

が、哲学、政治学、経済学を統合した学部プログラム（PPE プログラム）を提供するようになっているが、本書はそのようなプログラムにおける講義としてとくにふさわしいはずである。

現代平等主義に関する文献は、膨大で、専門的で、錯綜していて、複雑である。そのために、平等主義的な分配的正義の本格的な理論分析に深入りすることを尻込みする学生もいる。それでも、平等主義は道徳哲学および政治哲学の中心的論点の一つであり続けてきたし、これからも間違いなくそうあり続けるはずなのであり、哲学内外の多くの学生は平等主義を理解することに関心を示すことだろう――その目的が、平等主義を支持するためであれ、実践的な諸問題に適用するためであれ。本書ではこのギャップを架橋することを目指して、過去約 40 年間の平等主義に関する文献を概観しつつ批判的に分析する。

私が本書で行った最大のチャレンジは、健康およびヘルスケアにおける分配的正義についての章を設けたことである。学生たちはしばしば、たとえ分配的正義の諸理論を実によく理解していたとしても、抽象的な哲学的分析を実践的文脈のなかで明確に示すことの難しさに気付く。平等主義がいかにして実際的な価値を持ち実践に用いられうるのかを示すために、健康およびヘルスケアという文脈を選んだ。健康およびヘルスケアの分配という論点は一つの独立した研究分野としてすでに確立している。グレッグ・ボグナーと私はラウトレッジ社から『ヘルスケアの割当てに関する倫理学』という本を出版する予定であり、健康およびヘルスケアの分配から生じる倫理的諸問題についてのより進んだ研究に興味があるなら、これを読むことを薦めたい。とはいえ、平等主義的な正義論は他の多くの分野に適用可能である。本書を読んだのち、読者が理論と実践の両面における平等主義のさらなる探究へと踏み出してくれることを望んでいる。

平等主義の哲学
ロールズから健康の分配まで

目　次

目 次

日本語版への序文
まえがき

序　論 …………………………………………………………………… 1

第1章　ロールズ的平等主義 ………………………………… 17
1.1　功利主義——支配的な分配原理　18
1.2　ロールズの格差原理　25
1.3　格差原理に対する批判　31
1.4　ポスト・ロールズ主義の契約理論——ネーゲルとスキャンロン　36
本章のまとめ　46
文献案内　46

第2章　運平等主義 …………………………………………… 49
2.1　ロールズから運平等主義へ　50
2.2　選択運という概念を解剖する　57
2.3　どれだけの運が本当に選択運なのだろうか？　62
2.4　いくつかの異論　69
本章のまとめ　74
文献案内　75

第3章　目的論的平等主義 …………………………………… 77
3.1　目的論的平等主義——パーフィットの内在説　78
3.2　水準低下批判　82
3.3　水準低下批判に対する三つの応答　86
3.4　もう一つの解釈——集計説　94

3.5　射程問題　98

3.6　目的論的－義務論的という区分の再考　102

本章のまとめ　104

文献案内　104

第 4 章　優先主義 …………………………………………………… 107

4.1　優先主義——基本的な考え方　108

4.2　優先主義の構造　111

4.3　優先主義とは何でないか　118

4.4　優先主義に対する批判——パート 1　122

4.5　優先主義に対する批判——パート 2　126

4.6　優先主義 vs. 目的論的平等主義　131

本章のまとめ　135

文献案内　136

第 5 章　十分主義 …………………………………………………… 139

5.1　下限付きの功利主義　140

5.2　フランクファートによる十分主義の員数説　144

5.3　下限付きの功利主義——ある哲学的アプローチ　149

5.4　十分性未満の福利に伴う悪　153

5.5　十分主義に対する四つの批判　158

本章のまとめ　165

文献案内　166

第 6 章　健康およびヘルスケアにおける平等 ………… 169

6.1　健康へのロールズ的アプローチ　171

目　次

　　6.2　健康における運平等主義　　175
　　6.3　健康の社会的勾配　　178
　　6.4　ヘルスケアの分配——QALY の最大化　　183
　　6.5　より境遇が悪いとはどういうことか？　　189
　　6.6　年齢とヘルスケアの分配　　191
　　6.7　ヘルスケア分配の生涯全体説？　　195
　　本章のまとめ　　199
　　文献案内　　199

結　語　……………………………………………………………… 201

用語集　　209
文献一覧　　215
訳者解説　　227
索　引　　255

凡　例

- 本書は Iwao Hirose, *Egalitarianism*, Routledge, 2015 の邦訳である。原書巻頭の謝辞を割愛したほか、本文全7章のうち、第6章の"Equality and time"を割愛して訳出した。
- 本訳書の第6章は、原書では第7章にあたる。原書の7.1節は本訳書では6.1節というように節番号を改め、本文中でこの章の節番号に言及する場合も同様に変更した。
- 上記にともなって、本文中で原書の第6章に言及している箇所について、原著者の確認のもと若干の文章の変更を行った。該当箇所は訳注にて示した。
- 原注は1、訳注は†1という表記で示し、それぞれ章末にまとめた。
- 原書における強調のためのイタリックは、傍点で示した。
- 〔　〕は訳者による補足説明を、［　］は引用文への原著者による挿入を示している。
- 引用文は、邦訳のあるものも含めて新たに訳出した。

序　論

　平等主義は多くの——おそらくはあまりにも多すぎる——哲学的理念に言及するものである。本書では、平等主義と名付けられる考え方のすべてを論じることはできない。そのため、私が論じるものと論じないものとをはっきりさせることから始めるのがよいだろう。この序論では、本書の主題、目指すもの、構成を明らかにする。第一に、平等主義の定義を提示するが、これは本書全体を通して吟味されることになる。第二に、一部の論者たちによっては平等主義と分類されるが本書では論じられることのない、いくつかの哲学的な考え方を明らかにする。第三に、本書の目的と構成を定める。第四に、本書全体を通して用いられる基本的な哲学用語を定義する。第五に、分配的正義の研究において用いられる専門用語を紹介する。

平等主義とは何か？

　一部の人々は、他の人々と比べて、境遇が悪い。等しい道徳的価値をもつ人々の間での不平等は道徳的関心（moral concern）を生じさせるだろうか？　平等主義を擁護する人はそうだと主張する。ここに、私が本書で検討する平等主義の定義を示そう。

> 平等主義：分配原理の一つであり、諸個人は福利ないし人生に影響を与える道徳上重要な要素（morally relevant factors）を同じ量もつべきである、と主張する。

序　論

　哲学的概念を定義する際に論争はつきものである。私の平等主義の定義はあまりにも多くの分配原理を含めているので広すぎると思う人もいれば、あまりに多くを排除しているので狭すぎると思う人もいるだろう。この序論では、まずこの定義の意味をはっきりさせ、そこから何が排除されているのかを明らかにしよう。これによって本書の主題を定めることができる。
　分配原理とは、社会に存在する様々な諸個人の道徳上重要な要素の分配に関する規範的判断の規準となるルールである。功利主義的分配原理のように、人々の福利ないし道徳上重要な要素の分配には関心を寄せない分配原理も存在する。私が本書で検討する平等主義とは、異なる人々の間で福利や道徳上重要な要素が平等であることを支持する種類の分配原理である。
　平等主義の支持者は、何ものかの平等な分配を支持する。私が本書で分析する平等主義は、人々の福利（well-being）の平等分配を支持するものである。それは、道徳的地位をまったくもたない存在の平等に関心を寄せるものではない。机の脚が一本だけ他より短いという事実は、不都合を生じはするが、道徳的関心を惹起することはない。平等主義が関心を寄せるのは、道徳的地位をもつ存在の平等である。道徳的地位をもつ存在とは何だろうか？　この問いによって、私の平等主義の定義に関して我々が実体的な合意を得ることは不可能になる。一部には、感覚のある動物は人間以外の動物も含めてすべて道徳的地位をもつのであり、それゆえ平等主義はすべての感覚ある動物の平等に関心を寄せるべきである、と考える人もいる。だが本書では、簡便さのため、平等主義とは人間の平等に関心を寄せるものであるとしよう。
　ある人々は他の人々よりも背が低い。平等主義は身長の平等に関心を寄せるだろうか？　私はそうは思わない。平等主義は、人間が有する何らかの道徳上重要な要素に関心を寄せるのである。異なる諸個人の間で道徳上重要な要素に格差が存在するとき、平等主義はその格差について語るのだ。人間が有する道徳上重要な要素とは何だろうか？　私はそれを福利と呼ぶ。私は福利という概念を最も広い意味で用い、この概念を、平等主義が平等化しようとするものの代用語として扱う。これは、福利という概念を不明確なままにしておくということだ。福利概念をこのように使うことには異論もあろう。私がなぜこのよう

な想定をするのか、簡単に説明しておく。

　ある哲学的ジャーゴンを紹介することから始めよう。それは被平等化項（equalisandum）というものだ。被平等化項とは、異なる諸個人の間で平等化されるべき道徳上重要な要素とされたものを指示する言葉である。被平等化項は様々なかたちで説明されうる。一方の極端な説明では、被平等化項とは所得やロールズの社会的基本財、ドウォーキンの資源など、客観的に同定可能な財ないし客観的に同定可能な財リストのことである（客観的リスト説）。他方の極端な説明では、被平等化項とは快楽、欲求充足、選好充足などといった、ある個人の精神状態のことである（精神状態説）。機能へのケイパビリティ、厚生への機会など、被平等化項をこの両極端の中間に位置付ける論者もいる。被平等化項に関する説明は様々であり、何が最善の説明であるかについてのコンセンサスはない。

　「何の平等か？」という問いは倫理学において根源的なものだ。被平等化項についての適切な説明を確立できないかぎり、どのような分配的正義の理論も不完全である。通常、分配的正義を論じるのであれば、⑴被平等化項に関する最善の説明という問題、⑵その被平等化項はどのように測定されるのかという問題、⑶被平等化項の個人間比較の問題、を解決しなければならないとされている。これが暗に示唆しているのは、これら三つの難題を解かないかぎり分配原理を論じることはできない、ということだ。だが私の考えでは、被平等化項に関する特定の説明にコミットせずとも、分配原理についての有意義な哲学的分析を大いに進展させることは可能である。本書では、様々な分配原理の問題のみに焦点を当てるため、単純に、被平等化項の最善の説明に関する議論はすべて棚上げすることにしよう。これこそ、私が道徳上重要な要素という概念を最も広く想定する理由であり、それによって、被平等化項に関する諸々の説明について中立でいられるし、様々な被平等化項の説明からは独立に分配原理を論じることができる。本書全体を通して、私がそうでないと明記しないかぎり、福利という語を道徳上重要な要素の略記として用いる。

　私がいま説明した平等主義の定義は広い。というのも、多くの場合に厳密な意味では平等主義的と見なされていない原理をいくつか含むからだ。より具体的には、優先主義と十分主義として知られるようになった立場を、広く定義さ

れた平等主義というカテゴリーに含めている。これら二つの原理は平等それ自体には関心を寄せないので、厳密に言えば平等主義にはならない。少なくとも、これらの原理を擁護する論者たちはそう主張している。それでも私は、第3章と第4章で説明するように、広く定義された平等主義というカテゴリーにこれら二つを含めることにする。

平等主義とは何でないか？

　私は、人々の福利の平等、ないし彼らの人生に影響する道徳上重要な要素の平等、という観点で平等主義を定義した。この定義は狭すぎると映るかもしれない。平等のそれ以外の意味が生じる事例をカバーしないからだ。法の前の平等（法的平等主義と呼ばれることもある）がそのような例である。法の前の平等は、それぞれの個人ないし集団が同じ法律に服し、特別の法的特権を有する個人ないし集団が存在しないことを主張する。これは規範的な主張であるうえに、諸個人ないし諸集団の間の平等に関心を寄せてもいる。だが、福利の平等には関心を寄せていない。それゆえ、このタイプの平等主義は本書では扱わないこととする。別の例が政治的平等である。政治的平等とは、すべての市民が、統治に参加して投票によって公職者を選択ないし解職するための平等な権利を持つべきだ、という主張である。具体的な要求として「一人一票」がある。これもまた規範的な主張であるとともに諸個人間での平等に関心を寄せてもいるが、福利の平等には関心を寄せていない。それゆえ、私が平等主義と呼ぶものではない。

　私が上で定義した意味での平等主義ではないが、一部の人々はそれらをある意味での平等主義であると考える、そんなよく知られた分配原理が少なくとも四つ存在する。第一の例は功利主義である。功利主義は様々なかたちで定義できる。古典的功利主義を取り上げてみよう。古典的功利主義は、ある行為が正しいのは、その行為がある所与の社会において人々の福利の総計を最大化させる場合でありかつその場合に限られる、といった強い主張をしている。その総計を計算するに際して、各個人の福利には平等なウェイトが与えられ、多様な人々の福利が単純に足し合わされる。古典的功利主義はすべての個人の福利に

平等なウェイトを与えることを支持しているため、それは平等主義であると主張されてもよいのかもしれない。しかしながら、古典的功利主義は人々の福利がどのように分配されているのかに関心を寄せないので、私はそれを平等主義の一形式とは考えない。

　第二の例はリバタリアニズムである。最もよく知られたリバタリアンの分配理論は、ロバート・ノージックの横からの制約理論（side-constraint theory）である（Nozick 1974）。彼の横からの制約理論は三つの原理からなる。第一は獲得の原理である。個人は彼ないし彼女の労働を所有しており、それまで所有されていなかった自然の一部に「彼ないし彼女の労働を加える」ことによってその自然を所有することになる。第二は移転の原理である。保有物の移転が正義に適うのは、その移転が自発的である場合でありかつその場合に限られる。これは、彼ないし彼女が自己所有する才能や能力、そして彼ないし彼女が適切と見なす労働を行使することの成果を、その個人が使用する権利を尊重することから生じるとされている原理である。第三は匡正の原理であり、過去の獲得および移転における不正義を正す適切な手段に関する原理である。ノージックによれば、これら三つの原理が満たされているかぎり、いかなる福利の分配も許容されるべきであり、人々の福利を平等化するあらゆる試みは不正義であると見なされるべきなのだ。このように、リバタリアニズムは福利の平等に関心を寄せない。リバタリアニズムの擁護論者たちが一般的に主張しているのは、分配の諸原理——それらは平等という要請を押し付けてくる——は、最も重要な道徳的要請、例えば自由であるとか自己所有の尊重といった要請とは対立するものなのだ、ということである。

　第三は、マルクス主義正義論ないし共産主義である。マルクス主義正義論は、ある形態の平等主義と結びつけられることがある。私の理解では、マルクス主義正義論はブルジョアジーによるプロレタリアート支配が廃絶された社会の実現を目指している。マルクス主義正義論は、それが一定の方法で実現されるなら、たしかに平等な福利という状態に落ち着くのかもしれない。だが、その第一目標は、資本制生産様式の廃絶であり、ブルジョアジーのプロレタリアート支配の根絶である。それは必ずしも福利の平等を目指すものではない。ゆえに、本書ではマルクス主義正義論を平等主義というカテゴリーには含めない。また、

『ゴータ綱領批判』にあるカール・マルクスのよく知られたスローガン——「能力に応じて各人から、ニーズに応じて各人に」——も含めない。このスローガンによれば、共産主義の社会では、各個人は彼ないし彼女の能力の最善を尽くして社会に貢献するべきであり、かつ、彼ないし彼女のニーズに比例して社会から消費するべきである。このスローガンは、たしかにある種の平等主義と呼んでも構わないような感じはするが、それでもやはり、それは福利の平等を目指すものではない。ゆえに私は平等主義とは見なさない。

　第四は、比例原理である。比例原理がその最も一般的な形態において主張するのは、我々はより強いクレイムをもつ個人に対して、より弱いクレイムをもつ個人に対してよりも、より多くを分配するべきである、ということだ。加えて、比例原理には様々な分配方法が存在する。例えば、タルムードにある次のような問題を考えてみよう。「一枚の布地を二人が握っている。一方はそのすべてを要求しており、他方は半分を要求している。その布地の公平な分割とはどのようなものか？」。タルムードで提示されている解決方法は、最初の請求者に4分の3を、二番目の請求者に4分の1を与えるというものである。その考え方は、係争になっているのはその布地の半分についてのみであり、請求者たちは係争部分を平等にシェアして、争いのない半分については最初の請求者が受け取る、というものである（この方法は、ゲーム理論ではシャープレイ値として知られている）。これは、競合する請求者たちの間で布地を分配する一つの方法である。他にもよく知られた分配方法がある。それがアリストテレス的比例原理であり、それによれば、布地は各クレイムの正統性の程度に比例して分配されるべきである。この方法は、最初の請求者に3分の2、第二の請求者に3分の1を与えるべきことを意味する。タルムードもアリストテレス的比例原理も、関心を寄せているのは便益の公正な分配であって、福利の平等ではない。ゆえに、私は比例原理を平等主義のカテゴリーには含めない。

本書の目的と構成

　本書の全般的な目的は、現代の道徳哲学および政治哲学において平等主義の諸理論がもつ根本的・体系的・実践的な特徴について説明することである。よ

り具体的に言えば、(1)福利の平等がどのように正当化できるのか、(2)平等主義的な諸々の分配原理は人々の福利の分配をどのように評価するのか、(3)抽象的な平等主義の諸原理を具体的文脈に適用した際、どのような哲学的問題が生じるのか、に関する私の理解を概説するつもりである。現代の道徳哲学および政治哲学というのは、ジョン・ロールズの『正義論』(Rawls 1971) 以後の道徳哲学と政治哲学のことである。この限られた期間だけを分析するにしても、現代平等主義の文献は膨大で、専門的で、錯綜していて、複雑である。私は本書をできるだけ網羅的なものにするよう努めたが、すべてのトピックをカバーするのは不可能である。そこで私は六つのトピック[†1]を選んだが、これらは現代の平等主義的な分配的正義論の研究において私が中心的と考えるものであり、それを大きく三つのパートに分けてある。第一パートは、平等主義の基礎付けに関するものである。第二パートは、分配原理の実体的な理論構造に関するものである。第三パートは、個別的文脈における平等主義の適用に関するものである。

　第一パート（第1章および第2章）では、平等主義の基盤を提供している影響力のある理論を二つ検討する。我々が分配的正義を一般的に論じる際、また福利の平等な分配を個別的に論じる際、ただちに以下のような疑問が生じる。なぜ福利の不平等な分配は道徳的関心を生じさせるのだろうか？　諸々の平等主義的な分配原理を根拠づける影響力のある理論が二つ存在する。ジョン・ロールズによる公正としての正義の理論と、運平等主義である。

　第1章では、ロールズの格差原理を批判的に検討する。先述したように、現代の道徳哲学および政治哲学はロールズの『正義論』(Rawls 1971) に始まる。ロールズの格差原理は、厳密に言えば、福利の平等を目指しているわけではない。それはむしろ、社会経済的な不平等が正当化されるのはどのような条件においてなのかを明らかにする。彼の考えでは、公正としての正義に関する彼の説明を所与とするなら、社会経済的な平等は正当化を必要としないのに対して、社会経済的な不平等は正当化を必要とする。彼はいかにしてこの結論に到達したのだろうか？　私は彼の功利主義――それはロールズが最も重要な論敵と見なしたものである――に対する批判の説明から始める。そのうえで、格差原理についてのロールズの論証と、彼の格差原理の基本的特徴を概説する。広く知

られているように、彼の格差原理は平等主義の擁護論者と批判論者の両方から批判されており、こうした批判についても素描する。ロールズの正義論に触発された最近の二つの分配原理、トマス・ネーゲルの全員一致とT. M. スキャンロンの契約主義を検討して第1章の締めくくりとする。

第2章では、影響力ある平等主義の基礎理論のもう一方について考察する。それが運平等主義である。運平等主義は、ロナルド・ドウォーキンの資源平等主義から生じ、リチャード・アーネソンとG. A. コーエンがさらに発展させたものである。運平等主義は、平等主義的な分配的正義論のなかに責任という概念を取り込もうとしている。運平等主義は、個人の制御を超えた運の悪影響と個人の制御下にある運の悪影響とを区別することで、削減されるべき不平等と削減される必要のない不平等とを区別する。運平等主義は、部分的にはロールズの格差原理に対する批判を動機としているが、すでにそれ自体で平等主義の基礎理論の一つとなっている。第2章では、運平等主義の基本的な主張と、それへの異論を概説する。

第二パート（第3章から第5章）では、様々な平等主義的分配原理が、人々の福利の分配をどのように評価するのかを検討する。より具体的には、三つの原理——目的論的平等主義、優先主義、十分主義——に焦点をあてる。平等主義に関する研究は、1990年代半ばに抜本的な変化を経験した。デレク・パーフィットの論文「平等か、優先性か？」の発表により、平等主義に関する哲学的議論の景色が一変したのである（Parfit 1995, 2000）。パーフィットの論文は甚大な影響力をもっている。その論文において、彼は自らが目的論的平等主義と呼ぶものへの異論を提起するとともに、自らの提案する優先性の見解すなわち優先主義を標榜した。パーフィット論文に関する議論の多くは目的論的平等主義と優先主義との対照を巡ってなされたが、最近になって、（変哲な名前ではあるが）十分主義として知られるようになったものが、目的論的平等主義と優先主義の有力な対抗馬として登場した。本書の第二パートでは、これらの分配原理がもつ理論的構造を検討する。

第3章では、目的論的平等主義の二つのヴァージョンについて、その理論的構造を検討する。まず、目的論的平等主義に関するパーフィットの特徴付け（内在説）と、それに対する彼の異論（水準低下批判と射程問題）を紹介する。その後、

経済学者には馴染みのある別の特徴付け（集計説）を検討し、それをパーフィットの言う内在説と比較する。

　第4章では、パーフィットの優先主義へと論を進める。近年、優先主義は哲学者たちの間で非常に人気が出てきた。それは平等を目指していないので、厳密に言えば平等主義ではない。それでも、優先主義には平等へと向かう内在的バイアスがある。最初に、水準低下批判が優先主義をどのように動機付けているかを説明する。第二に、優先主義を三つの条件──非相関性、ピグー－ドールトン条件、パレート──の連言として特徴付けるとともに、最も一般的な優先主義の定式を提示する。第三に、優先主義の理論的構造と目的論的平等主義のそれとを比較し、優先主義の利点と難点を考える。

　第5章では、十分主義を批判的に評価する。最も一般的に言って、福利の閾値水準を下回る人々を益することに優先性が与えられるべきだ、と十分主義は主張する。それは目的論的平等主義および優先主義に取って代わる原理と目されている。その直観的な訴求力がよく理解できるよう、いくつかの実験経済学の結果──そこでは、多くの被験者がある種の十分主義を支持する──を紹介することから始める。その後に、以下のようなかたちで哲学的分析を提示する。第一に、十分主義の哲学的動機と基本的な主張を説明する。第二に、十分主義の厳密な特徴付けを提示する。第三に、十分主義の理論が、閾値の上下いずれにもいる境遇の悪い者に優先性を与えることを明らかにする。

　本書の第三パート（第6章）では、平等主義に関してとくに選択された一つのトピックに焦点を当てる。第一および第二パートでの分析は非常に抽象的である。哲学的分析が特定の文脈に当て嵌められるとき、新たな哲学的問題が生じる。これが、平等主義の分析が非常に込み入ったものとなる理由である。平等主義が新たな難問に遭遇する文脈は数多く存在する。私はそのような文脈として、健康およびヘルスケアの分配という文脈を選択した[†2]。

　第6章では、数々の平等主義的な分配的正義論が、健康およびヘルスケアの領域でどのように作動するかを検討する。多くの人が、健康──それゆえヘルスケア──が我々の生において非常に重要であると考えている。したがって、健康およびヘルスケアの分配についても同様である。本章では、健康とヘルスケアを明確に区別する。本章の前半では、ロールズ正義論と運平等主義が健康

格差の問題にどのようにアプローチするかを考察する。本章の後半では、希少なヘルスケア資源の配分において平等主義がどのように用いられうるかを素描する。

何が省略されたのか？

　現代の平等主義に関する文献は非常に膨大であるため、残念ではあるが、私は主要なトピックをいくつか省略した。そのようなトピックのうち私がとくに重要と考えるものを二つ指摘しておきたい。
　第一のトピックは民主的平等論である。大まかに言って、民主的平等論によれば、平等の本質とは諸々の財の平等を目指すことではない。それは、各個人が他のあらゆる人々と根本的に対等なる者として在るよう、民主的自己統治に参加する万人の自由のための社会的・政治的・経済的な諸条件を保障することである。要するに、民主的平等論が目指すのは、対等な者たちの間に成立する関係性なのである。民主的平等が妥当な目的であるとしたら、二つの自明な結論が得られる。第一に、私が本書で検討しようとしている平等主義の諸原理は、平等の本質を外している、つまり見当違いをしていることになる。第二に、民主的平等論は、すべての人が他のすべての人と対等に在るかぎり、諸財がある程度不平等に分配されることを許容する。民主的平等論というアイデアは近年の政治哲学の文献に顕著に見られるようになっており、広範で多様な立場が含まれる（Anderson 1999; Christiano 1996; Daniels 2012; Scheffler 2003b）。第6章で、健康およびヘルスケアの平等という文脈でのノーマン・ダニエルズの民主的平等論を短く論じる。とはいえ、一つや二つの章で公平な分析を行うことはできないので、本書では民主的平等論というトピックは単純に棚上げとする。
　私が省略した第二のトピックは、平等の根拠に関する一般的問題である。なぜ、平等な道徳的価値をもつ人々の間での不平等は道徳的関心を生じさせるのだろうか？　この問いはあまりに根源的であり、平等主義の包括的な研究であればこれを無視することはできない。本書では、いくつかの章でこの問いに取り組んでいる。しかしながら、グローバル正義——そこではこの問いが中心的問題となる——に関する膨大な文献については省略することにする。途方もな

いグローバル格差が存在しており、数十億の人々が深刻な貧困に苦しみ予防可能な病気で死んでいる一方、世界人口の一握りは豊かな生活を送っている。だが、富裕層から貧困層へと資源を再分配することを可能にするようなグローバル政府や超国家機関は存在しない。こうした環境において、グローバル格差の削減についてどのように論じることができるだろうか？　近年、グローバル正義に関する文献が急速に蓄積され、平等の根拠に関する問いもこういった研究のなかで注意深く検討されてきた。当初、私の計画では、グローバル正義の根拠に関係するいくつかの論点を扱うために、グローバル正義の研究に充てる章を一つ加えるつもりだった。だが、グローバル正義に関する文献があまりに膨大であったため、このトピックは本書から割愛せざるを得なかった。その研究における重要な論稿のいくつか――Caney（2005），Gilabert（2012），Pogge（2008），Sen（1999），Tan（2012）――を指摘するにとどめておきたい。

　私の意図は、これらのトピックは本書で論じるトピックよりも重要ではない、などというものでは毛頭ない。紙幅の都合上、限られたトピックに専念せざるを得ないのである。私は、本書が平等主義の不完全な研究以上のものではないことをよく認識している。

哲学用語について

　本書全般にわたって、私は規範理論にかかわる基本的な諸概念について、いくつかのことを前提している。これらの前提については最初に明確に述べておくべきだろう。

　第一に、私は目的論と義務論という二種類の倫理理論を区別することにする。この際、ジョン・ロールズのよく知られた特徴付けを踏襲する（Rawls 1971: 24）。目的論は、目的因を自然のなかに見出すアリストテレス哲学と結び付けられるのが一般的である。だが本書では、目的論をアリストテレス的な意味ではなく、ロールズの意味で使う。ロールズの特徴付けによれば、目的論とは、正ないし不正は善と悪によって決定されるとする見解である。目的論の主要な例は功利主義である。功利主義によれば、ある行為の正ないし不正はその行為が生じさせる善の量によって決定されるのであり、この際、問題となる善とは

人々の快楽ないし幸福である。ロールズの特徴付けには、善と悪を参照することによって正ないし不正を決定するあらゆる理論が含まれる。他方、義務論とは、ある行為の正ないし不正は善および悪とは独立に決定されるとする見解である。義務論の実例には、ロバート・ノージックの横からの制約理論やカント倫理学が含まれる。例えばカントの倫理体系によれば、非常に大まかに言って、ある個人を単に手段として扱う行為は、そのような行為がどれだけ多くの善を生み出そうとも、不正である。

　目的論と義務論に関するロールズの特徴付けはよく知られているが、異論の余地もある。以下のようなケースを考えてみよう。古典的功利主義は目的論の一例であり、ある行為が正しいのはその行為が快楽の総計を最大化する場合でありかつその場合のみである、と主張する。それは、あらゆる個人の快楽に等しいウェイトを与えることを要求する。人々の快楽の平等なウェイトは、人々の快楽をどのように集計すべきかについてのある種の制約であるが、その制約は善ないし悪の概念から生じているわけではない。あらゆる個人の快楽に等しいウェイトを与えるのは、それ自体は善でも悪でもない一つの制約なのだと言えよう。したがって、古典的功利主義が何らかの制約を想定するとき、それは善ないし悪の問題ではない（Kymlicka 1988 を見よ）。

　第二に、私は帰結主義と価値論を区別する。帰結主義の主張では、ある行為が正しいのは、それが最善の帰結をもたらす場合であり、かつその場合のみである。それは目的論的な理論の一つであり、正ないし不正は、諸々の事態の相対的な善さから生じる。価値論の対象は事態の相対的な善さに限定されている。それは相対的な善さを基準にして諸事態をランク付けするにとどまる。ほぼすべての種類の帰結主義は価値論を含意するが、その逆は真ではない。すなわち、ほぼすべての帰結主義的理論には何らかの価値論的理論が含まれているが、いくつかの価値論的理論は必ずしもその支持者を目的論的な理論にコミットさせるわけではない。例えば、一部の価値論的理論は、ある事態 x が別の事態 y よりも厳密に善いと判断するが、にもかかわらず、x を生じさせることは不正である——なぜなら、それを生じさせることは基本的権利のような何らかの重要な義務論的制約を侵害するから——とも判断する。対照的に、目的論的な理論は、x は y よりも厳密に善いということを根拠に、x を生じさせることが正し

いのだと判断するのである。

　第三に、すでに言及したように、私は福利という概念を可能なかぎり広く解釈するので、福利についての競合する諸々の考え方に関して中立でいることができる。福利は客観的に同定可能な財のリストであるかもしれないし、快楽、幸福、欲求充足、選好充足等々といった何らかの精神状態でもありうる。それ以外の被平等化項の考え方（ロールズの社会的基本財やドゥウォーキンの資源のような）について語る場合は、それについてはっきり注記することにする。

　第四に、私が事態・帰結・行為という語で何を意味しているかを明確にしておこう。これらの用語については、レオナルド・サベージの定義（Savage 1972）に従うことにする。事態とは、世界に関する完全な記述である。帰結とは、ある行為が生じさせる事態のうちの一つである。より形式的に言えば、行為とは、ある事態集合をある帰結へと変換する関数である。帰結と事態を互換的に使う哲学者もいるが、私はこれらの用語を明確に区別したい。価値論的な理論は、諸々のありうる事態を善さの観点でランク付けし、最善の事態を同定する。目的論的理論は、諸々のありうる事態を善さの観点でランク付けし、最善の事態を帰結としてもたらす行為こそが正しい行為であると主張する。義務論的理論は、善さの観点で事態をランク付けすることとは独立に、ある行為の正ないし不正を決定できると主張する。

テクニカルタームについて

　平等主義は、哲学のみならず経済学のトピックでもある。経済学の形式的な方法論は平等主義の形式的な側面に多大な貢献をなしてきた。それでも、形式的な用語に尻込みする人がいるだろう。形式的な用語の使用は最小限にするつもりではあるが、いくつかの基本的なテクニカルタームをここで紹介しておくことは有益だろう。テクニカルタームはまず、福利の測定という文脈で登場する。これは、分配的正義論には福利に関する何らかの測定可能性と個人間比較可能性が必要だからである。福利の序数測度（ordinal measure）は福利の相対水準に言及するものであり、ある個人の諸々の状態を単純にランク付けする。基数測度（cardinal measure）は、何らかの数値尺度をある個人の福利に

あてがう。とはいえ、その数字はそれ自体で何らかの意味をもつわけではない。福利5単位は、単純に、福利3単位よりも善い。その数字は負——例えば-10——になることもありうる。なお、-10は、その個人が苦しみの状態にあることや、生きるに値する水準未満にあることを意味するわけではない。また、0は非存在を意味するのではない。

　序数測度と基数測度の区別に関する問題は、個人間比較可能性の問題とは別である。基数測度が福利の個人間比較をつねに含意するわけではない。序数測度も個人間で比較可能でありうる。個人間比較可能性には多様なタイプがある。水準比較可能性は、ある個人の福利の水準が別の個人のそれと比較可能であることを意味する。つまり、ある個人が別の個人より境遇が良いと判断することはできるが、彼ないし彼女がどの程度より境遇が良いかを判断することはできない。単位比較可能性は、ある個人の福利の得失が別の個人のそれと比較可能であることを意味する。完全比較可能性は、水準と単位の両方が個人間で比較できることを意味する。例えば、第1章で見るように、ロールズの格差原理は何らかの序数測度と水準比較可能性を想定している。ロールズの目的にとっては次のことだけで十分である。すなわち、様々な社会集団の社会的基本財水準を比較すること（格差原理は、諸々の社会集団にとっての得失を同定する必要はない）、および、どの集団が最も境遇が悪いかを同定すること（格差原理は、最も境遇の悪い集団にいる個人がどの程度境遇が悪いのかを同定する必要はない）、である。個人間比較可能性は、測定理論において最も難解な論点の一つである。とはいえ本書においては、そうでないと明確に述べないかぎり、単純に完全比較可能性を想定する。

　目的論的および価値論的な理論について語るとき、我々は、諸々の事態の順序付けないしランク付けに言及することとなる。正確を期すため、価値論および目的論における善さの評価順序（a betterness ordering）を定義しておこう。X を諸事態からなる一つの有限集合とする。X に関する善さの評価順序とは、X に含まれるすべての x および y について、x は少なくとも y と同じくらい善い、というようなものだ。本書全体を通じて、善さの評価関係（the betterness relation）は完全な弱順序を構成すると想定する。すなわち、それは反射的かつ推移的かつ完備的であると想定するのだ。集合 X に関する善さの評価関係

が反射的であるのは、X に含まれるあらゆる x について、x が少なくとも x と同じくらい善い場合でありその場合に限られる。それが推移的であるのは、X に含まれるあらゆる x, y, z について、(1) x は少なくとも y と同じくらい善い、および、(2) y は少なくとも z と同じくらい善い、が一緒になって、(3) x は少なくとも z と同じくらい善い、を必然的に含意する場合でありその場合に限られる。それが完備的であるのは、X に含まれるすべての x と y について、x は少なくとも y と同じくらい善い、あるいは、y は少なくとも x と同じくらい善い、のいずれかである場合でありその場合に限られる。

X に関する善さの評価関係は、X に含まれる任意のペア x と y について、x が少なくとも y と同じくらい善いならば $U(x) \geq U(y)$、といった実数値関数 U で表現することができる。すなわち、ある事態はそれが別の事態より善い場合にのみ、別の事態よりも大きな数値をもつ。$U(\ )$ の数値がたんに善さの順序を表すだけだということに注意してほしい。つまり、その数値は善の量を示すものではないのである。ある所与の順序を表現する実数値関数の条件は、関数を一意に決定するものではない。もし U がある順序を表すのだとしたら、U の厳密増加関数 V もまた常にその順序を表す。ある順序を表す条件は、厳密増加変換の場合にかぎり実数値関数を一意に決定する。

文献案内

驚くべきことに、平等主義に関する網羅的な著作はほとんどない。これまでのところ最も網羅的なのが Temkin (1993) である。White (2007) は政治理論を学ぶ初学者の学部生に向けた本である。平等主義的な分配的正義論を簡便に概説するものとして、Arneson (2007)、Temkin (2009)、Vallentyne (2007) を見よ。数学を苦にしないのであれば、Roemer (1998b) と Tungodden (2003) を読むべきである。本書では福利という概念については棚上げにしているが、分配的正義の研究に携わる者であれば福利概念について真剣に考察する必要がある。それには Griffin (1986) と Sen (1985, 1999) を読むことを勧めたい。私は測定理論と効用の個人間比較可能性についてはまったく詳細な議論をしなかった。非自然科学分野での測定理論の古典といえば Krantz *et al.*

序　論

(1971) であるが、F. Roberts (1985) はより理解しやすい。Fleurbaey and Hammond (2004) は、個人間比較可能性の問題に関する網羅的なサーベイである。Elster and Roemer (1991) には、福利の個人間比較可能性に関する重要な論文が多数含まれている。

訳注
†1　原書では「七つ」となっているが、原書の第6章を割愛したのにともなって「六つ」と変更した。
†2　原書の第6章を割愛したことにともなって、この段落内で文章を一部修正した。また、原書の第6章の内容を示した次の段落を削除した。

第 1 章

ロールズ的平等主義

　どのような研究分野であれ、無視することのできない重要な人物が一人や二人は存在するものだ。分配的正義全般に関する、そしてとくに平等主義に関する現代の研究においては、その論証に同意するか否かにかかわらず、ジョン・ロールズの『正義論』を避けて通ることはできない。平等主義に関する現代の論争は、正義に関する彼の理論に始まる。本章では、ロールズの格差原理と、それとは別に広い意味で契約的と定義されるトマス・ネーゲルおよび T. M. スキャンロンの分配原理を検討する。私はロールズの正義の理論の全体を、またネーゲルとスキャンロンの遠大な倫理理論を、要約したり評価したりするつもりはない。そうではなく、彼らの研究それぞれのごく一部に専念する。彼らの理論はいずれも功利主義の代案として企図されているので、功利主義の分配的正義論を手短に紹介することから始める必要がある。1.1 節では、功利主義的な分配的正義論の基本的特徴を概説する。1.2 節では、ロールズの分配原理——格差原理——の理論的構造を明らかにする。1.3 節では、格差原理に対してなされた典型的な異論について述べる。1.4 節では、善の分配という文脈でのトマス・ネーゲルと T. M. スキャンロン——彼らはそれぞれロールズの契約論に触発されている——による最近の議論を検討する。

　用語に関して一つだけ注意しておきたい。契約論（contractarianism）と契約主義（contractualism）の区別に関して、私はスティーヴン・ダーウォルの定義を踏襲する（Darwall 2002 の序章を見よ）。ダーウォルによれば、契約論とは、道徳性とは自己利益的で合理的な行為主体が共通の利益において採用する社会的実践の集合である、という考え方のことである。他方で契約主義は、道

徳性とは自由で対等な諸個人間の相互尊重の関係を仲立ちする諸原理の集合である、という考え方のことである。契約論も契約主義も、ともに道徳性をある種の合意ないし契約と見なす。違いは、契約論はそれを支える動機を合理的な自己利益とするのに対して、契約主義はそれを対等な者たちの間での相互尊重とする点である。

1.1 功利主義——支配的な分配原理

よく知られているように、ジョン・ロールズ（Rawls 1971）は、近代の道徳哲学および政治哲学における支配的な体系理論が何らかの形態の功利主義であり続けてきたことに不満を表明した。功利主義には様々なヴァージョンがあるが、ここでは二つのヴァージョン——古典的功利主義と平均功利主義——の形式的特徴のみを取りあげる。古典的功利主義の主張によれば、ある行為が正しいのはそれが人々の福利の総計（すなわち、w_i が個人 i の福利の数値表示であるとして、n 人のケースでは $(w_1 + w_2 + w_3 + ... + w_i + ... + w_n)$ の値である）を最大化する場合のみである。平均功利主義の主張によれば、ある行為が正しいのはそれが人々の福利の平均（すなわち、n 人のケースでは $1/n \, (w_1 + w_2 + w_3 + ... w_n)$ の値）を最大化する場合のみである。

古典的功利主義と平均功利主義には、共通の形式的特徴が六つある。第一は帰結主義である。帰結主義とは、ある行為の正ないし不正はその行為の帰結の善さのみによって決まる、とする見解である。対照的に、非帰結主義とは、ある行為の正ないし不正はその行為の帰結の善さから独立に決定されうる、とする見解である。功利主義によれば、ある行為の正ないし不正はその行為がもたらす帰結の全体的な善さによって決定されるのであり、このとき、当の帰結の善さとは人々の福利の総計ないし平均によって決まる。言うまでもなく、功利主義は価値論的でもある。それは諸々の事態を善さの観点でランク付けするからだ。

第二の形式的特徴は厚生主義である。厚生主義とは、諸事態の相対的な善さは人々の福利によって、かつそれ以外の何ものにもよることなく決定される、という見解である。厚生主義は価値論の一種である。それは帰結主義と同じで

はない。帰結主義は厚生主義を含意しない。というのも、帰結主義のなかには、事態の相対的な善さを、人々の福利と、福利という価値には還元できない別の何かの価値とに基づいて決定するものもあるからだ。例えば一部の環境倫理主義者は、事態の相対的な善さは人々の福利の総計と自然環境の価値とによって決定されるのであり、その最善の事態をもたらすことが正しいのだと主張する。こうした環境倫理主義者は帰結主義者である。というのも、彼らは、ある行為の正ないし不正はその帰結の善さによって決定される、と主張しているからだ。それでも、彼らは厚生主義にはコミットしていない。というのも、ある行為の帰結の善さを評価するに際して、彼らは人々の福利に加えて、例えば自然環境という価値を考慮しているからである。

厚生主義も帰結主義を含意するものではない。一部の厚生主義者が何らかの義務論的制約を受け容れることは大いにありうるからだ。例えば、厚生主義者のなかには、ある事態が人々の福利という観点で別の事態よりも善いと述べつつも、その状態をもたらすことは何らかの重要な義務論的制約を侵害することになるので不正である、と主張する者がいる。このように、厚生主義は帰結主義と同じではない。厚生主義は特殊なタイプの価値論的理論なのであり、諸事態を人々の福利のみに基づいてランク付けする。

第三は不偏性である。不偏性とは、人格的同一性を入れ替えても、帰結の相対的善さに関する我々の判断には影響しないという考えである。すなわち、二つの状態について、それらが異なるのは問題となっている人々の人格的同一性に関してのみである場合、それら二つの状態は同程度に善いのである。例えば、二個人ケースでの二つの事態を比較してみよう。一方の事態は (10, 5) であり、他方は (5, 10) である。カッコ内の数字はそれぞれ個人1と個人2の福利水準を示している。不偏性が意味するのは、(10, 5) と (5, 10) は同程度に善いということだ。例えば、もし (10, 5) のほうが (5, 10) より善いと判断されるような場合、個人2には、彼ないし彼女の利益が同じように考慮されていないという理由で、その判断に対して苦情を申し立てる正当な根拠があることになる。一部には、不偏性はこのような特徴を指すのに適当な言葉ではないと、つまり、不偏性は例えば公正性や平等な取扱い(経済学者はこうした特徴を匿名性と呼ぶ)といった何か別のものを指しているのだと主張する人々もいる。これは深刻な

第1章 ロールズ的平等主義

懸念につながるようなものではなく、単にネーミングの問題である。今ここで問題にしている特徴が、別の名称で呼ばれながらもその意味をそのまま保持する、ということがあってもよい。とはいえ、本書ではさしあたり、そのような特徴、つまり人格的同一性の入れ替えは分配に関する我々の判断を変化させないことを含意する特徴を指すものとして、不偏性を用いることにする。

第四の特徴は、功利主義が・パ・レ・ー・ト・原・理・を満たすということである。パレート原理は、ある個人にとってある状態 X が別の状態 Y より厳密に善く、かつ、X が誰にとってもより悪くないとしたら、X は Y より厳密に善い、と規定する。例えば、$X=(10, 5)$ と $Y=(9, 5)$ を比較してみよう。状態 X は個人1にとって状態 Y より厳密に善いし、個人2にとってより悪くはない。このとき、X は Y に対して・パ・レ・ー・ト・優・位であると言われる。とはいえ、パレート原理の範囲はとても限られている。$X=(10, 5)$ と $X'=(6, 9)$ を比較してみよう。X は個人1にとっては厳密により善いが、個人2にとってはより悪い。同様に、X' は個人2にとっては厳密により善いが、個人1にとってはより悪い。このように、パレート原理の観点では、どちらも他方より厳密により善くはないのである。これら二つの事態は・パ・レ・ー・ト・比・較・不・可・能と言われる。

しかしながら、パレート原理は不偏性と組み合わされれば非常に強力なものとなる。$X=(10, 5)$ と $Y=(4, 10)$ を比較してみよう。それだけでは、X と Y はパレート比較不可能である。すなわち、いずれの事態もどちらかの個人にとって厳密により悪いので、これら二つの事態の相対的善さに関してパレート原理は沈黙する。だが、不偏性とパレート原理の連言により、X は Y より厳密に善いという結論が得られる。証明してみよう。上述とは別の事態 $Y'=(10, 4)$ を想像してほしい。これは Y から人格的同一性を置換することで得られる。不偏性により、Y' は Y と同程度に善い。パレート原理より、X は Y' より厳密に善い。結果として、X は Y より厳密に善い。このように、一部のケースにおいては、不偏性とパレート原理の連言によってパレート比較不可能な二つの事態をランク付けすることが可能になる（とはいえ、不偏性とパレート原理の連言によっても、$X=(10, 5)$ と $X'=(6, 9)$ をランク付けすることはなおも不可能であるが）。

第五の形式的特徴は、・強・分・離・可・能・性・である（Broome 1991）。功利主義は、あ

1.1 功利主義——支配的な分配原理

表1.1

	1	2	3	4	5	6
A	2	2	2	2	2	2
B	1	4	2	2	2	2
C	2	2	1	1	1	1
D	1	4	1	1	1	1

る事態の善さを評価するために、異なる人々の福利の価値を足し合わせる。この特徴は以下を含意する。大まかに言って、諸々の事態の相対的な善さは、帰結の選択によって影響を受ける人々の福利の相対的善さに依存する。表1.1は四つの事態を表しており、各事態は六個人の福利水準を表している。二つの二項比較——AとB、そしてCとD——を考えてみよう。

AとBの比較において、事態の選択によって影響を受けるのは個人1と個人2のみである。他の人々の福利は、どちらの事態が生じようと影響を受けない。同様に、CとDの比較において、その選択によって影響を受けるのは個人1と個人2のみであり、他の諸個人は影響を受けない。個人1と個人2の状態は、AとCにおいて、そしてBとDにおいて、同じである。強分離可能性の考え方とは、AとBの相対的善さは、CとDの相対的善さと整合しなければならない、というものであり、その理由は、AとBならびにCとDの間に相違を生じさせるのは個人1および個人2の福利の相対的な善さだからである。すなわち、AとBの相対的善さ、および、CとDの相対的善さは、$(2,2)$と$(1,4)$の相対的善さによって決定されなければならない。より正確には、強分離可能性が言わんとしているのは、AがBより善いのはCがDより善い場合でありその場合のみであるということ、および、BがAより善いのはDがCより善い場合でありその場合のみであるということである。いま、単純な計算をするだけで、古典的功利主義であれ平均功利主義であれ、功利主義の判断するところを簡単に確かめることができる——すなわち、BはAより善い、および、DはCより善い。このように、功利主義は強分離可能性を満たすのである。

強分離可能性に同意しない人もいるかもしれない。彼らは例えば、AはBより善いが、DはCより善いと判断するかもしれない。そのような判断には、第3章で目的論的平等主義を論じる際に触れることにしよう。強分離可能性の

概念は、私が非相関性（non-relationality）と呼ぶものを捉えている。非相関性とは、事態の善さを決定するに際して異なる人々の福利の関係性が問題にならないことを言う。ある個人が、A は B より善いが、にもかかわらず D は C より善いと判断するのであれば、その個人は異なる人々の福利の関係性を気に掛けているのであり、つまりは相関的な分配判断をしているのである。だが、功利主義は異なる人々の福利の関係性に頓着することはない。ゆえに功利主義は非相関的なのだ。ある理論が非相関性にコミットしているか否かは、その理論が先に定義した強分離可能性を満たすか否かに依存する。強分離可能性という概念は、4.2 節で優先主義を分析する際に重要となる。

　第六の形式的特徴は、福利に関しての基数的かつ個人間比較可能な測度である。功利主義が福利の価値を足し合わせることが可能であるためには、何らかの基数測度が必要なことは十分に明らかである。また、異なる人々の福利を足し合わせるためには、何らかの個人間比較可能性が必要なことも十分に明らかである。功利主義を擁護する人々は、単純に基数性と完全比較可能性を想定することが多い。すなわち彼らは、福利の価値をある数値尺度を基準に測定することができ、かつ、異なる人々の福利についてその水準と単位の両方が比較可能であると想定するのだ。とはいえ、完全比較可能性は功利主義にとって絶対に必要というわけではない。諸々の事態の相対的善さについて判断するためには、基数的な単位比較可能性で十分である。例えば、シンプルな二個人ケースの二つの状態、$X = (10, 15)$ と $Y = (12, 14)$ を比較してみよう。これら二つの事態の相対的善さを判断する一つの方法は、二人の福利の合計を比較することである。つまり、$10 + 15 = 25$ と $12 + 14 = 26$ を比較し、Y が X より善いと判断するのだ。この比較方法は、基数的な、完全比較可能性を必要とする。だが、別の方法がある。すなわち、純利益と純損失を比較することもできるのだ。もし X ではなく Y を選択するとしたら、個人 1 は 2 単位の利益を得、個人 2 は 1 単位の損失をこうむる。Y を選択することによって、収支で 1 単位の純利益が得られることになる。このように、比較に必要なのは各個人の純利益と純損失のみである。厳密に言えば、異なる人々の福利の水準を比較する必要はないということであり、つまりは、完全比較可能性は必要ないのである。

　以上が功利主義の六つの形式的特徴である。人々の福利の分配に関して、功

利主義が言うはずのこととは何だろうか？　功利主義が気に掛けているのは人々の福利の総計ないし平均である。それゆえ、人々の福利がどのように分配されているかは気に掛けない。例えば、$X' = (1, 9)$ と $Y' = (5, 5)$ を比較してみよう。古典的功利主義と平均功利主義は、二人の福利の総計と平均が同じなので、X' は Y' と同程度に善いと判断する。だが、X' にはとんでもない不平等が存在するのに対して、Y' では完全な平等が成立している。功利主義は福利の分配を考慮に入れない。これこそ功利主義が非平等主義的である理由なのだ。これは紛れもないことであり、容易に理解できよう。

　だが、二つの意味において、功利主義者が平等主義的と見なされることがありうる。第一に、功利主義は各個人の福利に平等な尊重とウェイトを与えるという意味で、平等主義的であると言われる。ベンサムの金言として知られる功利主義のスローガンの一つが、「だれをも一人として数え、だれをも一人以上に数えてはならない」である。功利主義に何らかの平等の考え方があるのはたしかだが、このような解釈が正しいとしたら、ほぼすべての倫理的理論が何らかの意味で平等主義的である。アマルティア・センはこの解釈をとり、「ともかくも時の試練に耐えてきた規範的な社会理論はすべて、何か——その理論において特に重要とされる何か——についての平等を要求しているように思われる」(Sen 1995: 12-13) と主張する。センによれば、ノージック (Nozick 1974) の横からの制約理論でさえ、それがリバタリアン的諸権利の平等を要求しているがゆえに、平等主義的なのである。私にはセンの平等主義解釈が真であるかどうかを論じるつもりはなく、シンプルに次のように想定する。我々が関心を寄せているのはより実体的な平等主義の解釈なのであり、その意味においては、功利主義は福利の分配に関心を寄せないので平等主義的ではない。

　第二の意味はもっと実体的である。功利主義は、実践において、すべての人の限界快楽率が同じになるポイントまで、より境遇の良い人々からより境遇の悪い人々への資源移転を要求するという意味で、平等主義的と見なすことができる。この要求の背後にある考え方が限界効用逓減である。限界効用逓減は、資源が一単位消費されるごとに効用の増加率が減少してゆくことを意味する。各個人にとって、一番目の単位資源は最も大きな効用増大をもたらし、二番目の単位資源は二番目に大きな効用増大をもたらし、……といった具合である。

第1章　ロールズ的平等主義

追加の単位資源は効用の絶対水準を低下させることは決してないが、厳密により小さな効用しか加算されない。効用という概念は、通常、快楽や幸福といった何らかの精神状態、あるいは選好充足として理解される。例えば、私は最初のスポーツカーを所有することからはすさまじく大きな快楽を引き出すが、二番目のスポーツカーからはそれより小さな快楽しか引き出せず、三番目のスポーツカーからはさらに小さな快楽しか引き出せず……ということである。私の快楽の絶対水準が低下することは決してないが、私がスポーツカーを追加的に所有するにつれて、限界快楽は逓減する。これが限界効用逓減の基本的な考え方である。すべての人の効用が同じように逓減してゆく（すなわち、効用関数はすべての個人について同じである）と想定されている。

　限界効用逓減に基づいて、功利主義は実践的な文脈において平等主義的な主張をすることがありうる。発展途上国では多くの人々が十分な栄養、きれいな水、基礎的なヘルスケア、基礎教育などの欠如に苦しんでいることを、我々はみな知っている。彼らの苦しみは深刻である。他方で、先進諸国の人々は快適な生活水準を維持するに足る以上の高水準な富を享受している。たとえ私の銀行口座から1000ドルが持ち去られたとしても、私の人生が大きな苦しみに見舞われることはないだろう。だが、1000ドルあれば、少なくとも数人を切迫した苦しみや予防可能な早すぎる死から救うことができるだろう。もし我々が先進諸国の人々から発展途上国の——とりわけ最貧諸国の——人々へ資源を移転するなら、多くの人々の苦しみを、豊かな国々にいる人々にとっての相対的に小さなコストで、削減することができる。途上国における苦しみの削減は、先進諸国で暮らす相対的に少数の人々にとっての快楽水準の低下を容易に相殺するのであり、つまりは、世界的に見て、快楽の大きな純利得（あるいは苦しみの純損失）を帰結するのだ。このように、一部の功利主義論者は、最も有名なところではピーター・シンガー（Singer 1972）が、限界効用逓減に基づいて、先進諸国からより貧しい国々へ資源を移転することは、そうした移転が総快楽を増大させるという理由から、正しいのだと主張している。

　功利主義がこの文脈で平等主義的な結論を提示するのはたしかである。だが、功利主義は快楽の平等それ自体を目指しているのではない。原理上、その第一義的な目的は人々の快楽の総計ないし平均を最大化することなのであり、より

平等な資源の世界的分配が、たまたま快楽の総計ないし平均の増大につながっているにすぎない。別の文脈では、限界効用逓減が人間の精神状態に関する常識的な条件となっているがゆえに、功利主義がラディカルなまでに反平等主義的となることがありうる。世界中のほとんどすべての人々が苦しみの水準を超えたところにいて、なおかつ、先進諸国の人々は贅沢な商品やサービスを消費することから甚大な快楽を引き出すことができているという状況を考えてみよう。この状況においては、より豊かな諸国からより貧しい諸国へと資源を移転する理由が、功利主義にはまったく存在しない。功利主義にとって、平等化につながる資源移転は、最大多数の最大幸福を追求する際の副産物に過ぎず、目的でもなければ理念でも要請でもないのである。

1.2　ロールズの格差原理

あまりに影響力のあるその著作『正義論』において、ロールズはあるシステマティックな理論を提示しているが、それは二つのタイプの道徳・政治理論に対する代案である。一方は言うまでもなく功利主義であり、もう一方は直観主義である。直観主義という語によってロールズが意味しているのは、(1)複数の基本原理——これらは特定のケースにおいては互いに矛盾しうる——からなり、(2)それらの諸原理について互いにウェイトを付けるための優先ルールを持たない、そんな諸理論のことである。ロールズの企図は、直観主義に陥ることなく、功利主義的でない包括的理論を提示することにある。ここでは彼の壮大な試みの要約を試みることさえしないが、その代わりに、彼の包括的な正義理論のうち分配の原理に焦点を当てることとする。

ロールズは、社会というものを自由で自律的な諸個人の間での協働事業 (cooperative venture) であると捉えた。諸個人が協働事業を形成するのは、それが相互に便益をもたらすからである。すべての個人がその協働事業から便益を受けるべきである。敗者と勝者が出るかもしれないが、敗者であっても便益を受けるべきであり、それこそが、公正な協働が要求するはずのことである。もしすべての人——すべての敗者を含む——がその協働事業から純便益を得ることが期待できないのだとしたら、その事業にとどまって社会の基本ルールに

第1章　ロールズ的平等主義

従うインセンティブは存在しないだろう。このように、協働における公正さこそが、社会の基本構造を特徴付けるのである。「基本構造」によってロールズが指しているのは、基本的な権利や義務を分配したり、その協働事業からの利得の分け前を決めたりする、主要な社会的・経済的・政治的諸制度のことである。

基本構造に適用される諸原理とはどのようなものなのだろうか？　ロールズはそうした諸原理を、原初状態における合理的な諸個人の仮想的な選択から引き出している。ロールズによれば、現実の諸個人が持つ特性のいくつかは、社会の基本構造を選択するにあたっては、道徳的に無関連（morally irrelevant）である。その特性とは、諸個人の社会における立場（富、人種、階級、ジェンダーなど）、自然的賦与[†1]（知性、創造性、肉体的能力など）、善き生の構想（宗教的信念、政治的理念）、そして世代である。諸個人が無知のヴェールの背後におり、この無知のヴェールによってこれら道徳的に無関連な特性についての情報を奪われると仮定しよう。この仮想的状況は原初状態と呼ばれる。ロールズによれば、原初状態に置かれた合理的な諸個人は全員一致で以下の諸原理を選択するだろう。

> 第一原理：各個人は、最も広範にわたる平等な基本的諸自由の体系——これは他のすべての人にとっての同様な自由の体系と両立する——への平等な権利を持つべきである。
> 第二原理：社会的および経済的な不平等は、その不平等が(a)最も不利な人々にとって最大の利益となるように［格差原理］、かつ、(b)公正な機会の平等という条件の下ですべての人に開かれている公職や立場に付随するものとなるように［公正な機会の平等］、調整されるべきである。

これらの諸原理の間には辞書式の優先順位が存在する。第一原理が第二原理より優先されるのであり、第二原理が利いてくるのは第一原理が問題とならないときだけである。第二原理の内部では、公正な機会の平等が格差原理より優先される。格差原理が作動するのは、公正な機会の平等が問題とならないときだけである。つまり、格差原理が登場するのは、第一原理および公正な機会の平等による要求がすでに満たされている場合に限られるのだ。

1.2 ロールズの格差原理

往々にして、格差原理こそがロールズ正義論における主要な分配原理であると信じられている。この信念によれば、格差原理とは最も境遇の悪い集団にいる諸個人の善を促進する試みであるのに対して、第一原理および公正な機会の平等はその善の促進にとっての制約ないし前提条件である。すなわち、第一原理と公正な機会の平等は、我々が格差原理の実行を試みる前に、満たされていなければならないのである。この広く流布している信念が正しいかどうかには大いに議論の余地がある。第一原理と第二原理とは一体で一つの分配原理を構成しているのだと主張する人々もいる（例えば 7.1 節で見る Daniels 2003 など）。とはいえ、以下では格差原理に専心し、その第一原理および公正な機会の平等との関係については措くこととする。

　格差原理の主張によれば、社会的および経済的な不平等は、それが最も境遇の悪い集団を代表する個人の期待を最大化する場合にのみ、そしてそれのみを理由として、正当化される。さもなければ、社会的および経済的な不平等は正当化されない。社会経済的な諸条件の平等を維持するのがロールズの基本姿勢である。格差原理は、どのような条件の下でなら社会経済的な不平等が公正なものとなりうるのかを明らかにする。これが意味するのは、ロールズが不平等を許容するのは一定の条件が保持されるかぎりにおいてである、ということだ。その条件とは、不平等が最も境遇の悪い集団を代表する個人の期待を最大化することである。我々はどのようにして最も境遇の悪い集団を特定するのだろうか？　ロールズによれば、最も境遇の悪い集団は社会的基本財の水準を比較することによって特定される。社会的基本財は、あらゆる個人が合理的であるならばそれを持つことを欲するであろう、客観的に特定可能な財のリスト——例えば、（快楽や幸福、または選好充足といった精神状態に対置されるものとしての）富、所得、自由、自尊の社会的基盤——として定義される。ロールズは、格差原理の構造を、マキシミン・ルールを引き合いに出して説明している。マキシミン・ルールの一般的な形態を説明することから始めよう。マキシミン・ルールは、善の最小水準によって諸々の事態をランク付けするものである。その形式的な定義をここに示そう。w_i が個人 i の善を表すとき、マキシミン・ルールによれば、ある事態 $X = (w_1, w_2, \ldots, w_n)$ が別の事態 $Y = (w'_1, w'_2, \ldots, w'_n)$ と少なくとも同じくらい善いのは、$\min(w_1, w_2, \ldots, w_n) \geq \min(w'_1, w'_2, \ldots, w'_n)$

の場合でありその場合に限られる。注意しなければならないのは、マキシミン・ルールが諸事態の相対的な善さに関するものであるのに対して、ロールズ自身による格差原理の説明は、事態の相対的善さに関するものではなく、社会的および経済的な不平等の正当化可能性に関するものだったということだ。つまり、マキシミン・ルールは価値論的な原理であるのに対して、ロールズのもともとの格差原理の説明はそうではないということである。ロールズの格差原理は、単に、どのような状況の下でなら社会的および経済的な不平等が許容されるのかを明らかにするだけである。格差原理によれば、社会的および経済的な不平等が最も境遇の悪い集団の利益にならないのなら、そのような不平等は許容されない。このように格差原理は、社会的および経済的な不平等のうち、正当化可能なものと正当化できないものとを区別するだけであり、諸事態をランク付けすることはない。にもかかわらず、格差原理は外延的にはマキシミン・ルールと同じなのである。

格差原理とマキシミン・ルールの相違を強調してきたが、マキシミン・ルールがもつ五つの形式的特徴に焦点を当てよう。第一に、マキシミン・ルールは最大化原理である。それは諸々の事態を一貫したかたちでランク付けし、最善の事態を、最も境遇の悪い者の水準が最大化される事態として同定する。第二に、マキシミン・ルールは、功利主義と同じ意味で不偏的である。例えば、(10, 5) と (5, 10) は同じくらい善いと判断される。第三に、功利主義とは異なり、マキシミン・ルールは強分離可能性を侵害する。1.1 節の表 1.1 をもう一度見てほしい。マキシミン・ルールが出す結論は、A は B より厳密に善いが、C は D と同程度に善い、というものだ。これはマキシミン・ルールが強分離可能性を侵害することを意味している。第四に、マキシミン・ルールには単位比較可能性は必要なく、水準比較可能性さえあればよい。最も境遇の悪い人々以外にとっての利得や損失は、彼らのうちの誰かが最も境遇の悪い人々になるのでないかぎり、我々の分配判断に影響を与えない。マキシミン・ルールが必要とする唯一の情報は、最も境遇の悪い者の相対水準である。第五に、最も境遇の悪い集団以外の状態は我々の分配判断に影響しないので、マキシミン・ルールはパレート原理を侵害する。例えば、二集団ケースにおいて、マキシミン・ルールは (10, 5) と (100, 5) を、最も境遇の悪い者の水準が同じであるという理

1.2 ロールズの格差原理

由から、同程度に善いと判断するが、パレート原理は (100, 5) が (10, 5) より厳密に善いと判断する。

最後の特徴から、ロールズは格差原理に修正を加えることを認めた。(10, 5) と (100, 5) とが同程度に善いと判断するのは不適切であると考える人もいるだろう。そこでロールズは、マキシミン・ルールの辞書順序式拡張、略してレキシミンを許容する (Rawls 1971: 83)。レキシミンは、まず最も境遇の悪い者の水準を最大化する。つぎに、最も境遇の悪い者の水準がどの分配においても同じである場合には二番目に境遇の悪い者の水準を最大化し、ということを最後のケースまで続ける——すなわち、境遇の悪いあらゆる先順位集団の水準がどの分配においても同じである場合に、最も境遇の良い集団の水準を最大化するのである。より正確に言えば、ある事態 $X = (w_1, w_2, ... , w_n)$ が別の事態 $Y = (w'_1, w'_2, ... , w'_n)$ より厳密に善いのは、$N = \{1, 2, 3, ... , n\}$ に以下のようなポジション k が存在する場合である。すなわち、(1) k の水準が Y よりも X において厳密に高く、かつ、(2) $j < k$ であるあらゆるポジション j の水準が X と Y において同じである場合である。そうでないなら、X と Y は同程度に善い。レキシミンはパレート原理を満たす[1]。これを理解するには、レキシミンが (100, 5) は (10, 5) より厳密に善いと判断することに思い至ればよい。

格差原理の構造を、マキシミン・ルールかレキシミンかいずれとして理解するにせよ、格差原理には二つの重要な含意がある。第一に、最も境遇の悪い集団にとってのあらゆる利得——それがいかに小さくとも——は、最も境遇の悪い集団以外にとってのあらゆる損失——それがいかに大きくとも——より常に優先される。$X = (10, 50, 50, 50, 50)$ と $Y = (11, 20, 20, 20, 20)$ を比較しよう。マキシミン・ルールとレキシミンのいずれもが、Y は X より厳密に善いと判断する。Y を選択することで、この最も境遇の悪い集団は僅かばかりの改善をみるだろうが、それ以外の集団は甚大な損失を受け容れなければならない。このように、マキシミン・ルールとレキシミンは、最も境遇の悪い集団の状態を改善するという目的のために、最も境遇の悪い集団以外にとってのどれほど大きな損失でさえも正当化するのである。この第一の含意は、直観的には、平等性への強いコミットメントの証左のように見えるかもしれない。だが、第二の含意はこの直観に反する。その第二の含意とは、いずれのルールも、最も境遇

第1章　ロールズ的平等主義

の悪い集団の水準が改善されるかぎり、より大きな不平等を許容するというものだ。$X' = (10, 50, 50, 50, 50)$ と $Y' = (11, 90, 90, 90, 90)$ を比較しよう。Y' にはより大きな不平等が含まれるが、マキシミン・ルールもレキシミンも、Y' が X' より厳密に善いと判断する。この第二の含意はラディカルなまでに反平等主義的であるように思われる。これは驚くべきことだ。格差原理は、最も境遇の悪い集団のために、最も境遇の悪い集団以外にとっての多大な全体的損失を要求することがあるが、不平等の増大を黙認することもまたありうるのである。

ロールズは第二の含意を擁護する論証を提出している（Rawls 1971: 151）。彼の論証は、不平等を容認するためのパレート論証ないしインセンティブ論証として知られている。ロールズによれば、適切な不平等を許容することは、すべての人に対して、より大きな努力をして自らの才能を発展させるインセンティブを与えることになる。結果として、分配できるパイがより大きくなり、最も境遇の悪い集団はそうでなかった場合と同じかより高い水準へと辿り着ける。ロールズは、完全な平等性を捨てることによって全ての人の境遇がより良くなりうるのであれば、完全な平等性を維持することに固執するのは不合理であると主張するのだ[2]。これこそ、ロールズの格差原理が、それが社会の最も境遇の悪い集団を代表する個人の期待を最大化するかぎりは、不平等の増大を黙認できる理由である。

ロールズ自身が、マキシミン・ルールが採用されるのは例外的であることを認めている（Rawls 1971: 154）。彼の考えでは、特定の諸条件が満たされるときにのみマキシミン・ルールを選択するのが合理的なのである。第一の条件は、諸々の異なる帰結が生じる公算を評価するための確たる基礎がまったく存在しない、というものである。第二の条件は、選択者は何らかの満足のいくミニマムを超えたところでは自らの利得がほとんど気にならないような善の構想を持っている、というものだ。第三の条件は、他の選択肢には当該選択者にとってほとんど受け容れることのできない帰結が含まれている、というものである。ロールズによれば、彼の原初状態の理念はこれらの条件を満たしており、それゆえに、当事者たちがマキシミン・ルールを選択することは合理的なのである。注意すべきは、マキシミン・ルールは格差原理と同じではないということだ。

マキシミン・ルールは決定理論における原理であるのに対して、格差原理は社会の基本構造を統制するルールである。マキシミン・ルールを正当化するロールズの議論は、格差原理を採用することに関しての決定理論的な説明なのである。それゆえ、これら二つのルールを互換可能であるかのように使うのは正しくない。

1.3 格差原理に対する批判

　ロールズの格差原理に対しては膨大な数の批判がある。本節では二つのタイプの批判のみに焦点を当てる。第一のタイプは功利主義の擁護者からのものであり、彼らは福利の平等な分配を気に掛けない。これらを非平等主義的批判と呼ぼう。ロールズの正義原理は功利主義に対するより優れた代案たろうとしているのだから、功利主義の擁護者たちがこれに反駁するのは驚くべきことではない。もう一つのタイプの批判は、少し驚きだが、平等を気に掛ける論者たちからのものである。これらを平等主義的批判と呼ぼう。ロールズの格差原理は平等主義的関心に動機付けられており、平等な分配が基本姿勢である。集団間での不平等が許容されるとしても、それは、最も境遇の悪い集団が不平等から便益を受ける例外的なケースにおいてのみである。最も境遇の悪い集団の条件を改善するためなら、最も境遇の悪い集団以外にとってのいかなる損失も正当化される。しかしながら、この見たところ非常に平等主義的な主張が、平等を気に掛ける論者たちからの批判を浴びているのだ。まずは非平等主義的批判から始めることにしよう。

　ロールズは、彼の正義原理が功利主義より優れていると主張し、正義の二原理には様々な利点があるとする。第一に、原初状態の当事者たちは、自らの基本的諸自由を保持するとともに、ありうる最悪の帰結に対して保険を掛けることができるので、心理的に安定している。第二に、正義の二原理は市民の自尊を促進する。最後に、ロールズの諸原理のもとでは、採択された諸原理に忠実であることを当事者たちは互いに当てにすることができる（コミットメントに伴う重圧）。これらの利点はすべて、社会成員に対して満足のいくミニマムを保障することにつながり、結果として、基本的な社会構造をより安定させるこ

第1章 ロールズ的平等主義

とに資するのである。

　功利主義の擁護者たちはこれに同意しない。他にも多くの批判が存在するが、特に三つの批判を手短に取り上げることとしよう。これらの批判を見る前に、平均功利主義を擁護する最も精緻な論証の一つ――これはロールズも重要視するものである――を理解する必要がある。それがジョン・ハーサニ（Harsanyi 1953, 1955, 1977）の論証である。彼の論証は、ロールズの原初状態に似てはいるが異なる、ある仮想的状況における合理的選択に訴えるものだ。ハーサニは、二つの定理――表現定理と不偏的観察者定理――によって平均功利主義を確立しようとする。

　表現定理とは、個人的および社会的な選好が期待効用理論の諸公理を満たし、かつ、社会厚生関数がパレート原理を満たすならば、社会的効用は個人的効用の加重和（より正確にはアフィン変換）によって表現されるはずだという主張である。この定理が単に個人的効用の加法性を明らかにするにすぎないこと、および、ある個人の個人的効用のウェイトはこの段階では別の個人のウェイトと異なりうることは強調しておかねばなるまい。平均功利主義を立証するためには、n人の一人一人について個人的効用のウェイトが同じn分の1であることが証明されなければならない。ハーサニは、不偏的観察者定理においてまさにそれを行い、ロールズの原初状態と似た仮想的状況における合理的選択に訴えているのである。ハーサニのケースでは、諸個人は社会における自分たちの現実のポジションに関する情報のみを奪われる。自らの善の構想やリスクに対する態度に関する情報は奪われないのである。このように、ハーサニのヴェールはロールズのそれより薄いのだ。不偏的観察者定理によれば、諸個人が無知のヴェールの背後に置かれ、社会における自らの現実のポジションを知らないとしたら、彼らは合理的に、社会のいずれかのポジションにつく機会は自分たち全員に均等であると考えるだろう。社会にn人の人々がいるとしたら、ヴェールの背後の諸個人は、ある所与の個人のポジションを占める確率はn分の1であると合理的に考えるだろう。これにより、表現定理における各個人の効用ウェイトはn個人の社会ではn分の1でなければならないのだ。このように、二つの定理が一体となって平均功利主義を立証するのである。あるいは、彼はそう主張している。これは説得的な結論である（Weymark 1991を見よ）。

1.3 格差原理に対する批判

さて、三つのタイプの非平等主義的批判を論じることにしよう。第一の批判は、原初状態にある当事者たちに関するロールズの認識論的想定についてである。批判者たちが指摘するのは、ロールズの枠組みにおける情報的制約が不必要なまでに制限的であるということだ。諸個人の不偏的な判断を担保するのが目的なら、彼らの社会における現実のポジションに関する知識を奪うだけで十分である。より強い情報制限を課す説得的理由などまったく存在しない。批判者たちに言わせれば、ロールズは彼が好む諸原理を導出するために強い制限を課しているのである。たとえロールズの想定が理に適ったものであったとしても、当事者たちが平均功利主義を回避して格差原理を選択するほど状況はリスクをはらんだものではないだろう。

第二のタイプの非平等主義批判は、当事者たちのリスクに対する態度についてである。ロールズ自身が認めているように、格差原理の決定理論的な土台たるマキシミン・ルールが合理的であるのは、特定の極端な諸条件においてのみである。原初状態では、当事者たちはリスクに対する自らの特殊な態度を奪われていると想定されている。これは、当事者たちがリスク回避的でもリスク愛好的でもないことを含意するように思われる。だがロールズは、彼らが、一般的には極端にリスク回避的であるとされている格差原理を支持するだろうと主張するのである。このように、ロールズの想定と、格差原理を選択する標準的な説明との間には、緊張関係が存在する。

第三のタイプの非平等主義的批判は、当事者たちは満足のいくミニマムの水準を超える利得にも頓着するだろう、というものだ。ロールズによれば、正義の二原理はすべての人に満足のいくミニマムを保証し、結果として、基本的諸制度の安定性が担保される。だが功利主義の擁護者たちは、諸個人がその満足のいくミニマムを超える利得にも頓着するだろうと指摘する。先ほど論じたように、格差原理は最も境遇の悪い集団の利得——それがいかに小さかろうと——のために、最も境遇の悪い集団以外に属する諸個人にとってのあらゆる損失を——それがいかに大きかろうと——許容する。基本財の分配に関するかぎり、格差原理は最も境遇の悪い人々以外を真摯に扱わないのである。この含意は、すべての人について満足のいくミニマムを達成することへの強いコミットメントを例証するものではある。だが批判者たちは、諸個人はそのミニマム水

準を超える利得を欲するだろうし、正義の理論であるならば全ての個人――最も境遇の悪い個人以外を含む――の利益を真摯に扱わねばならないはずだ、と主張する。最も境遇の悪い人々以外がまったく考慮されないとしたら、ロールズの主張とは逆に、社会の基本構造が安定性を達成することは決してないだろう。

　これらはすべて功利主義的な観点からの批判の例である。功利主義者とロールズ主義者の間には多くの不一致が存在するが、いずれが正しいかを判定するのは困難である。ほぼ間違いなく、第一の批判は最も弱い批判である。それは、功利主義の擁護者たちの指摘が、情報制限に関して彼らが主張していることについても当てはまるからだ。彼らの情報制限がロールズのそれより要求度が低いことはたしかだが、彼らの制限の要求度が低いという事実によって彼らの論証がより妥当なものとなるわけではない。功利主義の擁護者たちは、自分たちの情報制限がなぜ適切なのかという理由を、要求度の水準とは独立に提示しなければならない。第二および第三の批判は、ロールズの論証にとってなお深刻な脅威である。

　さて、平等主義的批判に移ることにしよう。二つのタイプだけを論じることにする。第一は、社会の最も境遇の悪い集団を代表する個人の期待が改善されるかぎり、格差原理は社会集団間でのより大きな不平等を許容してしまうという事実についてである。格差原理は平等への配慮に動機付けられている。社会とは相互便益のための協働事業である。最も境遇の悪い者といえどもこの協働事業から便益を受けるべきである。そして、社会の基本構造は、最も境遇の悪い集団を含むすべての集団に便益を与えるよう組織されるべきである。しかしながら、格差原理は平等それ自体を目指してはいない。先に見たように、ロールズは不平等の許容可能性を認めるインセンティブ論証に訴えている。G. A. コーエン（Cohen 1992, 1995）は、ロールズのインセンティブ論証を以下のように批判する。コーエンの主張によれば、もし諸個人が正義の感覚に動機付けられているのなら、そして、もしロールズの分配原理が平等への配慮に動機付けられているのなら、完全な平等から逸脱する説得力ある理由などどこにもない。すなわち、ロールズの格差原理は社会経済的な平等への配慮に動機付けられているが、インセンティブ論証はその格差原理の動機付けに反するのである。

不平等を生み出してしまうインセンティブは、分配されるべきパイを大きくするためには、そしてそれによって最も境遇の悪い者に便益を与えるためには、必要である（少なくとも許容可能である）とロールズは考えたのだろう。だがコーエンは、そのようなインセンティブと結果的に生じる不平等は、その成員たちが正義の要請に従う理想的に正義に適った社会においては余計なものである、と指摘しているのだ。

　第二のタイプの平等主義的批判は、ロールズが彼の諸原理の適用範囲を社会の基本構造に限定しているという事実、そして結果として、格差原理を諸集団の代表的個人に適用しているという事実についてである。格差原理は、各集団の代表的個人が有する社会的基本財の水準を比較するものであり、各集団内部の基本財の分配には関心を寄せない。各集団の内部では大きな不平等が存在するかもしれないし、最も境遇の悪い集団に属する一部の諸個人はより境遇の良い集団に属する一部の諸個人より境遇が良いかもしれない。だがロールズは、格差原理を集団に適用することによって、各集団内の不平等を考慮から外している。これはロールズの関心の直接的な結果である。彼の関心は社会の基本構造にあったのであり、特定の諸状況における個別具体的な判断にあったわけではない。それゆえ、この批判は格差原理それ自体についてのものではなく、その適用範囲についてのものである。

　これら二つのタイプの批判は、ロールズのそれよりさらに強い平等への配慮に動機付けられている。ロールズに対して公正を期すなら、彼の正義論は二つの原理で構成されており、格差原理は彼の理論の一部分にすぎない。そのようなものである以上、格差原理だけを切り離して批判するのはフェアではない。それでもなお、これら二つの批判は完全に理に適ったものである。実際、これら二つの批判は別のタイプの平等主義理論——我々が次章で検討する運平等主義——を動機付けるものである。

　ロールズの格差原理に対して異なる陣営からなされた二つのタイプの批判を考察してきた。一方は功利主義であり、平等に関心を寄せない。他方は平等主義であり、明示的に平等に関心を寄せる。次節では、ロールズに強く影響を受けた、広い意味で契約論的な原理を二つ検討しよう。

1.4　ポスト・ロールズ主義の契約理論——ネーゲルとスキャンロン

　本節では、ロールズの正義論全般から、とりわけその格差原理から生まれた、二つの非功利主義的な理論を検討する。第一がトマス・ネーゲルの全員一致であり (Nagel 1979, 1991)、第二が T. M. スキャンロンの契約主義である (Scanlon 1982, 1998)。この二人の哲学者はロールズの正義論から強く影響を受けたが、正義の諸原理を正当化するロールズの一般的方法に関して、一つの懸念を共有している。彼らが共有していた懸念から始め、そのうえで、彼らの理論を考察することにしよう。

　ロールズの正当化の方法には二つの段階がある。第一に、ある原理を全員一致の合意を得られる原理の候補と考えるためには、私はそれを単に私にとって受容可能なものではなく他者にとっても受容可能なものとして考えなければならない。第二に、その原理が受容可能であるという私の判断は、不偏的でなければならない。言い換えれば、第一段階が要求するのは各個人の観点からの受容可能性であり、第二段階が要求するのは各個人の観点からの受容可能性を担保するための不偏的判断である。ロールズによれば、ある原理が受容可能であると不偏的に判断するとは、その原理は、私が誰であることが判明しようとも、私が受容する理由のある原理なのだと判断することである。このように、その正当化は、仮想的状況に置かれたある一人の合理的個人の観点からなされる。ネーゲルとスキャンロンは第一段階には同意するが、第二段階には同意しない。彼らの考えでは、ある原理についての各個人の不偏的判断は、各個人の観点から見たその原理の受容可能性とは大いに異なる。不偏的に選択された原理が、とても受け容れることのできない状況へと我々を導くことがありうるのだ。この点を理解するために、表1.2 に示された選択状況——ここには二人の個人が

表 1.2

	A	B		A	B
表	1	0	表	1	0
裏	0	1	裏	1	0
展望 X			展望 Y		

1.4 ポスト・ロールズ主義の契約理論——ネーゲルとスキャンロン

存在する——を考えよう[3]。

　それぞれの展望（prospects）には、二つの同程度に蓋然的な帰結である表と裏が含まれている。二人の個人が占めうる二つのポジション A と B がある。二人の個人は無知のヴェールの背後におり、彼らの現実のポジションに関する情報を奪われているとしよう。つまり、どちらの個人も、彼ないし彼女が A と B いずれのポジションを占めるのかを知らない。彼らは不偏的な観点から二つの展望を比較する。そのような不偏的な観点からは、各個人が展望 X は展望 Y とちょうど同じくらい善いと判断するだろう。なぜか？　便益1単位を得る機会は、X と Y とにおいて同じだからである。より正確に言えば、二つの帰結が同程度に蓋然的であること、および、各個人が二つのポジションのうちの一方を占めるチャンスは等しいこと、これらを所与とするなら、各個人の観点からして、展望 X の期待善は展望 Y の期待善と同じなのである。

　だが、展望 X のほうが展望 Y より善いように思われる。なぜか？　展望 Y は B のポジションを占めるであろう個人にとって不公平であるように思われるからだ。展望 Y においては、A のポジションにある個人は、どちらの帰結が生起するかにかかわらず、便益1単位を受け取る。だが展望 X では、A と B とに便益1単位を受け取る平等な機会がある。それゆえ、展望 X と展望 Y との間には重大な相違があるのだ。しかしロールズによる二段階の正当化ではこの二つの展望を区別することができない。この例が明らかにしているのは、各個人の観点からの受容可能性とは不偏的な判断によって担保されるものではないのだ、ということである。

　ネーゲルは、不偏的に選択された原理とは常に各個人の観点で受容可能な原理である、とは主張しない。彼が提案するのは全員一致という原理である（Nagel 1979: 125）。利益の対立が存在する場合はつねに、すべての人にとって完全に受容可能な事態など存在しない。ネーゲルの全員一致は、「それを最も受け容れられない個人にとって最も受容不可能性の低い」状態を特定することを意図している。各個人の観点で最も受容不可能性の低い帰結を、どのように見つけるのだろうか？　一連のペア比較を通じてである。我々の分配判断から影響を受けることになる個人のペアを取り上げて、これら二人の個人のありうる利得と損失を比較する。各個人にとっての損失最大値が最小化される状態こそ、受

第1章 ロールズ的平等主義

容不可能性がより低い状態である。同様の比較を、影響を受ける個人のすべてのペアについて行うのである。そうすることによって、各個人の観点それぞれから考えられたものとして、受容不可能性の最も低い状態を特定することができる。例えば、二つの事態 X と Y——これは五人の個人の福利水準を表している——を考えよう。

$X = (2, 9, 9, 9, 9)$
$Y = (8, 7, 7, 7, 7)$

まず、個人1と個人2を比較する。X が選択された場合、個人1にとっては損失6単位、個人2にとっては利得2単位が生じる。ネーゲルのペア比較によれば、個人1の観点からの受容不可能性の度合いは、個人2の観点からの受容不可能性の度合いより大きい。単純に、個人1にとってのありうる損失が個人2にとってのそれより大きいからだ。個人1の観点からは、Y は受容不可能性がより低い。ゆえに、Y が個人1と個人2の観点それぞれから受容不可能性のより低い状態である。同様の推論と判断が、個人1と個人3、4、5の各人との間でのペア比較にも適用される。その場合、Y はなお X より受容不可能性が低い。かくしてネーゲルの全員一致は、Y は X より受容不可能性が低いと結論するのである。

　ネーゲルの全員一致をもっとシンプルに説明し活用する方法がある。それは決定理論で言うところのミニマックス・ルールに訴えることだ。ミニマックス・ルールは、各個人にとっての損失最大値を最小化せよと命じる。X が選択される場合、ある個人にとっての最大損失は6単位である。Y が選択される場合、ある個人にとっての最大損失は2単位である。ゆえに、Y を選択した場合に損失最大値は最小化される。このような理由により、ミニマックス・ルールは X ではなく Y という事態を生じさせよと命じるのである。ネーゲルの全員一致はミニマックス・ルールと外延的に同じである。

　ネーゲルは自らの提案に含まれるラディカルな特徴を強調する。彼の分配における全員一致は「その数に関わりなく、最も境遇の悪い者に絶対的な優先性を与える」という結果をもたらす（Nagel 1979: 123）。ここには、密接に関連す

1.4 ポスト・ロールズ主義の契約理論――ネーゲルとスキャンロン

る二つのポイントがある。第一のポイントは、彼の提案する原理が最も境遇の悪い者に便益を与えることに絶対的な優先性を与えるということだ。これはロールズによる格差原理が主張するところに似ているように思われる。だが、重要な相違が三つある。すなわち、(a)ロールズの格差原理が社会の基本構造に適用されるのに対して、ネーゲルの提案は個別具体的な分配判断に適用される、(b)格差原理が社会の様々な集団を代表する個人に適用されるのに対して、ネーゲルの提案は諸個人の状態に適用される、(c)ロールズは最も境遇が悪い者を最低水準の社会的基本財を持つことになる集団と規定するのに対して、ネーゲルはそれを最も大きな潜在損失を持つ個人と規定する。

　第二のポイント――これは第一のポイントと密接に関連する――は、最も境遇の悪い個人以外にとっての損失は、それがどれだけ大きかろうと、我々の分配判断に影響を与えないということだ。もう一度、XとYを比較してみよう。ネーゲルの提案はYを選択するよう命じるが、それは、他の諸個人にとっての損失総計がどれだけ大きかろうと、または、どれだけ多くの個人が2単位の損失を被ろうと、変わりないのである。それは、ロールズの格差原理とまったく同じように、非集計的なのだ。福利の総計ないし平均が最大化されるのはXを生起させる場合であることは明らかだが、ネーゲルの全員一致もロールズの格差原理も、福利の総計ないし平均を最大化させることを目指すものではない。この非集計的な特徴は、多くの人にとって反直観的に映るかもしれない。だが、功利主義に対する代案を提示しようとしている現代倫理学者の多くは、利得と損失の個人間集計を功利主義批判の根拠として見出す傾向がある。彼らにとって、個人間集計は功利主義への扉を開くものであり、それゆえ慎重に回避されるべきものなのである[4]。

　このような反直観的とされる特徴を措くとしても、ネーゲルの全員一致は整合性の問題に直面する。三つの事態――これらは三人の個人の福利水準を表す――を比較してみよう。

$X = (5, 8, 10)$
$Y = (8, 10, 5)$
$Z = (10, 5, 8)$

ネーゲルの全員一致はどのように判断するだろうか？　二つの解釈がある。第一は、事態をペア比較するというものだ。まず、XとYを比較する。ネーゲルの全員一致によれば、各個人にとっての最大潜在損失（この比較で言えば、個人3にとっての損失）を最小化するのはXなので、XはYより受容不可能性が低い。次に、YとZを比較する。ネーゲルの全員一致によれば、YはZより受容不可能性が低い。第三に、XとZを比較する。ネーゲルの全員一致は、ZがXより受容不可能性が低いと判断する。結果として、ネーゲルの全員一致は循環的判断をしている。すなわち、XはYより受容不可能性が低く、YはZより受容不可能性が低いにもかかわらず、ZはXより受容不可能性が低い。これは、最も基本的な整合性条件の一つと考えられている推移性の侵害である。

　第二の解釈は、三つの事態を同時に比較するというものだ。ネーゲルの全員一致によれば、三つの状態すべてが同程度に受容不可能である。どの状態が生起しようと、5単位の損失を被るだろう個人が存在するからである。これは三つの帰結が無差別であることを意味する。この判断から、各帰結は他のすべての帰結と同程度に受容不可能である、という判断を推論することができる。例えば、XはYと同程度に受容不可能である。だが、ネーゲルの全員一致をXとYの比較に適用するならば、先に見たように、XはYより受容不可能性が低い。このように、全員一致原理は我々に整合性のない判断をもたらすのである。いずれの解釈をとるにせよ、ネーゲルの全員一致は不整合性という問題に直面する。

　この不整合性問題の原因は明らかである。すなわち不偏性の侵害であるが、これについては1.1節で説明した。功利主義とロールズの格差原理は不偏性を満たし、それゆえに、この三つの帰結は同程度に善い、と判断する。これらの原理が、いま考察対象となっている不整合性問題に直面することはない。だが、ネーゲルの全員一致は私が不偏性と呼ぶ条件を満たすことはなく（むろんネーゲルの方は、彼の条件は彼が不偏性と呼ぶ私のとは別の条件を満たしていると主張するかもしれない）、これこそ彼の原理が不整合性問題に直面する理由である。

　T. M. スキャンロンは、分配判断を下すための別の基盤を提示している（Scanlon 1982, 1998）。彼の理論的枠組は契約主義（contractualism）である。ス

1.4 ポスト・ロールズ主義の契約理論──ネーゲルとスキャンロン

キャンロンの契約主義はロールズの契約論（contractarianism）とは異なる。スキャンロンは、基本的な社会構造における正義にではなく、行為の正ないし不正に関心を寄せている。彼が試みているのは、ある所与の行為の正ないし不正に関する判断を、その行為がある特定の個人に対して正当化可能であることに基づかせることである。スキャンロンの診断によれば、ロールズの理論も、基本的な社会構造の正義を各個人に対するその正義の正当化可能性に基づかせている。しかしながら、ロールズの契約論的枠組においては、すべての個人に対して正当化可能な基本的社会構造とは、自己利益的な諸個人が原初状態において合理的に選択するはずのものでなければならず、そこでは無知のヴェールが自らの社会における現実のポジションに関する情報を諸個人から奪うことで、彼らに不偏的な判断をさせるようになっている。スキャンロンはこの点についてロールズに同意しない。スキャンロンは正当化可能性というものが、無知のヴェールの背後での合理的選択から生じることはないと信じている。そうではなくて、ある倫理的原理の正当化可能性とは、様々な個人がその原理やそれに代わりうる原理に異論を唱える際に提示する理由にのみ依存するのだ、とスキャンロンは主張するのである。

そのうえでスキャンロンは自らの契約主義を提示する。その主張によれば、ある行為が不正であるのは、自分たちの個人的見地から誰にも理性的に拒絶することのできない諸原理によってその行為が禁止される場合であり、またそれが理由となる場合である。スキャンロンの契約主義によれば、ある原理を拒絶するもっとも理由を持つ個人が一人でも存在するなら、その原理は──たとえそれが他の多くの人々に便益をもたらすのだとしても──我々の倫理的判断の基盤とはなりえない。ある原理が拒絶されるべきか否かは、その原理を採用することによって生じる人々の福利の総計や平均であるとか、便益を受ける人々の数とかには依存しない。それはひとえに、ある特定の個人がある特定の文脈においてその原理に反対する際の理由に依存するのだ。これが、スキャンロンの契約主義の基本的な考え方である。

スキャンロンは、彼の契約主義が分配判断の文脈でどのように作動するのかを説明している（Scanlon 1982: 122-23）。彼は、二つの帰結 A と E を考えるよう勧める。A には大きな不平等が存在する。E では、不平等はそれよりはるか

に小さく、A における最も境遇の悪い者の水準とほぼ同じくらい境遇の悪い個人は存在しない。スキャンロンによれば、一見したところ、A における最も境遇の悪い者は A に反対するもっともな理由がある。しかしながら、E におけるある個人が別の誰かの利益のために甚大な犠牲を引き受けるか、A における最も境遇の悪い者の絶対水準が相当に高いか、そのいずれかまたは両方である場合、彼の反対は棄却されるだろう。各個人が A ないし E に反対する理由は、他の考慮事項によって弱まったり強まったりすることがあるようだ。このように、分配判断に適用される場合、スキャンロンの契約主義は複雑過ぎるように思われる。

ここに、分配的正義に関するスキャンロンの考え方を単純化したものがある。実践的には、それはネーゲルの全員一致を修正したものである。ネーゲルの全員一致は、各個人にとっての潜在損失を他のすべての個人にとっての潜在損失と比較する。スキャンロンはこの点には同意するようだが、各個人の絶対水準をも考慮しようとする。彼らの損失の大きさに対する配慮と、彼らの状態の絶対水準に対する配慮とを結びつける実践的な方法が存在する。それは、彼らの損失の大きさを彼らの状態の絶対水準で割るというものだ。この方法を理解するために、表1.3の二つの二項比較——A と B、C と D——を考えよう。各列は四人の個人の状態を表している。

功利主義の判断によれば、A は B と同程度に善く、C は D と同程度に善い。ネーゲルの全員一致が出す結論は、A は B よりも受容不可能性が低い（ゆえに A を選択すべきである）、C は D よりも受容不可能性が低い（ゆえに C を選択すべきである）、というものになる。これに対して、私が提案している単純化されたスキャンロンの契約主義的分配判断は、A は B よりも反対可能性が低い（ゆえに A を選択すべきである）、D は C より反対可能性が低い（ゆえに D を選択す

表1.3

	1	2	3	4
A	10	5	5	5
B	7	6	6	6
C	10	1	1	1
D	7	2	2	2

1.4 ポスト・ロールズ主義の契約理論——ネーゲルとスキャンロン

べきである)、と主張する。なぜだろうか？

　まず、AとBの比較を考えよう。一方において、個人1にとっての潜在損失は3単位であり、彼ないし彼女の低い方の状態の水準は7である。スキャンロン契約主義のシンプル版は3単位を7で割り、7分の3を得る。他方、個人2（および個人3と個人4）にとっての潜在損失は1単位であり、彼ないし彼女の低い方の状態の水準は5である。シンプルに解釈されたスキャンロン契約主義は1単位を5で割って、5分の1を得る。このように、個人1がBに反対する根拠は、個人2（および個人3と個人4）がAに反対する根拠より厳密に強い。次に、同じ計算プロセスをCとDの比較でも繰り返す。個人1によるDへの反対の強さは7分の3である。個人2によるCへの反対の強さは1分の1である。このように、個人2がCに反対する根拠は個人1がDに反対する根拠より厳密に強い。このプロセスがスキャンロンの契約主義的分配判断を最もよく表していると主張するつもりはないが、彼の豊饒かつ複雑な契約主義が分配判断について何を言うのかを理解するには有用である。

　ネーゲルの全員一致とまったく同じように、スキャンロンの契約主義は非集計的である。というよりも、彼はそう言っている（Scanlon 1982: 123）。もし一人の個人がある原理を拒絶するもっともな理由を持つならば、この原理は我々の倫理的判断の拠り所とはなりえないのであり、それはたとえその同じ原理を採用することで他の多くの人々が便益を受けるとしてもである。これが意味するのは、たった一人の個人がある原理に反対する理由の力は、他の人々——その数がどれだけ多くとも——の主張によって打ち負かすことはできないということだ。この非集計的な特徴こそが功利主義からの明確な決別を表している。ネーゲルもスキャンロンも、自らの理論を功利主義と対比するためにこの特徴を強調している。

　だがこれによって、ネーゲルとスキャンロンに対してある理論的な問題が提起される。人数問題として知られるようになった問題である。人数問題とはこのようなものだ。想像してみよう。あなたは、五人の見知らぬ人の命を救うか一人の別の見知らぬ人を救うかを選択する立場に自らが置かれていることに気づく。何らかの理由から、六人全員の命を救うことはできない。議論のために、この六人の見知らぬ人々の間に道徳上有意な違いはないと想定しよう。つ

まり、彼らは犯罪者でもなければ大統領でもなく、あなたの配偶者でも子供でも友達でもない。ジョン・トーレック——彼は異なる諸個人にとっての利得と損失の集計を否定する——は、二つのグループ間で公正なコイン・トスをして、救助される平等なチャンス（すなわち50%）を見知らぬ人それぞれに与えるのが正しい、と主張する（Taurek 1977）。多くの人々——スキャンロン自身を含む——が、トーレックの主張は反直観的だと考える。直観的には、素直に五人の見知らぬ人の命を救うのが正しい。もしあなたが集計を拒絶するのであれば、あなたはトーレックの反直観的な主張に同意しなければならないように思われる。集計に訴えることなく、より多数の見知らぬ人を救助することを正当化する議論はいかにして可能だろうか？　功利主義および他の形態の集計的帰結主義はこの問題に簡単に応えることができる。すなわち、五人を救うことの善は一人を救うことの善より厳密に善いので、五人を救うのが正しい。しかし、ネーゲルやスキャンロンのような集計を批判する論者には、この種の集計的推論に訴えることができない。

　ネーゲルの全員一致は何を言うだろうか？　あなたが一人の見知らぬ人を救助する場合、五人の見知らぬ人は死ぬことになる。五人の見知らぬ人を救助する場合、一人の見知らぬ人は死ぬことになる。各個人にとっての損失は同じである。それゆえ、一人を救うことは五人を救うことと同程度に受容不可能である。ネーゲルの全員一致原理は、どちらの選択肢も他方より優るとはせず、トーレックのコイン・トスに反対しないだろう。これが真ならば、ネーゲルの原理は反直観的ということだ。

　スキャンロン（Scanlon 1998: 232-41）は、集計に訴えることなく五人を救うための契約主義的な論証を提示しようとする。彼の論証はこうだ。まず、一つの命を救うことと別の一つの命を救うこととの間での選択を想像しよう。このケースにおいて、コイン・トスは誰も理性的に拒絶することのできない原理である。ここで、一方に四人の見知らぬ人が加えられ、一つの命を救うことと五つの命を救うこととの間での選択になると想像しよう。あなたがなおもフェアなコイン・トスをするとしたら、四人の追加された見知らぬ人の存在に対してあなたは正の価値付けをまったく与えないことになる。これは、四人の追加された見知らぬ人それぞれから理性的な反対にあうことだろう。五人の見知らぬ

1.4 ポスト・ロールズ主義の契約理論——ネーゲルとスキャンロン

人を救うという選択によって、四人の追加された見知らぬ人の存在を価値付けることになるのだ。このように、より多くの人数を救うことは、個人的見地から誰にも理性的に拒絶することのできない原理なのである。

一見したところ、スキャンロンの論証はなかなかのものである。それは異なる人々の利得を足し合わせるようなことはしておらず、ゆえに非集計的である。それは、見知らぬ人々の命それぞれがもつ正の平等な道徳的ウェイトに訴えているだけである。だが、二つの異論がありうる。第一に、マイケル・オーツカの指摘によれば、スキャンロンの論証は実は集計的であるか、少なくとも諸個人からなる集団にとっての利得を比較している（Otsuka, 2000）。スキャンロンの論証では、一人の見知らぬ人と組み合わされた、四人の追加された見知らぬ人の存在こそが、五人の見知らぬ人を救う方へと天秤を傾けたのであった。すなわち、スキャンロンの論証は五人の集団を一人の集団と比較しているのだ。このように、スキャンロンはある種の集団集計に訴えているのだとオーツカは結論づける。

第二に、議論の便宜上、スキャンロンの論証の背後にある推論には同意しよう。選択が、五人の見知らぬ人の命を救うことと二人の見知らぬ人の命を救うこととの間でなされると想定しよう。もし選択が、五人の命を救うことと一人の命を救うこととであるなら、スキャンロンの論証によれば、我々は五人を救うということになるはずである。ここで、一人の別の見知らぬ人が一人の側に加えられたとしよう。我々がなおも五人の命を選択するのだとしたら、この一人の追加された見知らぬ人の存在は、我々が何をなすべきかについて何らの違いももたらしていない。それゆえ、この追加された見知らぬ人は何ら正の価値付けを受けておらず、より多くの人数を救うという原理に理性的な反対をすることができるだろう。このように、スキャンロンの論証はより多くの人数を救うことの正当化を果たしてはいないのである。

人数問題は、分配判断に関する現代的な契約主義理論に対して深刻な理論的難問を提起するものである。スキャンロンの契約主義は、最も境遇の悪い者——この最も境遇の悪い者をどう定義するにせよ——を益することに絶対的な優先性を与えることによって、また、個人間集計を排除することによって、平等主義的な関心を表明しようとしている。これは、彼が自らの提案する契約主

義を功利主義と対照させたいからである。功利主義は福利の平等に関心を寄せず、異なる人々の利得と損失を集計する。スキャンロンは、この二つの特徴が功利主義の本質だと理解している。彼は自らの代案を差別化するために、これら二つの特徴を拒絶したうえで、最も境遇の悪い者に絶対的優先性を与えるとともに集計を禁じる理論を前面に押し出しているのである。だがその対価として、人数問題に対する応答において反直観的な結論を招くことになっている。

本章のまとめ

　功利主義は異なる人々の福利の分配に関心を寄せない。ロールズは、功利主義的な分配的正義の理論が満足のいくミニマムを社会の成員に保証しないこと、それゆえ、それに基づく基本的な社会構造は不公正かつ不安定であることを指摘した。そのうえでロールズは格差原理を擁護するのであるが、格差原理は、社会経済的な不平等が正当化されるのは、それらの不平等が社会の最も境遇の悪い集団を代表する個人を益する場合のみであり、かつ、それのみを理由とする、と主張する。格差原理の価値論的な構造は、マキシミン・ルールないしレキシミンという用語で分析される。とはいえ、格差原理は功利主義者からも平等主義者からも批判されている。ネーゲルとスキャンロンは自前の分配原理を提起しているが、それらはその精神においてロールズ的である。だがいずれも、人数問題に見られるような深刻な理論的難問に直面している。

文献案内

　功利主義の理論的構造は、Sen（1979）および Sen and Williams（1982）の序論にうまく要約されている。ハーサニの功利主義正当化論は広大な射程を有するものである。ハーサニと同じような最近の研究成果として、Broome（1991）と Gibbard（2008）を見よ。功利主義とロールズの契約論との対比については、Scheffler（2003a）を見よ。格差原理が持つ広大な射程を理解するためには、Rawls（1971）を読まずに済ますことはできない。B. Barry（1973）および Van Parijs（2003），Strasnick（1976）は格差原理を詳細に分析している。ロー

ルズによる格差原理の導出を批判するものとしては、Arrow (1973), Hare (1973), Harsanyi (1975) を見よ。インセンティブによって不平等を容認するロールズの論証に対するコーエンの批判は、ロールズ格差原理の目的と射程に関する膨大な文献を生み出したが、そこには、J. Cohen (2001), Estlund (1998), Pogge (2000), Scheffler (2006), Andrew Williams (1998) が含まれる。1.4 節で見たように、Nagel (1979, 1991) および Scanlon (1982, 1998) は、近年のロールズ的な理論の好例である。Brink (1993) および Hirose (2014) は、契約主義が分配的正義の分野でどのように作動するかについて、一つの説明を提示するものである。数学を厭わないのであれば、d'Aspremont and Gevers (1977), Gevers (1979), Maskin (1978), K. W. S. Roberts (1980), Sen (1970) は功利主義および格差原理の理論的構造についての明解な説明となるだろう。

注

1 より正確には、レキシミンが満たすのは経済学者がハモンド衡平性と呼ぶものである。Hammond (1976) を見よ。レキシミンにはさらなる利点があり、強分離可能性——マキシミン・ルールはこれに違反する——をも満たす。21 頁の表 1.1 中の二つの比較を見よ。レキシミンは、A は B より厳密に善い、C は D より厳密に善い、と判断する。

2 一見すると、ロールズの不平等を容認する論証は、典型的には不平等をまったく気に掛けない人々によって支持されるトリクルダウン理論に似ている。だが、格差原理はトリクルダウン理論とは区別されるべきである。トリクルダウン理論が主張しているのは、企業および富裕層にとっての減税その他の経済的便益が、経済全体を改善することを通じて、結果的に社会のより貧しい成員たちを益するだろう、ということである。だが、トリクルダウンが社会のより貧しい成員たちを益する保証はどこにもない。

3 以下の例は、もともとは Diamond (1967) が Harsanyi (1955) の不偏的観察者定理の反証例として用いたものである。だが、それは無知のヴェール下での合理的選択に基づくあらゆる論証に当てはまる。この反例は、事前的な決定理論と事後的な決定理論の区別およびその相対的妥当性に関して、一般的かつ根本的な問題を提起する。ダイアモンドの反例にどう対処できるかに関する議論として、Broome (1991), Epstein and Segal (1992), Karni and Safra (2002) を見よ。

4 ネーゲルは、平等主義的な関心は、諸個人からなる集団にとっての損失の総計と個人の人数のいずれに対しても非感応的であるべきだと考えている。これは広く論

第1章 ロールズ的平等主義

じられている論点であるが、後の著作となる Nagel（1991）では、個人の数の関連性について曖昧な記述になっている。何らかの文脈では、人数も関連性のある考慮事項であると彼も考えているのだ。異なる人々の利得と損失の集計に関する網羅的な議論として、Hirose（2014）を見よ。

訳注

†1　本書では、endowment という単語には一貫して「賦与」という訳語を充てる。endowment は多くの場合、「才能」や「資質」、「素質」などと意訳され、特定の個人と分離することのできない肯定的な属性（の束）のように観念されるが、一般的な日本語には適訳が存在しない概念である。最も一般的に言って、endowment とは「与えられたもの」のことであり、それが両親から、自然（神）から、あるいは社会から等々を問わない。また、個人と切り離せないもののみを指すわけでもない。分配的正義の論壇でこの用語の指示範囲は論者によってかなり幅があるが、「スタート時点においてであれそれ以後においてであれ，意図的にであれ非意図的にであれ、外的な財や購買力という形態においてであれ身体的および精神的特性という形態においてであれ、人々が「与えられて」いるものに限定」される、というのが最も広い定義だろう（Van Parijs 1995. *Real freedom for all*, Clarendon Press, p. 251）。

第2章
運平等主義

　不平等は、それがどのように生じるかにかかわらず、道徳的関心を惹起するのだろうか？　不運なギャンブラーがギャンブルをしない人より境遇が悪くなるとしても、悩ましいとは感じない人々がいることだろう。だがそんな人々も、深刻な障害を持った個人が障害のない誰かより境遇が悪いことは悩ましいと感じるだろう（その他の関連する特性については各人で同じであると仮定する）。一部の人々にとって、不平等が道徳的に問題となるかどうかは、それがどのようにして起こるかに依存する。不平等が道徳的関心を惹起するのは、その不平等が、より境遇の悪い個人の制御を超えた状況の違いを反映している場合である。不平等が道徳的関心を惹起しないのは、その不平等が、より境遇の悪い人々の制御下にある諸要素のもたらす影響の違いを反映している場合である。分配に関する諸々の見解のなかでも、運平等主義はこの考え方を重視する。運平等主義にとっては、不平等がどのように起こるのかが重要である。ごく大まかに言って、運平等主義は、それがより境遇の悪い人の制御ないし選択を超える諸要素の違いを反映しているなら、不平等は悪ないし不正であると主張する。また、それが諸個人の計算づくの選択から帰結するものであるのなら、不平等は悪や不正ではないと主張する。過去30年で、運平等主義は分配的正義に関する一つの突出した理論となった。すなわち、ロールズによる分配的正義論の代案となったのだ。本章では、この比較的新しい立場を検討する。

　運平等主義の考え方の原型は、通常、ロナルド・ドゥオーキンによるロールズ分配的正義論の建設的批判に帰される。ドゥオーキンはロールズの主要な論点の多くに同意しているが、ロールズの格差原理ではいくつかの重要な論点に

第2章　運平等主義

対応できないと考えている。ドウォーキンによれば、妥当な分配原理は、平等を支持するとともに、諸個人に自らの計算づくの選択について責任を負わせるものでもなければならない。ドウォーキンの基本的な動機は、責任感応的（responsibility-sensitive）な平等主義の分配的正義論を提案することにある。これを承けて、リチャード・アーネソンとG. A. コーエンのそれぞれが、ドウォーキンの建設的なロールズ批判に基づいて、運平等主義として知られるようになったものを発展させたのである。ドウォーキンの動機は一部の人々を驚かせるものかもしれない。責任という概念はときおり政治的保守派によって持ち出されるが、彼らはあらゆる形態の再分配を拒絶する。責任という概念は、どのように、またなぜ、平等主義的な分配的正義論において作動するのだろうか？

　そこで、ドウォーキンによるロールズ格差原理の評価と、彼の評価がいかにして運平等主義という一般概念を形作ったのかを説明することから本章を始めるのがよいだろう。2.1節では、まさにこれを行う。2.2節では、人々の制御を超えた諸要素についての様々な解釈を検討する。2.3節では、運平等主義者たちがどのように選択運と所与運の間に線を引くのか、そして、様々な線引きの仕方によって運平等主義がいかに根本的に異なる形態へと至りうるのかを考察する。2.4節では、運平等主義に対してなされた異論を検討する。

2.1　ロールズから運平等主義へ

　ロールズによる正義の二原理の正当化論に立ち戻ろう。一部の人々は他の人々よりも才能に恵まれている。一部の人々は他の人々よりも身体的に強壮である。一部の人々は豊かな家庭に生まれ、他の人々は貧しい家庭に生まれる。こういった状況は、所与にして人々の制御を超えているし、人々の状態に影響を与えるものでもある。ロールズは、こういった状況は道徳上恣意的であると考える。彼の考えでは、道徳上恣意的なものが社会の基本構造のデザインに影響を与えるべきではない。これこそ、道徳上恣意的な要素を中立化するためにロールズが無知のヴェールというアイデアに行きついた理由である。その際、原初状態において当事者たちは、自らの才能、自然的および身体的な賦与

(endowments)†1、社会的ポジション、人種、性別などについて知らない。そのような状況においては、つまり道徳上恣意的な要素が中立化されたところでは、正義の二原理が全員一致で選択されるだろう。以上が、ロールズが自らの正義論のなかで道徳上恣意的な要素をどのように扱っているかについての、ごく大まかな素描である。

　道徳上恣意的な要素を中立化するという考え方は同意が得やすい。だが一部の人々は、ロールズが道徳上恣意的な要素を中立化しようとする、そのやり方には同意しないだろう。より具体的には、ロールズはそれらを適切な方法で中立化できていない、といった主張がなされるだろう。自然的および社会的な賦与の恣意性を中立化するロールズの方法が満足のいくものとならないケースが少なくとも二つある。第一に、格差原理は同じ社会的基本財の束を持つ諸個人からなる二つの集団を同程度に境遇が良いと結論付けるが、それはたとえ、一方の集団の諸個人が才能に恵まれていないとか、身体的にハンディキャップを負っている、慢性的に病んでいる、あるいは特別なニーズを持っているとしてもである。例えば障害のある諸個人は、障害のない人と同じ福利水準を得るためには、余分の資源を必要とするだろう。現実では、たとえ彼らが同じ社会的基本財の束を有していても、障害のある諸個人は障害のない諸個人より境遇が悪いことが多いようだ。それでも、格差原理はこれら二つの集団を同程度に境遇が良いと判断するのだ。このように、自然的ないし社会的な賦与による恣意的な悪影響を格差原理では捉えられないのである。

　第二に、格差原理は、不平等が人々の計算づくの選択における違いを反映している場合でさえ、不適切な財の移転を要求するかもしれない。同じ自然的および社会的な賦与を有する諸個人からなる二つの集団を想像しよう。一方はギャンブラーの集団である。他方は普通のサラリーマンたちで、彼らは自立した生活を営むために懸命に働く。サラリーマンたちに比べて、ギャンブラーたちが社会的基本財の観点でより境遇が悪いとしよう。格差原理は、サラリーマンたちからギャンブラーたちへの財の移転を、そのような移転がギャンブラーたちの状態を改善するかぎりは、要求するだろう。だがこれは、最も控えめに言っても反直観的であり、不正義とさえ言えることであるように思われる。ギャンブラーたちはそのリスキーな人生を選好して選択したのである。なぜ、ギャ

ンブラーたちによるリスキーな選択がもたらす悪しき帰結をサラリーマンたちが補填しなければならないのだろうか？　ギャンブラーたちの損失がサラリーマンたちの財布から補填されるとしたら、それはサラリーマンたちにとって不公正だ、と多くの人が言うだろう。彼らはさらに、ギャンブラーたちは自分自身の選択の結果について責任を負うべきであり、彼らの苦境は何ら道徳的関心を惹起するものではないと主張するだろう。格差原理はこの種の懸念に応えない。これは、格差原理が結果状態の分配のみに目を向けて、人々をその結果状態の分配へと至らしめた彼らの意図的選択に目を向けていないからである。

　ロナルド・ドウォーキンは、批判されるべきこの二点を重視する（Dworkin 1981）。彼の考えでは、分配スキームは人々の目的や企図、人生計画についての彼らの随意的選択に感応的である（すなわち、企図感応的 ambition-sensitive である）べきであり、人々の意図的な選択から帰結した不平等は道徳的関心を惹起しない。また彼の考えでは、分配スキームは自然的および社会的な賦与における違いに対しては非感応的である（すなわち、賦与非感応的 endowment-insensitive である）べきであり、賦与の格差から帰結する不利は補償されるべきである。ドウォーキンの意図は、平等を支持しつつ諸個人に自らの選択に対して責任を負わせもする、そんな分配原理を提案することである。

　ドウォーキンによれば、企図感応的かつ賦与非感応的な分配原理というアイデアは、彼が資源平等主義と呼ぶものによって最も良く捉えられる。資源平等主義は、賦与の格差がもたらす負の影響はより境遇の良い個人からより境遇の悪い個人への移転によって補償されるべきであること、および、諸個人の随意的選択から帰結する資源の不平等はより境遇の良い個人からより境遇の悪い個人への資源移転をまったく要求しないこと、これらを主張する。資源の平等を支持しつつ、同時に、諸個人に自らの選択の帰結について責任を負わせることが、資源平等主義であれば可能なのである。

　例として、もう一度ギャンブラーのケースを考えよう。そのギャンブラーたちは諸他のライフスタイルのなかから、ギャンブラーのライフスタイルを随意的に選択したのである。彼らの選択は、彼ら自身の企図、選好、嗜好のいずれかまたはすべてを反映している。資源平等主義は、彼らはその随意的選択の悪影響について責任を負うべきであると主張する。不成功のギャンブラーが成功

2.1 ロールズから運平等主義へ

したギャンブラーより境遇が悪くなってしまうとしても、彼らの不運がもたらした影響の違いを資源移転によって中立化する必要などまったくない。このように、ドゥオーキンの資源平等主義は企図感応的である。他方で、彼の資源平等主義は身体的ハンディキャップを持つ諸個人の悪しき状態については補償を要求する。この理由は、ハンディキャップを負っている人々はそうなることを選択したわけではないので、そのハンディキャップの悪影響について責任を負わせることはできないからだ。ゆえに、ドゥオーキンの資源平等主義は賦与非感応的である。ドゥオーキンは、自らの資源平等主義のほうが、道徳上恣意的な諸要素を中立化するというアイデアを、ロールズの格差原理よりも良く捉えていると考える。

一部のギャンブラーたちは不運であるためにより境遇が悪くなってしまう。ハンディキャップを持つ諸個人もまた不運であるためにより境遇が悪くなってしまう。それでも、不運であるというこれら二つの事実の間には重要な相違が存在する。不成功のギャンブラーたちはリスキーな人生コースを随意的に選択したが、ハンディキャップのある諸個人はそうではない。これら二つの意味での不運であることを対比するために、ドゥオーキンは運の二類型——*選択運*と*所与運*——を提案する。

選択運とは、意図的かつ計算づくのギャンブルがどのような結果になるか——彼ないし彼女が備えるべきであったし拒絶することもできた、ある独立したリスクを受容することによって、その人が利得を得るのか、それとも損失をこうむるのか——という問題である。所与運とは、その意味での意図的なギャンブルではないリスクがどのような結果になるかという問題である。私が取引市場で株を買ってそれが値上がりする場合、私の選択運は良いのである。軌道の予測できなかった落下隕石が私にぶつかる場合、私の不運は所与のものである（たとえ、それがどこに落ちるかを何らかの理由で知っていた場合に、隕石が落下する直前に移動することが私に可能だったとしても）。これら二つの形態の運の間にある差は程度の問題である、とすることは明らかに可能であり、ある特定の不運の断片をどのように記述するかは不確定であろう。ある人が普通の人生コースのなかでガンを発症する場合、そして、その

第2章　運平等主義

疾病のリスクを冒すギャンブルであると名指せる特定の意思決定が存在しないなら、彼は悪しき所与運に見舞われたのだと我々は言うだろう。だが、彼が頻繁にタバコを吸っていた場合、我々はむしろ、彼は成功の見込みのないギャンブルをしたのだ、と言うだろう。(Dworkin 1981: 293)

一方において、所与運という概念は、ある個人の制御を超えたタイプの運を捉えるものである。個人は所与運の悪影響に対しては責任を負うことができず、それゆえ、彼ないし彼女が他の人々より境遇が悪い場合、所与運の悪影響は補償されるべきである。他方において、選択運という概念は、ある個人の制御下にあるタイプの運を捉えるものである。個人は選択運の悪影響に対して責任を負うべきであり、それゆえ、彼ないし彼女が他の人々より境遇が悪いとしても、彼ないし彼女が悪しき状態にあることは何らの補償も正当化しない。

この区別を使えば、ここで運平等主義のもっとも一般的な定義を示すことができるが、この定義はほぼすべての種類の運平等主義を包含するほど十分に広いものである。

> 運平等主義：不平等は、それが所与運のもたらす影響の違いを反映している場合には、悪ないし不正義である。不平等は、それが選択運のもたらす影響の違いを反映している場合には、悪ないし不正義ではない。

このように、運平等主義は二つの一般的主張をしている。第一は、所与運のもたらす影響の違いはその所与運の悪影響に対する補償を通じて中立化されるべきだ、というものである。第二は、選択運のもたらす影響の違いはいかなる補償も要求しない、というものである。

所与運／選択運という区別に基づく運平等主義は、ハンディキャップを負った個人のケースで直観的に正しい結果を提示することができる。ハンディキャップのある個人は、そのハンディキャップを持つことを選択したわけではない。彼ないし彼女が他の人々よりも境遇が悪い場合、それは悪しき所与運の結果であり、それゆえ、彼ないし彼女の状態は補償されるべきである。他方で、あるギャンブラーが別のギャンブラーやギャンブラーでない人たちより境遇が

2.1 ロールズから運平等主義へ

悪い場合、その不平等を削減する必要などまったくない。

　ここで早急に二つほど条件を付けておくのが適当だろう。第一に、運平等主義が中立化しようとしているのは所与運のもたらす影響の違いであって、所与運の原因ではないという点に注意しなければならない。例えるなら、運平等主義は身長や人種、性別における差異を根絶しようとしているのではない。それはただ、身長や人種、性別の違いから帰結する不平等は根絶されるべきだと主張するにとどまる。第二に、私は価値論的概念と義務論的概念の選言によって不平等の規範的特徴を定義した。もし所与運の違いから帰結する不平等が悪である場合には、その不平等の悪さが諸他の考慮事項の善さによって凌駕されることがありうる。もし所与運の違いから帰結する不平等が不正義である場合は、その不平等は端的に根絶されるべきなのだ。所与運の違いから帰結する不正義な不平等は、たとえその不平等が社会において多大な善を促進するとしても、許容されえないのである。

　価値論的な運平等主義と義務論的な運平等主義とを区別することには以下のような含意が伴う。義務論的な運平等主義の定義は不正義の的確な意味を捉えそこなっている、と主張する人がいるかもしれない。同じサイズの二つの村 A と B があり、そこにいるすべての人が同じ福利水準であるとしよう。ハリケーンが村 A の家屋は破壊するが村 B の家屋は破壊せず、ゆえに、村 A の人々は村 B の人々よりも境遇が悪いと仮定しよう。ハリケーンは自然現象であり誰にも制御できない。それゆえ二つの村の間の不平等は、まったき所与運のもたらす影響の違いを反映している。この二つの村の間の不平等は本当に不正義だろうか？　義務論的な運平等主義によれば、それは不正義である。だが、それは不正義ではないと主張する人々もいるだろう。むろん、ハリケーンのせいで村 A の人々が村 B の人々よりも境遇が悪いのは遺憾なことであり、おそらく悪である。だが、それは不正義ではない。というのも、その不平等は何らかの社会制度によってもたらされたものではないからだ。通常、正義とは、政府や市場、社会システム等々といった社会制度に関する規範的属性である。「正義」および「不正義」に関するスタンダードな意味論にしたがうなら、不平等が市場取引を通じてあるいは政府によって生じさせられた場合に、それは不正義と見なされる。不平等がハリケーンのような自然要因によって生じさせられた場

合、それは遺憾なことではあるが、正義の問題ではなく何か別の問題である。たとえば自然災害に起因する不平等は、悪ではあるだろう。このように、自然災害に起因する不平等は価値論的な考え方によって捉えられるものであって、義務論的な考え方によって捉えられるものではないのだ。

　この主張は完全に理に適ったものである。それでも、運平等主義がこの二つの村の人々の間での不平等を不正義であると見なすことが、ある意味においては可能である——この際、トマス・ネーゲルが社会の消極的責任と呼ぶもの（Nagel 1991: 99-102）に訴えることになるだろう。社会の消極的責任という考え方によれば、社会が介入しないことは社会が介入することと同程度に正当化を必要とする。通常、社会がその成員に関係のある事柄に介入するには正当化が必要である。だが、社会の非介入にも正当化は求められる。ネーゲルによれば、社会とはそれ自体の人生を送る存在ではない。その仕事は、その成員たちの集合的生を編成することである。あの二つの村の間での不平等のように、たくさんの自然的な不平等が存在する。社会の消極的責任という考え方によれば、社会は、まったき所与運の悪影響を中立化しようと試みない場合には、何らかの正当化を提示しなければならない。社会があの二つの村の間の不平等を中立化しようと試みないのであれば、それは、その不平等の存在を許容するという選択をしているのだ。運平等主義の支持者たちはこのアイデアに訴えることができる。あの二つの村の間にある不平等を許容するという選択には、満足のいく正当化などまったく存在しない。そのような正当化が存在しないのだから、あの二つの村の間の不平等は不正義である。他方で、不平等が人々の随意的選択を反映している場合の正当化が存在する。その正当化とは、より境遇の悪いそれらの人々は、自分たちの随意的選択がもたらす影響の違いについて責任を負うべきである、というものだ。このように、運平等主義者たちは、人々の随意的選択から帰結する不平等における非介入を正当化することができるし、それゆえに、人々の随意的選択から帰結する不平等は正義に適っていると主張することもできるのである。

2.2 選択運という概念を解剖する

　先ほども触れたように、ある種類の運平等主義を別の運平等主義と分かつ要素がいくつか存在する。そのような要素の一つが平等の通貨（currency）である。単純に言えば、何の平等か？　ということである。既に見たように、ドゥオーキンは資源を消費することによって人々が引き出すものや達成するもの（たとえば、厚生ないし福利）の平等ではなく、資源の平等を目指した。対照的に、他の運平等主義者たちは別の通貨を支持する。たとえば、G. A. コーエンは優位性という概念を支持する議論を展開しているが（G. A. Cohen 1989）、これは資源と資源の消費から引き出されるものの両方を捉えている。いくぶん似たものだが、リチャード・アーネソンは厚生機会という概念を、所与運を中立化する平等にとっての適切な物差しとして支持している（Arneson 1989）。以下では、正義の通貨問題についてはひとまず措き、その代わりに、様々な運平等主義を論じるための通貨以外のある要素に焦点を当てる。私が焦点を当てるその要素とは、選択運の性質である。選択運の性質に関する様々な解釈に焦点を当てることで、運平等主義の内部にある実体面での多様性を理解することができる。

　はじめに、この「選択運」とは精確には何を意味しているのだろうか？　すでに見たように、ドゥオーキンはそれを、「意図的かつ計算づくのギャンブルがどのような結果になるか——彼ないし彼女が備えるべきであったし拒絶することもできた、ある独立したリスクを受容することによって、その人が利得を得るのか、それとも損失をこうむるのか——という問題」と定義している。ドゥオーキンの定義には、選択運という概念を構成する、相関する二つの要素が存在する。第一は意図的な選択である。ある特定の不幸の事例が選択運の結果であるためには、当の個人によってなされた、何らかの意図的かつ計算づくの選択が存在しなければならない。第二は、熟慮のうえで複数の行為選択肢のなかから選択できるという可能性である。ある個人がある特定の行為を遂行する以外の選択肢をまったく持っていなかったとしたら、彼ないし彼女は真にその行為を選択してはいないのだ。その結果として彼ないし彼女の状況が非常に悪いものであると判明するならば、その悪しき帰結について彼ないし彼女に責任

第 2 章　運平等主義

を負わせることはできない。運平等主義の想定では、ある個人が彼ないし彼女の選択の帰結に対して有責であるためには、彼ないし彼女は別の行為をする選択肢を持っていたのでなければならない。

2.1 節で引用したくだりでドウォーキンが明確に述べているように、選択運と所与運との間に明確な線を引くのは困難である。運平等主義のなかでの多様性は、部分的には、この線がどこに引かれるのかから生じている。最初の大きな分岐点が出現するのは人々の選好が随意的選択と見なされる時であり、随意的選択がもたらす悪しき帰結に補償する必要はない。

ドウォーキンは、人々は自らの選好の悪影響について責任を負うべきだと暗に主張している。この主張は、高価な嗜好を持つ諸個人はその高価な嗜好のもたらす影響の違いについて責任を負うべきだとする彼の論証から引き出されている。一部の人々は高価な嗜好を持つ——たとえばプレ・フィロキセラのワインとチドリ卵を好む——のに対して、他の人々はもっと安価な嗜好を持つ——たとえばビールと鶏卵を好む。これら二つのタイプの人々が持つ資源が等量だとすると、高価な嗜好を持つ人々はより安価な嗜好を持つ人々より境遇が悪くなるだろう。というのも、彼らは自らの高価な嗜好を満足させるためにより多くの資源を支出しなければならないからだ。ドウォーキンによれば、たとえ高価な嗜好を持つ人々がより安価な嗜好を持つ人々より境遇が悪くなるとしても、この二つのタイプの人々の間での不平等が高価な嗜好を持つ人々への補償を要求することはない。ドウォーキンにとって、嗜好や選好は所与運の問題ではなく、人々が責任を負うべき要素である。ドウォーキンによる所与運の解釈を素朴選択説と呼ぶことにしよう。

コーエンの見解は異なる（G. A. Cohen 1989, 2004）。彼は諸個人がそれぞれの嗜好および選好を持つにいたる過程を重視する。ある個人に彼ないし彼女の選好について責任を負わせるためには、彼ないし彼女が特定の嗜好および選好を涵養するにあたって真正の選択をしていたか否かを検討しなければならない。コーエンは以下のような例で自らの見解を表現している。

ポールが写真を愛好しているのに対して、フレッドは釣りを愛好している。市場の価格構造は、フレッドは自らの娯楽を容易に購入できるがポールは自

らの娯楽に手が届かない、というものになっている。結果として、ポールの人生はより不満足なものである。つまり、ポールの人生はフレッドの人生よりも無意味であると言っても過言ではない。私の考えでは、平等主義者がすべきことはポールの写真に補助金を与えることである。……ポールの問題とは、彼が釣りを嫌っており、しかも、そう仮定することに問題はないと思うが、それを嫌いにならずにはいられなかった——釣りは彼の本性に適さない——ということである。彼は真正に不随意的な高価な嗜好を持っているのであり、私の考えでは、平等へのコミットメントが含意するのは、ポールのような人々が補助金で運営されている共同娯楽施設によって現に救済されているようなかたちで、彼も救済されるべきだということである。(G. A. Cohen 1989: 923)

この例では、ポールが相対的に高価な嗜好を持っている。予算的な制約から、ポールは自らの高価な嗜好を満足させることができず、よってフレッドより境遇が悪くなることだろう。ポールの相対的に高価な嗜好は本当は彼の真正の選択ではない——ポールは釣りを嫌わずにはいられなかった——とコーエンは考える。そのうえでコーエンは、自らの高価な嗜好のもたらす影響の違いについてポールに責任を負わせることはできないと主張する。彼は自らの見解を以下のように要約する。

　私は、それについての責任を、それを持つ人に負わせることがもっともであるか否かによって、高価な嗜好を区別する。彼が形成せざるをえなかったか、彼がいまや解除することのできないか、そのいずれかまたは両方であるような高価な嗜好というものが存在するし、対照的に、彼が責任を負わされてよい高価な嗜好も、彼はそれを未然に防げたのだから、あるいは、彼はいまやそれを捨てられるのだから、という理由のいずれかまたは両方のゆえに、存在するのである。(G. A. Cohen 1989: 923)

コーエンによれば、それが彼ないし彼女のなした真正の選択を反映しているなら、個人は彼ないし彼女の選択がもたらす帰結について責任を負うべきである。

その選択の真正性は、彼ないし彼女が彼ないし彼女の選好の形成を制御できていたか否かによって決定される。コーエンは、諸個人に自らの選好について責任を負わせることは決してできない、とは主張しない。彼の主張はもっと控えめなものである。彼は単に、諸個人はそれを制御できていたのであれば自らの選好について責任を負うべきであり、それを制御できなかったのであれば責任を負わされてはならないと主張しているのである。ドウォーキンの資源平等主義とは異なり、コーエンの運平等主義は選好について必ずしも諸個人に責任を負わせない。コーエンによる選択運の解釈を真正選択説と呼ぶことにしよう。

　一部の運平等主義者たちは素朴選択説にも真正選択説にも満足しない。あるヘビー・スモーカーが肺癌を患い大変な境遇の悪さに陥ったと想像してみよう。そのヘビー・スモーカーの両親や友人たちもヘビー・スモーカーであるとする。そのような状況下では、そのヘビー・スモーカーはおそらく、1日に40本の煙草を吸うことなどごく普通のことであると考えるだろう。真正選択説に関する一つの解釈によれば、そのヘビー・スモーカーは彼の選好を制御できていなかったのであり、ゆえに、喫煙に関して真正の選択ができなかった。したがって、真正選択説をこのように解釈するならば、彼ないし彼女が深刻な疾病を患い悪い状態に陥るとしても、そのヘビー・スモーカーに責任を負わせることはできない。ピーター・バレンタイン（Vallentyne 2002）とシュロミ・セガル（Segall 2010）はこの結論を反直観的であると考え、理性的回避可能性説を提案する。この説によれば、ある個人がある帰結について責任を負うのは、彼ないし彼女がそれを回避するよう期待することが理にかなう場合である。同様に、ある個人がある帰結について責任を負わされないのは、彼ないし彼女がそれを回避するのを期待することが理にかなわない場合である。ヘビー・スモーカーの事例について、この説は、そのヘビー・スモーカーは喫煙から生じる悪しき帰結について責任を負うべきである、と主張するだろう。その理由は、彼ないし彼女が重度喫煙に伴うリスクを知って喫煙を控えるべきであると期待するのはもっともなことだからである。

　個人が理性的に回避できる帰結とはどのようなものだろうか？　この問いに答えるのは容易ではない。より具体的に言うと、理性的であること（reasonableness）という概念をはっきり説明するのは困難である。一つの解釈

2.2 選択運という概念を解剖する

は、ある帰結がある個人にとって理性的に回避可能であるのは、彼ないし彼女の選択からその帰結が生じるであろうことを彼ないし彼女が予見できた場合である、というものだ。だが、この解釈が正しいとは思えない。私がスーパーマーケットに行くとき、車に轢かれるとか雷に打たれる、サイコパスに刺されるといったリスクはごくわずかに存在する。これらのリスクを予見できているにもかかわらず、私はスーパーに行くとき通常はこれらを無視する。実際的な諸目的のために、私は小さなリスクを棚上げにするのだ。だがここでは、スーパーへの道中で私が雷に打たれたと想像してみよう。いま検討されている解釈では、私にはこの可能性が予見できたのだからこの帰結について有責であるとされる。しかし落雷は自然によって引き起こされるものであり、誰かにランダムに落ちる。私が不幸にも経験した悪しき帰結に対しては、私を含め誰にも責任はないように思える。それでも、選択運が予見可能性として解釈される場合には、私にはそれが予見できたという理由から、私はこの悪しき帰結について責任を負うべきことになるのだ。これが正しいとは思えない。ゆえに、理性的であることとは予見可能性のことではないと思われる。

十中八九、理性的であることは正当化可能性を指すものとして使われている。つまり、φすることが、Sが回避するよう理性的に期待される行為であるのは、まさにSがφすることを他の人々に対して正当化できないケースにおいてである。ある事柄が理性的なことであるとしたら、それは理解可能であるはずだ。それは、何らかの理由が存在すること、および、その理由が他の人々にとって理解可能でなければならないことを意味する。ある個人はφすることを回避するよう理性的に期待されている、と述べることは、φすることは他の人々に対して正当化できない、と述べることである。彼ないし彼女はφすることを回避するよう理性的に期待されはしない、と述べることは、φすることは他の人々に対して正当化できる、と述べることである。理性的回避可能性説が責任という概念の根拠とするのは、行為の正当化可能性である。とはいえ、この解釈でも正しいとは思えない。運平等主義者たちがしなければならないことの一つは、なぜ一部の不平等は正当化可能なのかを明らかにすることである。なぜ特定のケースの不平等は正当化できるのだろうか？　それは、その不平等が正当化できない選択の結果だからである。だがこれは情報価値のない説明である。とい

第 2 章 運平等主義

うのも、運平等主義者が説明するはずのことは、その不平等が何を以て始まるのか、によって説明されるからだ。つまり、理性的回避可能性説はさらに理論を展開させる必要がある。

2.3 どれだけの運が本当に選択運なのだろうか？

選択運に関する三つの異なる解釈を明らかにしてきたわけだが、所与運と選択運との間でどのように線を引くのかという問題が残っている。これら二つの間に明確な線を引くのは困難である。理論的には、その線がどこに引かれるべきかに関する二つの極端な立場を考えることができる。第一は、私が無運説と呼ぶものである。無運説に拠るなら、その線は所与運にとっての余地がほとんど存在しないかたちで引かれる。これが意味するのは、ほぼすべての不平等は選択運のもたらす影響の違いを反映していること、それゆえ、ほぼすべての人々が悪しき結果に対して責任を負わされて構わないということである。無運説に立つ運平等主義は非平等主義へと近づく。補償を必要とする不平等はほとんど存在せず、多くの不平等は当然のようにそのまま残される。私の知るかぎり、この極端な見解をとっているのはエリック・ラコウスキ（Rakowski 1991）のみである。無運説は運平等主義の支持者たちの間ではひどく不人気である。

一部の哲学者たちは、私が全運説と呼ぶもう一方の極端、あるいはこの極端な説と同じような見解に魅力を感じている（N. Barry 2006, 2008; Fleurbaey 1995, 2001; Lippert-Rasmussen 2001; Otsuka 2001）。全運説は選択運の余地がほとんどないかたちで線を引く。これが意味するのは、ほぼすべての不平等は所与運のもたらす影響の違いを反映していること、それゆえ、悪しき結果について責任を負わされてよい人々はごくわずかだということである。全運説に立つ運平等主義は、結果における単純な平等主義――これについては第3章で論じる――に近づく、あるいは外延的にほぼ等価である。この説では、ほぼすべての不平等が反映しているのは我々の制御を超えた運のもたらす影響の違いであり、それゆえ、悪しき結果について責任を負わされてよい人などほぼ存在しない。

皮肉なことに、全運説は、所与運と選択運の間に明確な線を引くのが難しい

2.3 どれだけの運が本当に選択運なのだろうか？

という事実から生じている。より具体的に言えば、それは部分的には、選択運の多くのケースで何らかの所与運の要素が含まれており、純粋な選択運のケースなどほとんど存在しないという事実から生じているのである。一方において、純粋な所与運のケースを特定するのは容易である。自然的賦与や社会環境における違いは純粋な所与運の問題である。これらの諸条件を意図的に選択している人はいない。選択運をどのように解釈するにせよ、純粋な所与運が広範に存在することにはかなり容易に同意が得られる。他方において、純粋な選択運のケースを特定するのは難しいだろう。結局のところ、選択運とはある形態の運である。選択運が熟慮的かつ意図的な選択から生じるものなのだとしても、諸々の事態のうちのいずれが実際の結果となるかには多くの道徳上恣意的な要因が影響する。つまり、意図的選択の結果の多くには、選択運と選択者が制御できないある程度の運とが含まれる。ほぼすべての選択が、予見不可能な出来事や情報の欠如、社会や技術の変化、他の人々がなす選択といった、個人の制御を超えた要因に影響されるのである。

ある種の囚人のジレンマを考えてみよう（表2.1）。二人の個人がおり、各人が一斉に協力か非協力のどちらかを選択しなければならないとしよう。両者が協力を選択した場合の結果は、両者が非協力を選択した場合より厳密に善い。一方の個人が協力することを選択し他方の個人が協力しないことを選択する場合、協力することを選択した人にとっての結果は、各人が協力しないことを選択した場合の結果より厳密に悪いが、協力しないことを選択する個人にとっての結果は、両方の個人が協力する場合の結果より厳密に善い。この例では、ありうる事態が四つ存在し、二人の個人にとっての得失は以下のようになっている。各ブラケットの左側の数字は個人1にとっての得失を、右側の数字は個人2にとっての得失を表している。

表2.1

		個人2	
		協力	非協力
個人1	協力	(10, 10)	(0, 15)
	非協力	(15, 0)	(5, 5)

第 2 章　運平等主義

　当然、ある個人がより善い境遇となるのは、彼ないし彼女が協力しないことを選択し、他方の個人が協力することを選択する場合である。ここで、個人 1 が協力することを選択する一方、個人 2 が協力しないことを選択するとしよう。結果は (0, 15) である。これは、個人 1 は個人 2 より境遇が悪いことを意味する。おそらく、個人 1 は何らかの熟慮のうえで協力を選択しているのだろう。彼ないし彼女は個人 2 [†2] がどのように決定し行動するであろうかを考慮している。しかしながら、熟慮的選択の結果として、個人 1 は個人 2 より悪い境遇に陥る。ある意味では、個人 1 は彼ないし彼女の熟慮的選択の悪影響について責任を負うべきであり、それゆえに、この二人の個人の間の不平等は個人 2 から個人 1 への再分配を要求しない。だが、個人 2 の選択は個人 1 の制御を超えている。個人 1 がより悪い境遇に陥るのは、個人 2 が非協力を選択することが彼ないし彼女にとっての不運だからである。つまり、全運説によるなら、個人 1 と個人 2 の間での不平等は、個人 2 から個人 1 への再分配を要求するのである。囚人のジレンマにおける不平等は運の結果である。このとき全運説は、個人 1 は運の悪影響について責任を負わされてはならず、それゆえ、個人 1 と個人 2 の間での不平等は個人 2 から個人 1 への再分配を要求するのだ、と主張する。

　全運説によるなら、運がもたらす影響の違いはほとんどすべて、それらが純粋な選択運の結果でないかぎり、補償されるべきである。ニコラス・バリー（Barry 2006, 2008）はこの極端な立場を支持しているようである。彼は暗黙のうちに、個人が悪しき結果について責任を負わされてよいのは、彼ないし彼女がその結果を熟慮的かつ意図的に選択する場合にかぎられる、と述べている。これが意味するのは、バリー流の全運説は、リスクや不確実性が存在する場合には、いかなる個人にも悪しき結果について責任を負わせないということだ。全運説においては、所与運という概念に選択運のほとんどすべてのケースが吸収されてしまい、所与運と選択運との区別が消滅する。人々がより境遇の悪くなることを意図的に選択するなどというケースはごく稀であるため、全運説は結果の平等を支持することになるだろう。

　全運説は問題含みである。全運説にまつわる現実的問題とは、この説それ自体が運平等主義を冗長なものとしてしまい、選択運という概念を理解不能なも

のにしてしまうということだ。純粋な選択運がもたらす悪影響とは何だろうか？ ある個人が不確実性やリスクがまったく存在しない状況下で意図的に選択し生起させる結果がそれである。ここには、運の要素はまったく存在しない。運の要素が少しでも存在するならば、その帰結は個人の制御を超えた運の結果であると言われるのだ。このように、全運説においては、純粋な選択運の悪影響とは実は意図された帰結のことなのであり、何らかの種類の運の結果のことではない。全運説が見ているのは、意図された帰結と意図されざる帰結との対比であり、二つの種類の運の対比ではない。全運説は、責任という考え方の根拠を所与運と選択運の区別には置いていないのだ。むしろそれは、責任概念の根拠を意図された帰結と意図されざる帰結の区別に置いている。つまり、全運説が本当に含意しているのは、不平等が悪ないし不正義であるのはそれが意図されざる帰結である場合だということ、そして、不平等が悪ないし不正義でないのはそれが意図された帰結である場合だということである。

　以上のように解釈された運平等主義にはもっともらしくない点が三つある。第一に、他者より境遇が悪くなることを意図する人などほとんど存在しないだろう。向こう見ずなギャンブラーでさえ自分の所持金を意図して失うのではない。第二に、純粋な選択運という概念が意味をなさない。純粋な選択運はあらゆる意味において運と呼べるものではない。純粋な選択運には不確実性ないしリスクがまったく含まれていないからである。つまり、選択運という概念が理解不能なのである。第三に、全運説は、たとえ極端なタイプの運平等主義だと主張されたとしても、運平等主義とは別の何かであることが判明する。というのも、それは責任概念の根拠を、選択運と所与運の区別にではなく、意図された帰結と意図されざる帰結の区別に置いているからだ。

　本節の冒頭で述べたように、無運説と全運説は二つの極端である。ほとんどの運平等主義者はおそらく、所与運／選択運の区別を曖昧なままにしておくというプラグマティックなアプローチを採るだろう。純粋な所与運と純粋な選択運の代表例はたしかに存在する。だがこれら二つのタイプの運は、一つの連続的スペクトラムをなす両極端である。ドウォーキンが明確に述べているように、はっきりした線を引くことは困難であり、我々がする線引きはおそらく恣意的なものなのだ。我々には恣意的でないはっきりした線を引くことができないの

だとしても、それは所与運ないし選択運が存在しないことを意味するものではない。これは長年にわたる曖昧性問題とまったく同様のものである。毛むくじゃらの男と禿げの男との間にはっきりした線を引くことができないという事実から、毛むくじゃらであるという概念および禿げであるという概念が意味をなさなくなる、などということはない。運平等主義を支持するほとんどの論者は、無運説と全運説の間のどこかの立場を選ぶのである。

　本節の残りでは、手短に、運平等主義の一種と見なすことのできる別の独創的な見解を二つ紹介することにしよう。第一は、ピーター・バレンタインの初期機会平等説である（Vallentyne 2002）。この説は、人生の早い段階での人々の初期の機会ないし見通しが平等化されるべきであると主張する。一部の人々には遺伝性の疾患があるが、それは彼らの両親から受け継いだものであり、結果として彼らの将来の機会を制限する。これに対して他の人々はそうではない。誰も遺伝性疾患を受け継ぐことを選択してなどいない。にもかかわらず、受け継がれた遺伝性疾患は、多くの場合、その遺伝性疾患を持つ人々の機会を、後々の人生において、制約ないし縮減する。初期機会平等説は、初期の機会あるいは見通しにおける不平等が平等化されるべきである、と主張する。とはいえこの説は、人々の人生の後々の段階で所与運がもたらす影響の違いを平等化することを常に要求するわけではない。それは、ある個人が彼ないし彼女自身の過失によらずに他の人々より境遇が悪くなる場合でさえも、そうなのだ。これは標準的な運平等主義——こちらは常に所与運がもたらす影響の違いを中立化するよう要求する——との大きな違いである。

　私は、初期機会平等説が人々の後々の人生における所与運の悪影響に対する補償を常に要求するわけではない、と述べた。とはいえこの説は、そのような所与運のもたらす影響の違いが決して補償されるべきではない、と主張するものではない。この説によれば、ある特定の条件が成立しているかぎりは補償が要求される。その条件とは何か？　それは、その補償がすべての人の初期の見通しを改善することである。この説が所与運のもたらす影響の違いについて補償を要求するのは、その補償が人々の出生時における生涯機会の期待値を増加させる場合でありその場合に限られる。このように、所与運のもたらす影響の違いが補償されるべきか否かは、人々の出生時における生涯機会の期待値に依

2.3 どれだけの運が本当に選択運なのだろうか？

存するのである。

第二の見解はマーク・フローベイの出直し説であるが（Fleurbaey 2005, 2008）、これはバレンタインの説に似ている。初期機会平等説が見通しの平等化を求めるのは人々の人生の始まりにおいてのみである。対照的に出直し説は、人々が自らの選好を変えることを条件に、人々の人生コースで複数回にわたって見通しの平等化を要求することができる。随意的な選択をしたものの、悪い状態に陥ってしまう人が存在する。彼らは自らの過去の選択を悔やみ、人生計画を変え、新たなスタートを切ることを望むだろう。つまり、往々にして、人々の人生コースには選好の変化が存在するのである。出直し説は、長期にわたっての人々の人生計画や選好における変化に対して感応的であろうとする。それは、資源の分配を通じて人々の新たな人生計画をサポートしようという試みである。

出直し説の基本的な考え方を理解するために、以下のような状況を想像してみよう。アンナはロック・スターになることを夢見て学校を中退することを決めた。だが、彼女はロック・スターとしてまったく成功できず、今や貧困状態で暮らしている。彼女は過去の決定を悔い、ロック・スターになるという夢を捨て、もっと現実的なキャリアを追求して大学に行くことを決めた。しかし、貧困ゆえに大学の授業料を払うことができない。コーエンやアーネソンのような標準的な運平等主義によれば、より境遇の良い人々からアンナへの資源移転は必要とされない。というのも、彼女は自らの選択のもたらす悪しき結果について責任を負うべきだからだ。対照的に出直し説は、アンナが大学に通えるよう、何らかの資源移転がより境遇の良い人々からアンナへなされるべきだと主張する。これは、出直し説がアンナの選好の変化を尊重するからである。アンナが自らの過去の決定を悔いて新たな人生計画にコミットするかぎりにおいて、出直し説は喜んで新しいアンナを援助するのである。彼女の過去の決定がもたらす影響の違いについてアンナに責任を負わせることはしないのだ。

出直し説は寛大であるが、過度にそうであるわけではない。多くの人々は自らの人生の様々な段階で賢明でない選択をする。彼らは多くの場合、自らの過去の選択を悔い、新たな人生計画の追求をはじめる。これはごく一般的なことである。人生を通じて一つの人生計画のみにコミットするような人はごく稀で

ある。このように出直し説は、現実的であるだけでなく常識的な的確さを持ち合わせてもいる。むろん、アンナがロック・スターになるという自らの夢に頑なに固執する場合、出直し説はアンナに彼女の選択の悪しき結果について責任を負わせるし、より境遇の良い人々からアンナへの資源移転を何一つ要求しない。出直し説が標準的な運平等主義と等しくなるのは、人々がその人生全体を通じて自らの人生計画（およびそれに通底する選好）を決して変えない場合でありその場合に限られる。

　出直し説を受け容れることのできない人もいるだろう。彼らは、出直し説においては、軽率で不注意な決定者たちが負わされるべき損失を補償するコストを、慎重かつ注意深い決定者たちが負担しなければならない、と主張するだろう。私がある愚かな選択——その選択は大いなる蓋然性で私をとても悪い状態に陥らせる——をしたとしても、私がその選択を悔やんでさえいれば、私は平等な機会を持つことを保証されるのである。その際、慎重かつ注意深い選択をする理由など私にあるだろうか？　私が飲酒運転をする場合でさえ、心配するべきことなど何もないのだ。出直し説はモラル・ハザード問題を惹起するだろう。ドウォーキンはこれを次のように説明する。

　　［出直し説のような見解は］相容れない二つを同時に成立させようとする典型的な事例であるように思われる。なぜ浪費家が彼のまったく実践してもいない重労働と倹約ゆえに報酬を与えられるべきなのか？　それも実際に重労働をして倹約に努めてきた人々から徴収された税金によって。（Dworkin 2002: 113）

出直し説を提唱することで、フローベイはこの種の倫理的直観に異議を唱えようとしているのだ。彼は別の倫理的基準——この基準は、過去の失敗を大目に見て心情の変化を歓迎するという原理を支持する——を正当化する論証をしているのであり、また、そのような失敗ないし変化のコストが共同体の全体で分担されなければならないという含意を、容認しているのである。

2.4 いくつかの異論

ここでは、運平等主義に対してなされた異論について検討しよう。とくに三つの異論を考察することにする。

第一の異論は、運平等主義は平等を正当化できないと主張する。スーザン・ハーリー（Hurley 2003）が提起しているのがこの異論である。彼女によれば、運平等主義にとっては、平等主義の目的とは所与運が資源ないし機会の分配に対して及ぼす影響を中立化することである。これが正しいなら、完璧に平等な分配が全くの偶然によってもたらされる場合、平等主義の目的はそのような平等を支持しない、ということになるはずである。それは、この平等分配においては所与運が中立化されていないからである。我々が平等主義の目的を達成しつつ所与運の影響を中立化しようとするのであれば、この完璧に平等な分配から離れなければならない。もし運による平等が望ましいものだと主張されるなら、運の中立化は運平等主義が目指しているものではないことになる。運の中立化は、我々が資源ないし機会をどのように分配すべきかを示してはくれない。それは平等な分配を必ずしも正当化しないのである。大まかには、以上がハーリーの主張である。この異論によれば、運平等主義は完璧に平等な分配を基本状態と見なしたうえで、不平等な分配をこの完璧に平等な分配からの逸脱として扱うのだが、矯正が要求されるのは、それらの逸脱が所与運から帰結していればの話である。平等が成立する見込みはない。以上が、ハーリーによる異論の大まかな素描である。

運平等主義がもっと正確に表現されるならば、この異論は回避できる。運平等主義が中立化しようとしているのは、一般的な概念としての運ではなく、もっと特定された運である。運平等主義は、格差を生じさせる所与運の影響を中立化しようとするものなのである（Lippert-Rasmussen 2005）。格差を生じさせる所与運とは、人々に別様に影響を及ぼして不平等な分配を帰結する運のことである。ハーリーの異論に見られるような、偶然に完璧に平等な分配を帰結するようなタイプの運は格差を生じさせる所与運ではない。この反論によれば、運平等主義は、ハーリーが念頭にしているたぐいの、格差を生じさせない所与運

の影響には関心を寄せないのである。

　第二の異論は、またもやハーリー（Hurley 2003）によるものである。それは、運平等主義には隠された前提があり、その前提によって、いかなることに関しても人々に責任を負わせることはできなくなってしまう、というものだ。運平等主義は、責任感応的な分配原理である。責任という概念によって、道徳的に意味のある不平等が道徳的に意味のない不平等から区別されるのである。だがハーリーに言わせれば、運平等主義はある特定の責任概念を——それが中心的な役割を演じているというのに——ただ想定するだけで、確立させてはいない。ハーリーによれば、運平等主義において採用される運概念は遡及要請を前提している。すなわち運平等主義は、ある個人が何事かについて責任があるのなら、彼ないし彼女はその原因について責任があるということになるはずだ、と想定するのである。この責任概念は再帰的であるとハーリーは言う。ある個人が何事かについて責任がある場合、それは彼ないし彼女はその原因について責任がある、そしてその原因の原因についても云々ということでなければならない。このようにハーリーは、運平等主義はこの再帰的プロセスを必要とする責任概念を想定していると指摘するのだ。この因果連鎖の再帰的プロセスが続くとしたら、最終的に、何事かについて責任を負わされてよい人などまったく存在しなくなる。これを回避するには、運平等主義はそのような再帰的プロセスを必要としない責任概念を確立しなければならない。これは容易なことではない。選択と責任の関係は、自由意志に関する研究における重要課題の一つである。だが運平等主義はこの重要な哲学的論点から完全に逃げている。以上がハーリーの第二の異論である。

　たしかに、ハーリーの異論はまったく正しい。選択と責任とがどう関係するのかは大問題である。自由意志に関する研究において議論され続けてきたこの大問題を解決することなしには、運平等主義が完全な道徳理論となることはないだろう。だが、彼女の異論は風呂の水と一緒に赤ん坊を流してしまうたぐいのものである。決定論が正しいとしたら、運平等主義は単なる結果の平等主義に堕するのであり、冗長であることが判明する。だが運平等主義に言わせれば、自由意志論争を解決しないかぎり、我々には分配的正義に関する理論を前進させることができない、などということはない。単純に自由意志問題を棚上げに

2.4 いくつかの異論

し、分配的正義の諸問題を議論するために特定の責任概念を仮定することは可能なのである。重要でかつ議論の余地のある他の諸概念について、我々は似たようなことをしている。福利という概念について定着した見解は存在しない。快楽を福利と見なす向きもあれば、客観的に同定可能な財リストを福利と見なす向きもある。それでも、福利概念に関する論争を棚上げにして、分配原理の議論を開始することはできるのだ。そのような戦略は何ら間違っていない。もちろん、自分たちが運平等主義を支持しているからという単純な理由で両立論（compatibilism）は真であると主張する運平等主義者など存在しないのだが。

第三の異論は、遺棄批判あるいは苛酷性批判として知られるようになったものである。この問題に最初に取り組んだのがフローベイ（Fleurbaey 1995）であり、その後、アンダーソン（Anderson 1999）がそれを運平等主義への異論として提起した。アンダーソンは無謀なドライバーのケースを考察している。

> 不用意にも別の車両との交通事故を惹き起こす違法な進路変更をした、無保険のドライバーについて考えてみよう。目撃者たちは警察を呼び、誰に過失があるのかを報告する。警察はこの情報を救急隊に伝える。彼らは事故現場に到着して過失のあるドライバーが無保険であると知ると、ドライバーを放置して道端で死ぬに任せるのである。（Anderson 1999: 295）

アンダーソンに言わせれば、無謀なドライバーとそれ以外のドライバーの間で結果的に生じる不平等は悪ないし不正義ではない、と運平等主義者は主張しなければならない。つまり、運平等主義は無謀なドライバーが手当てもされずに放置されることに何の問題も見出さないのである。それは、この無謀なドライバーが無謀に運転することを選択した（あるいは別の表現をするなら、このドライバーがもっと注意深く運転することが無理なく期待される）からであり、ゆえに、彼ないし彼女は自身の選択運がもたらす影響の違いについて責任を負うべきなのである。だがアンダーソンは、運平等主義のこのような含意は正当化できず、それゆえ運平等主義は受け容れられない、と主張する。以上が遺棄批判である。

もともと、この異論はアンダーソンがドウォーキンの資源平等主義に対して提起したものだった。だが、この異論は他の形態の運平等主義にも等しく適用

される。運平等主義の支持者たちはこの遺棄批判に対してどのように応答すべきだろうか？　一つ彼らが言えることとして、「だからどうした？」というものがある。その無謀なドライバーは彼ないし彼女の選択運について責任を負うべきである。彼ないし彼女を遺棄するのは苛酷に思えるが、仕方のないことなのだ。無謀なドライバーを遺棄するのは、正当化できる苛酷さなのである、と。だが私の知るかぎり、そのような応答を進んで引き受ける運平等主義者はいない。運平等主義を支持する多くの論者が、無謀なドライバーを遺棄することは正当化できないほど苛酷であると考え、アンダーソンの反例を非常に深刻なものとして受け止めている。

　運平等主義を断念することなく無謀なドライバーに救命措置を施す方法が何かないものだろうか？　一つの方法がある。それはG. A. コーエンとシュロミ・セガルが採用するもので、運平等主義者は別の分配原理に訴えることができる、というものだ。コーエン（Cohen 2006: 443）は、運平等主義が無謀なドライバーの救助を要求しないことを認める。それでも彼は、友愛に基づく平等主義ならば無謀なドライバーの救助を要求すると考える。友愛に基づく平等主義とは何であるのかを説明するつもりはない。というのも、私にはそれがよく分からないからだ。現在の目的にとっては、運平等主義以外の何かが無謀なドライバーの救助を要求すると仮定できればそれで十分である。重要なのは、運平等主義は無謀なドライバーを手当てせずに放置するが、運平等主義の支持者たちには、無謀なドライバーの救助を要求するために別の何かに訴えることが可能なのだということである。

　似たような発想で、セガル（Segall 2010: 64-66）はベーシック・ニーズを満たすという要請に訴える。セガルは自らが多元主義と呼ぶものを採用する。多元主義という語によって彼が言わんとしているのは、複数の正義の諸原理が同時に共存すること、および、それぞれの原理が別々のものを要求するということである。セガルによれば、運平等主義は分配原理の一つであり、分配に関して多くのことを含意する。だが、それは包括的な正義論ではなく、その一部に過ぎない。包括的な正義論のほかの部分——ベーシック・ニーズを満たすという要請——が無謀なドライバーを救出することを要求するのである。セガルに言わせれば、運平等主義はベーシック・ニーズを満たすという要請と完全に両

2.4 いくつかの異論

立するのであり、これら二つの原理は共存できるのだ。このようにセガルは、(運平等主義それ自体とは区別されるものとしての)「運平等主義の支持者たち」は無謀なドライバーを遺棄しなければならないわけではない、と結論する。

このような多元主義的応答は、三つの理由から満足できるものではない。第一に、多元主義というアイデアが明確ではない。多元主義は、二つないしそれ以上の原理が同時に存在すると主張する。いくつの原理が存在するのだろうか？　それらの原理は互いに絶対に衝突しないものなのだろうか？　それらの諸原理の間での相対的な優先順位はどうなっているのだろうか？　多元主義というアイデアは、遺棄批判という問題を解決する以上に、こういった問題を招き寄せてしまうのである。

第二に、この応答は実は遺棄批判に向けられたものではない。コーエンもセガルもともに運平等主義が無謀なドライバーを遺棄することは認めている。彼らには自分たちが望むだけ多くの原理を支持する自由がある。だが、問題の核心は運平等主義が無謀なドライバーを遺棄するという点である。遺棄批判は、運平等主義を支持する人々にではなく、運平等主義それ自体に向けられているのである。つまり、運平等主義に対する遺棄批判の威力は無傷のままなのである。運平等主義的でない諸原理に訴えることは、運平等主義を救うことにはならない。

第三に、たとえ運平等主義が分配的正義の領域に限定されるのだとしても、運平等主義は、あの無謀なドライバーのケースのような最も基本的な分配的正義のケースを満足に取り扱うことができない。無謀なドライバーのケースというのは分配的正義に関わるケースである。問われているのは、たとえ無謀なドライバーが責任を負うべきなのだとしても、彼ないし彼女を救助するために希少な資源を配分するべきかどうか、ということなのである。分配的正義のケースでないのなら、問題など何もない。だが、運平等主義はそれ自体では無謀なドライバーを救うことを正当化できない。運平等主義を擁護する論者たちは、運平等主義は包括的な正義論には程遠いものだと主張するだろう。それは真である。にもかかわらず、運平等主義が包括的な分配原理には程遠いものであるということもまた真であるように思われる。ある包括的な正義論の別の部分が分配的正義に関する問題に答えを出せるのだとしたら、それらに分配的正義の

問題を解決させて運平等主義にはもっと重要性の低い仕事を割り当てればよい、ということになるだろう。

　遺棄批判を回避できる運平等主義が、少なくとも二つ存在する。全運説と出直し説である。全運説によれば、運に関するほぼすべての事例は、選択運のもたらす影響の違いについて誰にも責任を負わせることのできない事例である。あの無謀なドライバーが事故を起こして非常に境遇の悪い状態になることを意図的に選択したのでもないかぎり、彼ないし彼女は、彼ないし彼女の無謀な運転がもたらした影響の違いについて責任を負わされてはならない。これが意味するのは、たとえそれが注意深い他のドライバーたちの出費によってであれ、救急隊員たちには無謀なドライバーに手当てを施す十分な理由があるということだ。このように、遺棄批判は全運説に対しては当てはまらない。

　出直し説も、一つの条件が満たされる場合には、遺棄批判を回避することができる。その条件とは、その無謀なドライバーが自らの無謀な運転を悔やみ、今回の事故の後は注意深い運転にコミットすることである。この条件が満たされるならば、出直し説は無謀なドライバーに責任を負わせることはせず、無謀なドライバーが救助されることを要求するのである。無謀なドライバーがなおも無謀な運転に拘泥するならば、出直し説は彼ないし彼女を手当てされないままに放置する。

　先に述べたように、運平等主義を擁護する論者の多くがアンダーソンによる遺棄批判を真剣に受け止めている。標準的な運平等主義の少なからぬ支持者たちが遺棄批判への応答を試みているが、この批判の説得力は損なわれていないようである。全運説と出直し説は遺棄批判を回避できる。とはいえ、2.3節で指摘したように、全運説はそれ自体が問題含みである。おそらく、遺棄批判に対する最も有効な応答は出直し説から得られるだろう。

本章のまとめ

　ロールズによる分配的正義論と運平等主義はともに、自然的賦与や社会的賦与といった道徳上恣意的な要素が中立化されるべきことに同意する。それでもこの二つの理論は、これらの要素がどのように中立化されるべきかで意見を異

にする。ロールズは、それらが中立化されるべきなのは社会の基本構造を選択する際の不偏性を確保するためだと考える。運平等主義は、恣意的な諸要素がもたらす影響の違いは再分配によって中立化されるべきだと主張する。もし不平等がより境遇の悪い人々の制御下にある諸要素のもたらす影響の違いを反映しているのであれば、運平等主義がこれらの影響を中立化するよう求めることはない。もし人々が彼ら自身の過ちによることなく他の人々より境遇が悪いなら、運平等主義は所与運がもたらすその影響の違いを中立化するよう求める。選択の範囲については三つの解釈がある。素朴選択説は、高価な嗜好やその他の不利に作用する選好を選択の問題と見なすのに対して、真正選択説はそれらを当人の制御を超えるものと見なす。理性的回避可能性説は、無責任な選択とは回避するよう期待することが理にかなう行為であると規定する。遺棄批判は運平等主義に対する最も深刻な異論である。この異論が指摘しているのは、運平等主義が彼ないし彼女の随意的選択の結果として非常に境遇の悪い状態になった人すべてに対して正当化できない無慈悲さを呈するという点である。運平等主義を擁護する論者の一部——たとえばコーエンやセガル——は、運平等主義の外部の要素が自分たちを遺棄批判から救うことを期待するのみである。運平等主義それ自体の観点からは、防御策が何一つ存在しないからだ。しかしながら、フローベイの出直し説には遺棄批判を回避することが可能である。

文献案内

　運平等主義に関する文献は膨大である。Lippert-Rasmussen (2009) が込み入って分かりにくい運平等主義研究についての素晴らしい概説を与えてくれているが、運平等主義の淵源ともいえる Arneson (1989), G. A. Coen (1989), Dworkin (1981) の三つの論文から議論を始め、頻繁にそれらに立ち返ることが間違いなく良策である。そのうえで、G. A. Cohen (2008), Segall (2010), Knight and Stemplowska (2001) といった、より包括的な著作へ進むとよい。ドゥウォーキンの資源平等主義および彼の選択運／所与運の区別に対する評価は大きな論点の一つであり、注意深い検討に値する (Clayton 2000; Lippert-Rasmussen 2001; Otsuka 2001; Sandbu 2004; Andrew Williams 2002)。すでに述

第2章 運平等主義

べたように、運平等主義の内部にはとてつもなく多様な見解が存在する（Arneson 2000; N. Barry 2006; Fleurbaey 2001, 2005; Vallentyne 2002）。運平等主義に対する批判としては、Anderson（1999），Hurley（2003），Scheffler（2003b, 2005），Wolff（1998）を見よ。アンダーソンおよびハーリーによる異論に対する応答としては、Arneson（2010）および Lippert-Rasmussen（2012）を見よ。最近の Anderson（2010）と Lippert-Rasmussen（2012）の間での論争は、運平等主義と民主的平等論との間にある（とされている）対比を理解するのに有益だろう。Tan（2012）は運平等主義をグローバル正義論に適用している。経済学の素養がある読者には Fleurbaey（2008）と Roemer（1998a）が面白いだろう。

訳注
†1 「賦与 endowment」という概念については 48 頁の訳注を見よ。
†2 原書では「個人 1」となっているのを訂正。

第 3 章
目的論的平等主義

　ロールズ的平等主義と運平等主義が第一義的に関心を寄せるのは、その基礎付けについてである。すなわち、それらはなぜ不平等が道徳的関心を惹起するのかを明らかにするのである。第 3 章から第 5 章では三つの評価原理について検討するが、これらの評価原理が第一義的に関心を寄せるのは、起こりうる諸事態——そこでは福利の分布が様々なパターンを呈する——のランク付けについてである。その三つの評価原理とは、目的論的平等主義、優先主義、十分主義である。

　本章で検討する原理は、平等とは帰結をより善くする一つの特徴であると見なすものである。私はこの原理を、デレク・パーフィットの講義「平等か優先性か」(Parfit 1995, 2000) に倣って、目的論的平等主義と呼ぶことにする。このパーフィット論文は非常に影響力があり、ここ 15 年間の哲学者たちの分配的正義に関する論じ方を部分的に規定してきたほどである。パーフィットはその論文において目的論的平等主義を特徴付けるとともに、それに付随する少なくとも二つの重要な問題を提起した。一つが水準低下批判であり、他方が射程問題である。これらの批判の結果、ほとんどの哲学者は目的論的平等主義を支持していない。多くの哲学者がそれに代えてパーフィットの提案した見解、すなわち優先主義を支持しているのだが、これについては第 4 章で検討することにする。

　本章ではパーフィットによる目的論的平等主義の特徴付けから議論を始める。それに疑義を呈する者もいるが、いまや、多くの哲学者が彼の特徴付けを受容しそれに倣っている。よって私もそれから始めることにしたい。3.1 節で

は、パーフィットによる目的論的平等主義と義務論的平等主義の区別、そして彼による目的論的平等主義の特徴付け——私はこれを内在説と呼ぶ——を説明する。3.2 節では、パーフィットが目的論的平等主義に投げかけた二つの異議のうち最初のもの、すなわち水準低下批判を説明する。3.3 節では、水準低下批判に対する三つの応答について検討する。3.4 節では、目的論的平等主義に関する別の特徴付け——私はこれを集計説と呼ぶ——について考察する。3.5 節では、目的論的平等主義に対するパーフィットの第二の異議、すなわち射程問題を検討する。3.6 節では、目的論的平等主義と義務論的平等主義を区別することの意義（あるいは意義のなさ）について考察する。

3.1　目的論的平等主義——パーフィットの内在説

パーフィットは、平等主義を二つのタイプに区分することから出発し、それぞれのタイプの大まかな定義を次のようなかたちで提示している。

> 我々が平等というものに価値を置くことができる、その主なあり方が二つある。我々は、不平等は悪であると思うことがあるだろう。そのような見解において、我々が平等を目指すのだとしたら、それは、それによって帰結がより善くなるだろうからである。このとき、我々はテレオロジカル〔目的論的〕——あるいは省略してテリック——な平等主義者と呼ばれる。我々の見解は、そうではなくデオントロジカル〔義務論的〕——あるいは省略してデオンティック——なものでもありうる。我々は、帰結をより善くするためにではなく、他の何らかの道徳的理由のために平等を目指すべきだと思うことがあるのだ。たとえば我々は、人々は平等な取り分への権利を持つべきだと思うことがある。(Parfit 2000: 84)

パーフィットによれば、目的論的平等主義とは、平等を帰結をより善くする何ものかであると見なす見解である。すなわち目的論的平等主義は、平等を善をつくり出す一つの特徴だと考えるのである。これが目的論的平等主義の最も一般的な定義である。

3.1 目的論的平等主義——パーフィットの内在説

「目的論的」平等主義という言葉は語弊があるかもしれない。パーフィットが目的論的平等主義という語によって言わんとしているのは、価値論的な平等主義である。目的論的平等主義と言うと、平等とは帰結をより善くするものであると見なすタイプの平等主義が、目的論にコミットしているかのように聞こえてしまう。これは、目的論的平等主義が行為の正ないし不正を帰結の善さによって決定することを含意する。だが、上述の定義はそこまでの主張はしていない。それはただ単に、平等はある帰結の善さを増加させると述べているだけである。ある平等な分配がある不平等な分配より厳密に善いとしても、その平等分配を生じさせることは、その行為が何らかの義務論的制約の侵害を伴うのであれば、不正であるだろう。これが意味するのは、パーフィットが目的論的平等主義と呼ぶものは目的論的ではなく価値論的であるということだ。ゆえに、それは価値論的平等主義と呼ぶほうが精確でありきっちりしている。それでも、目的論的平等主義という用語はすでに広く使われているので、このミスリーディングな名前を、価値論的平等主義を指すものとして使うことにしよう。

パーフィットによる義務論的平等主義の定義は、いくらかの限定を要する。上の引用においてパーフィットは、義務論的平等主義を、平等が必然的に帰結をより善くするとは見なさない見解として定義している。しかしこの定義では、何らかの非-義務論的な平等主義を含んでしまう可能性がある。たとえば、我々が平等を目指すべきなのはそれが有徳な人であればするであろうことだからだ、と主張する人がいるかもしれない。この種の平等主義は徳理論に基づいており、ゆえに目的論的である。しかしながら、上述の定義ではこのタイプの平等主義を義務論的平等主義の一つと見なしてしまう。私の理解するところでは、パーフィットが真に言わんとしているのは、義務論的平等主義によれば、我々が平等を目指すべきなのは不平等には何らかの義務論的制約の侵害が伴うからだ、ということである。そうだとすれば、義務論的平等主義のきっちりした定義は次のようになるべきだ。義務論的平等主義によれば、不平等に権利・公正さ・正義いずれかの侵害が伴うかぎりにおいて、我々は平等を目指すべきである、と。

目的論的平等主義に関する上述の一般的定義をもとにして、パーフィットはより詳細な特徴付けを提示する。パーフィットによれば、平等が帰結をより善

第3章 目的論的平等主義

くすると考える人々は、少なくとも以下の原理を受け容れる。

> 平等原理：一部の人々が他の人々より境遇が悪いとしたら、それはそれ自体で悪である。(Parfit 2000: 84)

平等原理によれば、平等が帰結をより善くするのは、それが個人間の不平等という悪さないし反価値（disvalue）を縮減するからである。パーフィットの解釈では、平等原理は目的論的平等主義を特徴付けるための必要かつ十分な条件である。しかしながら、目的論的平等主義が平等原理のみで構成されるとしたら、直観的に受け入れがたい含意を伴うだろう。すべての人が、(1)平等に境遇が良い、あるいは、(2)平等に境遇が悪い、という二つの分配状態を考えてみよう。(1)が(2)よりも厳密に善いことは明らかに思えるが、平等原理は(1)が(2)よりも善いとは教えてくれない。パーフィットの考えでは、なぜ(2)が(1)より悪いのかを説明するためには、平等原理が次の原理と組み合わされなければならない。

> 効用原理：人々がより境遇が良いのであれば、それはそれ自体でより善いことである。(Parfit 2000: 84)

二つの原理を組み合わせた場合に、我々は(1)が(2)よりも厳密に善いと判断できるのだ。パーフィットによれば、多くの目的論的平等主義者が両方の原理を支持している。二つないしそれ以上のタイプの価値が存在すると考えているという意味で、彼らは・価・値・多・元・主・義・者である。

価値多元主義についてもっと厳格であることを期そう。パーフィットの理解では、目的論的平等主義とは、ある分配状態の善さは二つのタイプの価値——不平等という反価値（平等原理）と人々の福利という価値（効用原理）——の関数である、とする見解である。これは以下のような等式で表現できる。

$$G = f(I, W) \qquad (1)$$

ここで、I は何らかの不平等の測度を表し、W は福利の総計ないし平均を表し

3.1 目的論的平等主義——パーフィットの内在説

ている。関数 $f(\ )$ は、I においては減少関数、W においては増加関数である。それゆえ、不平等が増加（減少）すれば、帰結の善さは減少（増加）する。福利の総計ないし平均が増加（減少）すれば、帰結の善さは増加（減少）する。

不平等の反価値と人々の福利の価値とについて、我々はどのようにバランスをとるのだろうか？　パーフィットは、これら二つのタイプの価値の相対ウェイトを決定するための原理付けられた方法は存在しないだろうと考える。彼の考えでは、目的論的平等主義を擁護する論者は、これら二つのタイプの価値の相対的重要性を決定するために直観に訴えることになるだろう。

等式(1)は非常に一般的であり、単に一般的な概念枠組を伝えるにすぎない。もっと詳細な定式であれば、目的論的平等主義の性質を理解しやすくなるだろう。シンプルな二個人のケースで以下のような目的論的平等主義の適用例を考えてみよう。

$$G = \tfrac{1}{2}(W_1 + W_2) - a\,|W_1 - W_2| \qquad (2)$$

ここで、W_1 は個人1の福利水準を、W_2 は個人2の福利水準を表している。この定式においては、二人の個人の平均福利と、彼らの福利の絶対差とによって、帰結の善さが決まる。平均福利は正の値をとり、効用原理を表現している。彼らの福利の絶対差は負の値をとり、平等原理を表現している。a は不平等の反価値に与えられるウェイトであるとともに、二つのタイプの価値の相対的重要性を決定する。パーフィットは、a のサイズを決定するためには我々の直観に訴える必要がある、と考える。不平等の反価値をとても深刻なものと考えるなら、a のサイズは大きくなる。不平等の反価値の相対的重要性が小さいと考えるなら、a のサイズは小さくなる。a に関する唯一の制限は $a > 0$ ということだろう。というのも、a が負であるとしたら、不平等は帰結の善さを増加させることになるからだ。明らかなこととして、$a = 0$ だとしたら、この定式は平均功利主義となるのであり、これは平等を気に掛けるものではない。パーフィットによる目的論的平等主義の特徴付けにおいては、原理的には a に上限はない（3.4節において、これがありえないことを示す）。

平等の価値の性質について、取り急ぎ説明しておくべきことがある。パー

第3章　目的論的平等主義

フィットは、平等の価値とは内̇在̇的̇なものであると述べている。

> 我々が平等には価値があると主張する場合、それは単に、平等にはよい効果があるということなのかもしれない。平等には多くの種類のよい効果があり、不平等には多くの種類の悪い効果がある。人々が不平等であるなら、それはたとえば対立や妬みを生み出す可能性があるし、一部の人々を他の人々の支配下に置くことになる可能性もある。もし我々がそうした効果を気に掛けるがゆえに平等に価値を認めているのだとしたら、我々は平等には道具的な価値があると信じている——つまり我々はそれを手段として良いと考えている——ことになる。だが、私が関心を寄せているのは別の考え方である。真の平等主義者にとって、平等には内̇在̇的̇な価値がある。(Parfit 2000: 86, 強調原文)

平等の内在的な価値あるいは不平等の内在的な反価値は、平等原理から十分に明白であるように思われるかもしれない。一部の人々が他の人々より境遇が悪いとしたら、それはそ̇れ̇自̇体̇で悪である。G. E. ムーアのよく知られた分析によれば、内在的価値とは「それを有する事物の内在的な性質のみに依存する属性である」(Moore 1922: 22)。つまり、X の内在的価値は、X に外的な他のいかなる特性からも独立に、X の内在的な属性のみに付随するのである。平等が有価値であるという事実についてはいかなる限定も加えられない。平等は常に有価値である。3.3節で見るように、一部の目的論的平等主義者はこれに同意していない。平等の価値に関するパーフィットのこの見解を内̇在̇説̇と呼ぶことにしよう。

3.2　水準低下批判

「平等か優先性か」において、パーフィットは自身が特徴付けたような目的論的平等主義に伴う二つの大問題を提起した。第一は水準低下批判である。多くの哲学者は、これが目的論的平等主義にとって破壊的な批判であると思っている。本節および次節では、水準低下批判に関する最近の議論を検討すること

3.2 水準低下批判

にしよう。

　パーフィットは水準低下批判を次のようなかたちで説明している。

> 不平等が悪であるとしたら、その消滅は、その変化がどのように生じるかにかかわりなく、ある意味でより善い変化であるはずだ。より境遇の良い人々が不運に見舞われて、他のすべての人々と同じくらい境遇が悪くなったと想定しよう。これらの出来事は不平等を除去したのだから、一部の人々にとってより悪く、誰にとってもより善くはないのだとしても、目的論的見解［目的論的平等主義］に立てば、それらの出来事は歓迎されるものであるはずだ。このような含意は、多くの人にとってはなはだ馬鹿げたものと映る。私はこれを水準低下批判と呼ぶ。(Parfit 2000: 98, 強調原文)

　まず、水準低下を定義しよう。水準低下が生じるのは、より境遇の良いある個人の福利が、より境遇の悪いある個人の水準まで、いかなる個人をも益することなしに、低下するときである。たとえば、二個人ケースにおける二つの分配、$X = (10, 5)$ と $Y = (5, 5)$ を比較しよう。X から Y へ移行するのが水準低下の実例である。Y がどのように生じるのかは問題ではない。X から Y への移行が自然を原因として起こることもありうる。ハリケーンが帰結を X から Y へ変化させるのかもしれない。ハリケーンが、個人1を負傷させるとともにその財産を破壊する一方で、個人2は幸運にも影響を受けない、といったことである。その移行は人為的なものでもありうる。個人1が個人2と同じ水準になるように、政府が個人1からお金を徴収して燃やしてしまう、といったことだ。

　パーフィットによれば、目的論的平等主義は水準低下後の分配を少なくとも一つの側面においてはより善いと判断する。なぜか？　水準低下が帰結を平等にするからである。水準低下によって、不平等を除去することができる。パーフィットによれば、目的論的平等主義は、水準低下の結果生じた分配を不平等という悪さの減少という観点でより善いものと判断するのである。しかしながら、水準低下はその分配をあらゆる側面でより善くするものではない、とパーフィットは主張する。このようにして彼は、目的論的平等主義は「まったく馬鹿げている」と結論づける。

83

第3章 目的論的平等主義

　注意すべきは、水準低下批判は、すべてを考慮したうえでの水準低下に関する判断を念頭に置いているのではない、ということだ。目的論的平等主義が、水準低下は——すべてを考慮すれば——物事をより悪くすると判断することは、あってよいのだ。たとえば、我々が $X = (10, 5)$ から $Y = (5, 5)$ へと移行する場合、福利の総計ないし平均は減少している。その移行が物事をある側面においては（つまり不平等という悪さの減少という観点では）より善くするのだとしても、他の側面においては（たとえば福利の総計ないし平均という観点では）より悪くする。目的論的平等主義が、福利の減少という悪が不平等の減少という善を凌駕すると判断し、それゆえ X は——すべてを考慮するなら—— Y よりも善いと判断することはありうるのだ。だが水準低下批判が関心を寄せているのは、水準低下が少なくとも一つの側面においては事態をより善くする、という目的論的平等主義者の判断である。その帰結 Y は個人1にとっては厳密により悪く、個人2にとってはより善くもない。その帰結がより善いような個人は一人も存在しないのである。それでも目的論的平等主義は、その帰結は——不平等を除去ないし減少させたのだから——少なくとも一つの側面においてはより善いのだと判断する。水準低下批判は、そのような判断こそがまったく馬鹿げていると主張しているのだ。

　水準低下批判が暴露した目的論的平等主義の「まったく馬鹿げている」主張とは、ある帰結が、たとえ誰にとってもより善くはないとしても、ある側面においてはより善いと判断される、という点である。水準低下批判の説得力は、人格影響制約として知られるようになったもの（Holtug 2010; Parfit 1984）に由来する。この制約は様々なかたちで述べられているが、ここでは以下のようなものを挙げよう。

　　人格影響制約：X よりも Y のほうがより善い（あるいはより悪い）という個人が存在しないのであれば、ある事態 X が別の事態 Y より善い（あるいはより悪い）ということはありえない。

これは、「X が Y より善い（あるいはより悪い）という誰かが存在しさえすれば、ある事態 X は別の事態 Y より善い（あるいはより悪い）ということがありうる」

と同じことである[1]。きわめて簡潔に言えば、人格影響制約が主張しているのは、より善い状態というものは誰かにとってより善いのであるはずだ、より悪い状態というものは誰かにとってより悪いのであるはずだ、ということである。一部の論者はこの制約に反対している（Temkin 1993）。人格影響制約は現代の道徳哲学において最も重要かつ最も広範に議論されているトピックであるため、あまり詳細に踏み込むことはしない。人格影響制約が水準低下批判の根底にあることを銘記しておけば十分である。

人格影響制約は、いかなる個人にも帰属されない善および悪という観念を根絶するためのものである。パーフィットによる目的論的平等主義の内在説によれば、不平等はそれ自体で悪であり、平等とは特定の人々に帰属されうる種類の善ではない。平等という善のこの特徴こそが、水準低下がより善くなる一つの側面を可能にするのだ。つまり、パーフィットによる目的論的平等主義の内在説は人格影響制約を侵害するのである。人格影響制約を採用して特定の人々に帰属されえない善ないし悪という概念を根絶するなら、水準低下批判のような問題に直面することはないだろう。平等の内在的価値のような非個人的価値を信じる以上は、水準低下批判のような異論が常に生じうる。少なくとも、これは多くの哲学者たちの見解である。

もちろん、目的論的平等主義者たちはここで敢然と立ち向かうこともできる。人格影響制約を拒絶し、水準低下が一つの側面においては事態をより善くする、という点は受け容れるのである（Temkin 2000）。そのうえで、福利の減少という悪が不平等の減少という善を凌駕すると、つまりは、その水準低下が事態を――すべてを考慮したうえで――より悪くすると、主張することが彼らには可能なのである。こうした立場をとる目的論的平等主義者たちは、重要なのはすべてを考慮したうえでの事態に関する判断なのであって、ある事態が一つの側面においてより善いのかそれともより悪いのかではない、と主張するだろう。

水準低下批判にこのような敵対的な態度をとっても、この批判によって惹起された諸問題が単純に解消することはない。多くの場合において、水準低下が事態を――すべてを考慮したうえで――厳密により悪くするのは事実である。だが、水準低下が事態を――すべてを考慮したうえで――厳密により善くすると判断する可能性を目的論的平等主義は排除できない。それはひとえに、不平

等という悪と福利という善とに対して、目的論的平等主義がどのように相対ウェイトを付与するかにかかっている。十分に大きな相対ウェイトが不平等という悪に付与される場合、不平等減少の善が福利減少の悪を凌駕しうるようなケースも存在するだろう。水準低下批判を真剣に受け止めるなら、目的論的平等主義者にとっても、そのような可能性の存在することは十分に馬鹿げたことだろう。それに対して、目的論的平等主義者が上述のような論法で水準低下批判をかわそうとするなら、水準低下が——ひとつの側面では事態をより善くしながらも——すべてを考慮したうえでは事態を常により悪くする、ということを証明しなければならない。それが証明できない以上、水準低下が一つの側面においては事態をより善くする、と述べること自体がやはりおかしいのであり、水準低下批判の威力は無傷のままである[†1]。

3.3 水準低下批判に対する三つの応答

ここからは、目的論的平等主義の立場からの応答を三つ検討する。第一の応答は、平等という価値に一つの条件を課すというものである。3.1 節で言及したように、パーフィットは平等の価値を内在的なものとしている。この解釈に従うなら、X の価値とは X の内在的性質のみに依存する、ある属性である。つまり、X の内在的価値は、X に外的な他のあらゆる特性から独立に、X の内在的属性のみに排他的に付随するのだ。前節で述べたように、この解釈は通常、G. E. ムーアによるものとされる。私の見るところ、パーフィットや他の多くの哲学者たちは平等の価値をこのムーア的な意味で内在的なものと見なしている。これが意味するのは、目的論的平等主義は平等を、平等にとって外的な他のあらゆる特性とは独立に、常に価値あるものと見なすということだ。

最近では、一部の哲学者たちが内在的価値と究極的価値を区別している。彼らは、X はそれ自体で価値があるとは述べず、X はそれ自体を目的として、あるいは目的として価値があると述べ、そのうえで、X の究極的価値は X の非内在的な属性に付随するのでも構わない、と主張するのである。究極的価値というカテゴリーは内在的価値のそれよりも広義であり、内在的価値は究極的価値のサブカテゴリーと理解されている（Korsgaard 1983; Olson 2004）。

3.3 水準低下批判に対する三つの応答

　ここで、ラビノヴィッチとレノウ＝ラスムッセンの論文（Rabinowicz and Rønnow-Rasmussen 2000）から一例を見よう。あるイブニング・ドレスは、ダイアナ妃がそれを着用した場合に、それを理由として、それ自体を目的として価値がある。同じドレスをそのあたりにいる別の女性が着た場合には、ほとんど価値がないかもしれない。それでも、ダイアナ妃が着たドレスはそれ自体を目的として価値があるのであり、オークションではとてつもない高値で売却される。この違いはドレスにとって外的な特性にある。この例において、重要な非内在的特性とは、ダイアナ妃によって着用されたということである。この特性はそのドレスの内在的属性ではない。このように、ある物の究極的価値は、その物の外在的属性に依存しても構わないのである。

　我々が平等という価値を究極的価値と見なすならば、平等は、平等に外的な特定の諸条件が与えられる場合にかぎって価値があるのだ、と述べても構わないだろう。平等は何らかの諸条件のもとでは価値があるが、他の諸条件のもとでは価値がない、と述べることが可能なのである。アンドリュー・メイソン（Mason 2001）は平等の価値を究極的価値として理解したうえで、条件付き平等主義を提唱する。条件付き平等主義によれば、平等がそれ自体を目的として価値があるのは、平等が誰かに便益を与える場合にかぎられる。そうでないのであれば、平等はそれ自体を目的として価値があるのではない。条件付き平等主義は単純にある条件を追加するものであり、その条件によって、平等がそれ自体を目的として価値があるのはどんな場合なのかが明らかとなる。水準低下のケースでは、水準低下はいかなる個人にも便益を与えないのだから、平等はそれ自体を目的として価値があるのではない。それゆえ、水準低下はいかなる側面においてもより善いものではない、と条件付き平等主義は判断する。この解法は単純なものであるが、価値論の基礎付けに関する近年の議論によって十分な裏付けがなされている。

　しかしながら、条件付き平等主義はある問題に直面する。ニルス・ホルトゥ（Holtug 2010: 195-6）は、条件付き平等主義は善さの評価関係の推移性を侵害すると指摘する。以下の三つの帰結を考えてみよう。

$$A = (5, 5, 5, 5)$$

$B = (10, 10, 4, 6)$

$C = (30, 20, 10, 5)$

ホルトゥによれば、A は B よりも平等であるから、A は平等性に関して B より善い。条件付き平等主義はこの判断に同意する。というのも、A が選択された場合に便益を受ける個人が一人存在するからだ。同様に、B は C よりも平等であるから、B は平等性に関して C よりも善い。B が選択された場合に便益を受ける個人が一人存在するので、条件付き平等主義はこの判断に同意する。「平等性に関してより善い」の推移性から、A は平等性に関して C より善い、ということになるはずだ。だが条件付き平等主義は、A は C より善くないと主張する。A が選択された場合に便益を受ける個人が存在しないからである。より精確に言えば、条件付き平等主義の主張とは、この文脈では平等の価値がまったく存在しないのだから、平等性に関して A は C より善くも悪くもない、というものだ。ホルトゥはこのように、条件付き平等主義は「平等性に関して〇〇より善い」関係の推移性を侵害する、と結論付けているのである。推移性の侵害は大罪である。というか、ホルトゥ（とほとんどすべての分析哲学者）の主張ではそうである。ホルトゥの指摘が正しいとしたら、条件付き平等主義は水準低下批判への応答としては見込みがない。

とはいえ、ホルトゥの指摘は条件付き平等主義にとって壊滅的なものではないのかもしれない。条件付き平等主義が「平等性に関して〇〇より善い」という関係について非推移的な判断をしている、という点でホルトゥはたしかに正しい。それでも条件付き平等主義は、「平等性に関して〇〇より善い」という関係は条件付きのものである、と主張する。ある条件付きの関係が非推移的であるかもしれない、というのは驚くべきことではない。以下のような判断を考えてみよう。

(1) もし P ならば、X は Y より善い。

(2) もし Q ならば、Y は Z より善い。

(1)と(2)から、推移性に訴えて X は Z よりも善いと推論することは可能だろう

か？　明らかに不可能である。それは、各々の比較判断に条件節が付いているからであり、「……は……よりも善い」をその条件節から切り離すことによって推移性に訴えることはできないのだ。これに対して、以下の例を考えてみよう。

(3)　X は Y よりも善い。
(4)　Y は Z よりも善い。

このケースでは、推移性に訴えて X は Z より善いと推論することができる。それは、どちらの比較判断にも条件節が付いていないからだ。分配に関する判断の文脈では、(3)と(4)はすべてを考慮したうえでの判断であり、すべてを考慮したうえでの二項関係は推移的でなければならない。条件付き平等主義者が、「平等性に関して○○より善い」という関係における非推移性についてのホルトゥによる指摘を容認することはありうる。だが彼らは、ホルトゥは「すべてを考慮したうえでより善い」という関係性についての推移性の侵害を証明したわけではない、と主張するのだ。彼らは、平等性に関する善さの評価関係においての推移性の侵害は完璧にＯＫなのだ、とまで主張するかもしれない。

　以上によって、条件付き平等主義がホルトゥの指摘に対して首尾よく応答できていることになるのだろうか？　そうではない。条件付き平等主義が、すべてを考慮したうえでの推移的な事態ランキングを常にもたらすという保証はどこにもない。現状、条件付き平等主義は、平等がそれ自体を目的として価値あるものとなる状況を明らかにしているのみである。それは、平等という価値と他の諸価値（たとえば福利総計ないし平均福利の善さ）とがどのように組み合わされるべきかを明らかにはしない。条件付き平等主義は、現状においては、事態に関するすべてを考慮したうえでの判断については何も語らないのだ。そうなると、ホルトゥの指摘とは、条件付き平等主義は――たとえ水準低下批判を回避できるとしても――不完全な分配原理である、というものであるのかもしれない。

　水準低下批判に対する第二の応答は、不平等という悪さをパーフィットとは別のかたちで理解することである。より具体的には、不平等の悪さを個人的な

第3章　目的論的平等主義

善の負の部分として算入するのである。ジョン・ブルーム（Broom 1991）がこの戦略を採用している。彼は、ある個人の善を、その個人にとって良いあらゆるもの、として定義する。個人的な善という概念は福利より広義である。ブルームによれば、不平等がとにかく悪なのだとして、それが悪いのは、より境遇の悪い人々にとってである。それはより境遇の良い人々にとっては善でも悪でもないのだ。

$W_1 < W_2$ というシンプルな二個人のケースを考えよう。このケースにおいては、不平等が存在し、個人1が不平等の悪に苦しんでいる。このシンプルなケースでは、個人1の個人的善は、彼の福利の価値と、不平等の反価値とによって与えられる。すなわち、彼の個人的善は $W_1 - \beta(W_2 - W_1)$ であり、この際、β は何らかの係数である。他方で、個人2の個人的善は、彼ないし彼女にとって不平等は善でも悪でもないのだから、まさに彼ないし彼女の福利そのものである（より正確には、個人2の個人的善は、彼の福利価値の線形変換である）。かくして、その帰結の全体的な善さは、二人の人々の個人的善の合計、すなわち $(W_1 - \beta(W_2 - W_1)) + W_2$ によって与えられる。この分析枠組みにおいては、水準低下は起こりえない。水準低下は、より境遇の良い個人の福利水準をより境遇の悪い個人の水準へと、いかなる個人にも便益を与えることなく、低下させるものであることを想起しよう。W_2 が W_1 の水準へと低下したと想像してみよう。W_2 の低下は、個人1がこうむっている不平等の悪さを減少させるのであり、結果的に彼の個人的善を増大させる。このように、それは実のところ、個人1に便益を与えているので、水準低下には当たらないのだ。不平等の悪さについてのこの解釈は、水準低下批判を上手くかわしている。

この応答は、不平等の悪さはどのように理解されるべきか、というより大きな理論的論点の一部である。パーフィットによる目的論的平等主義の特徴付けによれば、不平等の悪さはある事態の個人的構成要素には還元できない。すなわち、不平等の悪さとは、諸個人の善より高次元の非個人的ないし共同体的な悪さなのである。パーフィットが言うには、「彼らの見解［目的論的平等主義］においては、不平等はそれ自体で悪であり、これは、そ̇れ̇が̇人̇々̇に̇と̇っ̇て̇悪̇で̇あ̇ろ̇う̇と̇な̇か̇ろ̇う̇と̇不̇平̇等̇は̇悪̇で̇あ̇る̇、ということを暗に述べている」（Parfit 2000: 110, 強調引用者）。対照的にブルームの分析枠組み——これは水準低下批

3.3 水準低下批判に対する三つの応答

判に対する第二の応答である——は、不平等はそれ自体で悪であるが、不平等の悪さは誰かの個人的善の一部分へと還元可能である、と述べているのだ。ブルームによる不平等の悪さの解釈は個人主義的であり、パーフィットの非個人的な解釈と対立する。これは、不平等という悪さの性質そのものを巡っての、ブルームとパーフィットの間での実体的な相違である。

　第三の応答は、その事態を「ある側面においてはより善く」する水準低下というものが、目的論的平等主義による判断が馬鹿げたものであることの根拠になりうるかどうかを疑うことである。より一般的に言えば、この応答は、ある事態がそこにおいてより善くあるいはより悪くなるであろう「側面」について語ることから、何らかの実体的な規範的主張を引き出すことが可能なのかどうかを問うている。水準低下批判とは、水準低下が少なくとも一つの側面において物事をより善くすると判断するところが目的論的平等主義の馬鹿げている所以である、という指摘なのである。ブルーム（Broom 2002）は、そこにおいてある事態がより善くあるいはより悪くなるであろう「側面」について語ることには、あまり意味がないと考えている。目的論的平等主義の一例として、等式(2)の変種を考えてみよう。

$$G = \frac{1}{2}(W_1 + W_2) - \frac{1}{4}|W_1 - W_2| \qquad (3)$$

等式(3)は等式(2)の特殊形態であり、$a = \frac{1}{4}$となっている。目的論的平等主義に関するパーフィットの解釈によれば、我々がそれについて帰結を評価する三つの側面が存在する。第一は個人1に関して、第二は個人2に関して、そして第三は不平等に関してである。等式(3)は、帰結を、ある事態がそこにおいてより善くあるいはより悪くなりうる三つの側面へと仕分けしている。第一の側面は個人1に関して、第二は個人2に関して。そして第三は不平等に関してである。仕分けするとは、あるものを相互排他的かつ全体網羅的な諸部分へと分割することである。この解釈において、その水準低下が当該事態をより善くするというのは、ある事態がそこにおいてより善くあるいはより悪くなる第三の側面についてである。

　だが、その帰結を仕分けする方法は他にもある。一例を示そう。等式(3)は以

第3章　目的論的平等主義

下のように再編成することができる。

$$G = 1/4\, W_1 + 3/4\, W_2 \quad W_1 > W_2 \text{ の場合}$$
$$= 3/4\, W_1 + 1/4\, W_2 \quad \text{それ以外の場合} \qquad (4)$$

等式(3)と等式(4)は数学的には等価であり、各々の事態すべてについて同量の善を算出する。しかしながら、等式(4)によれば、水準低下はいかなる側面においてもより善くはない。等式(4)は、その帰結を、ある事態がそこにおいてより善くあるいはより悪くなる、二つの側面へと仕分けしている。第一が個人1に関する側面であり、第二が個人2に関する側面である。事態がより善くあるいはより悪くなるそれ以外の側面はまったく存在しない。$W_1 > W_2$ と想定しよう。この際の水準低下は、個人1について物事をより悪くし、個人2についてはより善くもより悪くもしない。水準低下が改善となるような側面は存在しないのだ。このように第三の応答は、目的論的平等主義は実際に水準低下批判を上手くかわすのだ、と主張するのである。

この第三の応答に対しては、水準低下批判を非常に深刻に捉える論者たちの側から二つの反論が提起されうる。

それらのうち第一の反論は、等式(4)で提示されたものとしての目的論的平等主義は実は水準低下批判に対して脆弱なのだ、というものである。〔不平等の悪さの減少によって水準低下が事態をより善くすることがありうるとする〕等式(3)と、等式(4)とは等価である。〔等式(3)は水準低下批判に脆弱であることがすでに判明しているから〕それゆえに、等式(4)で提示されたものとしての目的論的平等主義も水準低下批判に対して脆弱であるはずだ、とこの反論は結論する。第三の応答を擁護する論者たちは次のように応戦することができる。たしかに、(4)は(3)と外延的には等価である。つまり、(3)と(4)はまったく同一の事態ランキングに到達する。だが、相異なるこれらの数学的表現方法は、同一の事態ランキングを指してはいるが、異なる思想を表現しているのだ。等式(3)はパーフィットの定義する平等主義を表現しているのに対して、(4)はある別の考え方を表現しているのである。水準低下批判はパーフィットによる平等主義の考え方には妥当するが、この別の考え方には妥当しない。

3.3 水準低下批判に対する三つの応答

あるアナロジーが役に立つだろう。明けの明星と宵の明星はまったく同じものを指している。だがこれらには別々の意味が付随している。宵の明星は「希望に満ちている」と仮定しよう。これにより、明けの明星もまた希望に満ちているはずだ、ということになるだろうか？　明らかに否である。第三の応答を擁護する論者たちは、分配原理とは事態ランキングのみに関するものではなく、そのランキングの根底をなす思想に関するものでもあるのだ、と主張しうるのだ。彼らはさらに、(4)で提示された目的論的平等主義が表現しているのは(3)で提示された目的論的平等主義とは別の思想である、と主張することもできる。その思想とは何か？　一つの可能性は、次節で考察する目的論的平等主義の集計説である。

第三の応答に対する二つ目の反論はこのようなものだ。なぜ a の値が4分の1なのか？　$a = 1/4$ と仮定する説得力のある理由が何か存在するのだろうか？存在しないのだとしたら、そのようなウェイトの選択は恣意的である。ウェイトの選択が恣意的であるなら、そのような恣意的選択に依拠するこの応答もまた恣意的であるに違いない。

このような理路での懸念はもっともであると私は思う。だが、二個人のケースで $a = 1/4$ と仮定する恣意的でない理由が二つある。第一の理由は次節で詳述するので、ここでは簡単に触れておくだけにする。それは、(4)において、人々の福利に付与される各ウェイトは合計で1にならねばならない、という理由である。これにより、$a = 1/4$ となるはずなのである。この点には次節で戻ってくる。第二の理由は、経済学者たちが不平等のサイズに対する人口集団不変条件と呼ぶ要請から生じている（Cowell 2011）。二個人のケースにおいて、ある福利分布 $X = (10, 20)$ を想像してみよう。分布のパターンは不変のままに、その人口が複製されたと想像してみよう。すなわち、$X' = (10, 10, 20, 20)$ である。明らかに、平均福利は不変のままである。不平等のサイズをどのように測定すべきだろうか？　人口が複製された場合、不平等は増大ないし減少するのだろうか？　ほぼすべての経済学者が、その不平等のサイズは、その不平等のサイズが不変のままになるような方法で、測定されるべきだと考える。すなわち、(10, 20) における不平等のサイズは、(10, 10, 20, 20) における不平等のサイズと同じであるべきなのだ。これを担保するために、不平等の総量を人

口数で標準化する作業を二回行う必要がある。それゆえ、二個人ケースでは $a = 1/4$ となるはずであり、四個人ケースでは $a = 1/16$ である。このように、ウェイトの選択は恣意的ではない。

　第二および第三の応答は、水準低下批判という論点を超えた一つの根源的な問いを惹起する。パーフィットによる目的論的平等主義の特徴付けは確たるものなのだろうか？　次節では、目的論的平等主義についてのもう一つの特徴付けを検討する。

3.4　もう一つの解釈——集計説

　3.1節の冒頭で、パーフィットによる目的論的平等主義の一般的定義を引用した。彼が言うには、「［目的論的平等主義において］我々が平等を目指すのだとしたら、それは、それによって帰結がより善くなるだろうからである」。この一般的定義において、目的論的平等主義は、平等が帰結をより善くすると主張している。そのうえでパーフィットは、目的論的平等主義は平等原理——基本的には、これによって水準低下批判の問題が惹起される——にコミットしているとの主張に進む。本節では、目的論的平等主義の特徴付けについてのある代案を考察するが、それはパーフィットによる目的論的平等主義の一般的定義と完全に両立する。私はこの代案となる特徴付けを、・集・計・説と呼ぶ。目的論的平等主義の集計説は、平等を、人々の福利を集計するプロセスの特徴として理解する。平等とは、本質的には、それぞれバラバラな人々の福利の間で成立する関係性に関するものであり、目的論的平等主義は、福利ランキングにおける人々の相対的な位置を参照することによって、事態の善さを評価するのである。

　集計説の基本的な考え方は、等式(4)によく表れている[2]。等式(4)は、集計説が持ついくつかの興味深い特徴を理解するのに有益である。まず、その四つの特徴について説明しよう。

　第一の特徴は、目的論的平等主義が人々の福利の加重和として表現されるということである。これこそが、(4)で提示されたものとしての目的論的平等主義が水準低下批判を回避するように思われるのはなぜなのか、その理由である。(3)を(4)に書き換えたときに何が起こるかは十分に明らかなはずである。我々

3.4 もう一つの解釈——集計説

は、パーフィットによる特徴付けが不平等の悪と呼んだものを、諸個人の福利のウェイトへと還元しているのである。(4)で提示されたものとしての目的論的平等主義を擁護する論者は、平等とは非個人的な善であるという主張にコミットしなくてもよい。むしろ、平等とは、人々の福利を集計する関数が有する特徴なのである。つまり、ある事態の善さを評価するに際して、目的論的平等主義は、他の事情が同じであれば、より平等な分配がより不平等な分配よりも善いと判断されるように、人々の福利を合算するのである。

第二の特徴は、(4)で提示されたものとしての目的論的平等主義は価値多元主義にコミットしない、ということである。パーフィットによる目的論的平等主義の特徴付けが少なくとも二種類の異なる価値——人々の福利という善と、不平等という悪——を組み合わせていることを想起しよう。ある事態の善さを評価する際、それは、人々の福利の価値を W、不平等の反価値を I とするなら、$G = f(I, W)$ という形式をとる。対照的に、(4)で提示されたものとしての目的論的平等主義は、一種類の価値しか考慮に入れない。それは人々の福利の価値であり、$G = g(W)$ という形式をとる。不平等の反価値は、この関数の引数として姿を現すことはない。むしろ、この集計関数 $g(\ )$ の形状に平等の望ましさが組み込まれているのである。平等はこの集計プロセスが持つ特徴に過ぎないので、(4)で提示されたものとしての目的論的平等主義は価値多元主義にコミットしないのである。究極的に価値のある唯一のものは人々の福利である。平等は、人々の福利を集計する際に重要な役割を演じるが、それ自体が善なのではない。

(4)の第三の特徴に移ろう。(4)で提示されたものとしての目的論的平等主義が、より境遇の悪い人にとっての便益を優先しているのは明らかである。より境遇の良い個人は、彼ないし彼女の福利の価値に4分の1というウェイトを与えられるが、より境遇の悪い個人には4分の3というウェイトが与えられる。より境遇の悪い個人の福利に与えられるウェイトは、より境遇の良い個人の福利に与えられるそれよりもはるかに大きい。これが意味するのは、より境遇の良い個人の福利1単位の増加は、より境遇の悪い個人の福利1単位の増加よりも、道徳的に重要性が低いということだ。つまり、福利の総計が不変であるとするなら、より平等な分配はより不平等な分配より厳密に善いのである。(4)で

第3章　目的論的平等主義

提示されたものとしての目的論的平等主義は自らがより境遇の悪い人を優先していることをはっきりと示しているが、パーフィットの特徴付けによる目的論的平等主義はそうではない。

　第四の特徴は、人々の福利に与えられるウェイトは、福利水準のランキングにおける各人の順位によって決定されるということだ。(4)で提示されたものとしての目的論的平等主義は、より境遇の悪い人の福利により大きなウェイトを付与することによって、より境遇の悪い人の便益に優先性を与える。重要なポイントは、「より境遇が悪い」とは何か、ということだ。(4)によれば、ある個人がより境遇が悪いのは、その相対的な位置が他の個人より低いからである。彼ないし彼女が絶対的な観点でより境遇が悪いかどうかは問題ではない。それゆえ、(4)が示しているのは、我々が各個人の福利にどの程度の道徳的重要性を付与するかは、異なる人々の間での関係性が決めるということだ。このように、目的論的平等主義の集計説は相関的なのである。目的論的平等主義は相関的なのだから、目的論的平等主義が強分離可能性条件——1.1節で功利主義を分析するために紹介した——を侵害するというのは驚くべきことではない。

　内在説と集計説の間には重大な相違がある。それでも、この二つの見解はパーフィットによる最初の目的論的平等主義の定義——「我々が平等を目指すのだとしたら、それは、それによって帰結がより善くなるだろうからである」——と両立する。いずれの見解も、平等は帰結をより善くするからという理由で、平等を目指している。しかし、二つの見解は互いに次第に離れていく。なぜかと言えば、パーフィットによる最も一般的な目的論的平等主義の定義は内在説と集計説の両方を容れるが、集計説は平等原理ないし価値多元主義を我々に強いることはないからである。

　ひとたび二つの見解の相違がはっきりしたなら、別々ではあるが相関する二つの問題が生じてくる。第一に、目的論的平等主義の理念を最もよく捉えているのはどちらの見解だろうか？　私の見るところ、多くの人々が内在説のほうが目的論的平等主義のエッセンスをよりよく捉えていると考えるのではないだろうか。第二に、いずれの見解がより妥当だろうか？　ここでは、いずれについても、肯定も否定もしない。とはいえ、私の理解するかぎりでは、集計説には内在説に対して重要な利点が一つある。等式(2)における a のサイズを考えて

3.4 もう一つの解釈——集計説

みよう。記号 a は、人々の福利の価値と不平等の反価値との相対ウェイトを表現する。内在説は、a に課される制限について何も語らない。それは 0 より大きければどんな数でも構わない。ここで、$a = 1$ と仮定しよう。これによって、

$$G = -1/2\, W_1 + 3/2\, W_2 \quad W_1 > W_2 \text{の場合}$$
$$= 3/2\, W_1 - 1/2\, W_2 \quad \text{それ以外の場合}$$

となる。$a = 1$ のとき、より境遇の良い個人の福利はマイナスにカウントされる。より境遇の良い個人の福利増加がその事態の全体的な善さを減少させるのである。これは明らかに効用原理を侵害している。内在説は、人々の福利の価値と不平等の反価値は互いに独立しており、二種類の価値の相対ウェイトを——どちらかのタイプの価値を棄損することなしに——我々の望むとおりに決定できる、といった印象を与える。だがこの例は、そうでないことをはっきりと示している。不平等の反価値に十分に大きなウェイトを付与するなら、効用原理を侵害することになる。にもかかわらず、内在説はこの重要な事実を曖昧にしている。効用原理の侵害が明白になるのは、集計説を採用する場合である。

　内在説を支持する人々は、より境遇の良い個人の福利の価値が小さくカウントされることは認めても、効用原理は侵害されていないと主張するかもしれない。彼らには、より境遇の良い個人の福利増加は人々の福利を一般的に増加させるが、その増加は圧倒的な不平等の反価値に凌駕される、と論じることが可能である。それゆえ、効用原理は侵害されていない。だが、このような応答は満足のいくものではない。その応答は、ある事態の全体的な善さを評価するに際してより境遇の良い個人の福利がマイナスにカウントされるという厳然たる事実から我々の目を逸らさせるという意味で、端的に欺瞞的である。$f(I, W)$ における関数 $f(\ )$ は、(a) W について厳密増加であり I については減少である、そして、(b) W と I の相対的重要性を決定する、と想定されている。それでも、等式(2)における $a = 1$ のようないくつかのケースでは、(b)が(a)を無効化する。内在説の一方の基本的理念が他方の基本的理念を無効化するのであり、上述の応答はこの内的不整合性を曖昧にしている。これが内在説に伴う難点である。

　このとき、内在説には関連する問題がある。内在説においては、人々の福利

第 3 章　目的論的平等主義

の善さと不平等の悪さとは互いに独立して決定できるかのように見えてしまう。内在説によれば、ある事態の善さとは、福利の善さ W と不平等の悪さ I とからなる関数である。我々は単純に W と I の値を入力し、その事態の全体的な善さを計算する。その W の値は不平等の悪さから独立に決めることができる。不平等の悪さは福利の善さから独立に決めることができるのだろうか？二つの事態（10, 20）と（110, 120）を比較してみよう。その不平等の悪さは同じだろうか？　これら二つの事態で絶対値差は同じだとしても、(10, 20) における不平等のサイズは (110, 120) におけるそれよりも大きい、と多くの人が判断するだろう。また彼らは、(10, 20) における不平等の悪さは (110, 120) におけるそれよりも大きいと判断するだろう。これらの判断が正しいとすれば、不平等のサイズと悪さは、部分的には、福利の善さに左右されるのである。それゆえ、W と I が互いに独立に決定されるなどということはない。にもかかわらず、内在説はこの重要な事実を曖昧にしているのである。

3.5　射程問題

「平等か優先性か」においてパーフィットが目的論的平等主義に対して提起した難問は二つであった。すでに水準低下批判については論じたので、ここでもう一つの問題、射程問題を検討する。パーフィットはこの問題にはただ言及しているのみであり、これが目的論的平等主義にとっての問題であると彼が本当に思っていたかどうかは判然としていない。言うまでもなく、パーフィットは目的論的平等主義を、平等を内在的に価値のあるものと見なす見解と捉えている。それゆえ、彼が射程問題を提起したのは目的論的平等主義の内在説に対してであって、集計説に対してではない。

パーフィットは次のような問いから出発する。「理論上、平等に境遇が良くあるべき人々とは誰のことなのだろうか？」（Parfit 2000: 88）。目的論的平等主義は「これまでに生を受けたすべての人」（Parfit 2000: 88）と回答するだろうというのがパーフィットの推測である。パーフィットの推測によれば、目的論的平等主義はこれらの人々がどこでいつ生きているのかには頓着しないはずである。

3.5 射程問題

だが、そのような回答は反直観的であると思えるケースが、少なくとも二つある。一つは分割世界ケース（Parfit 2000: 87, 99-100）である。世界人口を半分に分け、双方ともに他方の存在に気付いていないと想像してみよう。一方の人口集団が他方より境遇が悪いとしたら、これはそれ自体で悪だろうか？　パーフィットによれば、目的論的平等主義はそう言うはずである。だが、それが直観に反すると感じる人もいるのはもっともだと彼は考える。もう一つがインカのケースである（Parfit 2000: 88）。インカの農民たち——彼らははるか以前に死滅している——が現在の我々より境遇が悪いとしたら、これはそれ自体で悪だろうか？　目的論的平等主義はそうだと言うだろうとパーフィットは考える。だが、これが直観に反すると感じる人もいることだろう。

そのうえで、パーフィットは目的論的平等主義の側の二つの応答を考える。第一に、目的論的平等主義者たちは、不平等はそれ自体で悪であるとなおも主張するが、それはその不平等が関係のある集団の間で持続する場合のみである、と付言するかもしれない。このありうる応答に対して、パーフィットは、その不平等の反価値とその二集団の関係性とが「偶然の一致」（Parfit 2000: 88）を見ただけのことであり、それゆえ、平等の範囲を限定することは妥当ではないと指摘する。第二に、目的論的平等主義者たちは、不平等がそれ自体で悪であるのはその不平等が一つのコミュニティ内で持続する場合のみであることを渋々ながらも容認するかもしれない。しかしパーフィットによれば、このような平等主義者たちは、不平等の内在的な悪さではなくあるコミュニティにおける社会的不正義に関心を寄せているのであり、つまりは、目的論的平等主義というよりも義務論的平等主義を支持しているのである。要するに、パーフィットの射程問題とは次のようなものだ。平等の範囲が限定されないのであれば、直観に反する含意（分割世界ケースおよびインカのケース）が生じる。範囲が限定されるのであれば、目的論的平等主義は奇妙な主張であるか、もはや目的論的平等主義ではないかのどちらかである。

射程問題は、こと目的論的平等主義者にとって興味をそそるものではないようだ。目的論的平等主義においては、平等の範囲が無限定であることは何ら反直観的ではない。彼らは単純に、人々がいつどこで生活しているかにかかわらず、不平等はそれ自体で悪である、と主張できる。分割世界ケースに関しては、

第3章 目的論的平等主義

言及しておくべきことが二つある。第一に、3.1節で述べたように、目的論的平等主義は事態の善さに関するものである。すなわち、目的論的平等主義は価値論的であって、目的論的ではないのだ。目的論的平等主義は、分断された二つの半分世界の間での不平等は帰結をより悪くする、と判断する。目的論的平等主義によれば、より貧しい半分世界側の浜辺に、より境遇の良い半分世界側よりも多くのココナッツが打ち上げられるとするなら、帰結はより善くなるのである。3.1節で述べたように、この不平等に対して我々が何をすべきかは、我々が明示的に帰結主義にコミットするのでもないかぎり、事態の善さから直接に得られるわけではない。それについて我々にできることが何もないとしても、二つの半分世界の間での平等は帰結をより善くするのだ、と単純に主張することは、何ら不適切でも反直観的でもないのである。第二に、人々が他の人々の状況について知っているか否かは、目的論的平等主義にとっては無関連であると思われる。一つのコミュニティ内でさえ、人々は他の個人一人ひとりの福利水準について知ってはいない。だが、これによって、一つのコミュニティ内で目的論的平等主義を支持することが反直観的なことになるわけではない。同様に、二つの半分世界の人々がそれぞれ他方の存在に気付いていないという事実によって、目的論的平等主義を支持することが反直観的なことになるわけではない。

次に、目的論的平等主義がインカのケースにどう応答するかを考えよう。すでに存在しないインカの人々の状態は動かせないので、我々がそれについて為しうることは何もない。我々からインカの農民たちへは、少しも資源を移転することができないのである。分配に関する判断がある時期 T において為される場合、ありうる状態はすべて、分配原理が何であろうと、ある共通の歴史を有することになる。我々に為しうることは現在および未来の人々に対することに限定されるし、我々の分配に関する判断の範囲も現在および未来の人々に対することに限定される。

インカのケースから生じる問題は目的論的平等主義に限られない。インカのケースが問題であるならば、それはあらゆる帰結主義的理論にとっての問題である。現在の人々の福利が不変のままであるとして、我々がインカの人々の福利を増加させるなら帰結はより善くなる。ゆえに、インカの人々の福利を増加

させることは正しい。それでも、悲しいかな、我々には彼らの福利を増加させることはできない。インカの人々の福利の歴史を記述する二つの事態を比較してみよう。単純化のため、二組の人々——インカの農民と現在の人々——が存在するとしよう。$X = (10, 20)$ と $Y = (20, 20)$ を比較する。左側の数字はインカの農民たちの福利水準を表し、右側の数字は現在の人々の福利水準を表している。目的論的平等主義は、X には不平等があり、これが X をある側面において Y よりも悪くしている[†2]、と判断する。功利主義は、インカの農民たちの福利が X では Y より低くなっており、これが X を Y より悪くしている[†3]、と判断する。目的論的平等主義も功利主義も、X と Y の相対的な善さについて判断している（次章で論じる優先主義も、Y が X よりも善いと判断する）。X か Y のいずれを生起させるか選ぶことが可能だったとしたら、Y が生起させられるべきだ、ということになるだろう。しかしそれは可能ではない。我々にできることは何もない。それでも、帰結主義の理論にとって、Y は X より善いと述べることに何らおかしなことはないのである。

　インカのケースから問題とされたものは、事態という概念についてのある誤解によるものだ。通常、それは次のように理解される。事態とは世界に関する完全な記述であり、その記述にはその世界の歴史も含まれる。帰結主義の諸理論は、ひとつの事態集合について定義されたひとつの順序を形成する。すでに存在しない人々の状態も考慮に入れられるが、過去のことについては我々にできることは何もない。それゆえ、彼らの状態は、現在の我々の行為の正ないし不正に何の影響も与えない。たとえばブラッコビーら (Blackorby *et al.* 1995) はこの点を明示したうえで、彼らが死者効用の独立性と呼ぶものを事態評価に課している。

　たとえ無限定な平等の範囲というものが直観に反するように思えるにせよ、平等の範囲には一定の条件が存在するのだと主張することは、何ら奇妙なことではない。3.4 節でみたように、究極的価値は条件付きでありうる。平等という価値が内在的価値ではなく究極的価値として理解されるなら、平等は特定の条件のもとにおいてのみそれ自体を目的として価値あるものなのだ、と主張するのはまったく奇妙なことではない。あるイブニング・ドレスは、それがダイアナ妃の持ち物であったならそれ自体を目的として価値があるが、それに対し

て、まったく同じ内在的属性を持つ別のイブニング・ドレスが私の母の持ち物であったなら、それ自体を目的とした価値はほとんどない。同様に、平等とは、それが関係性のある集団の間で、あるいは生きている人々（ここには未来の人々が含まれてもよい）の間で成立する場合に、それ自体を目的として価値あるものなのだ、と主張することが目的論的平等主義には可能なのである。

3.6 目的論的 - 義務論的という区分の再考

　射程問題は、目的論的平等主義に対しての深刻な脅威ではないにせよ、なぜ平等が大事なのかに関する目的論的平等主義と義務論的平等主義の相違を明らかにしている可能性がある。少なくとも、パーフィット——目的論的平等主義と義務論的平等主義を最初に区別したのは彼である——は、目的論的平等主義と義務論的平等主義が平等の範囲によって区別されることを示唆している。3.1 節ではパーフィットに倣い、目的論的平等主義を、平等とは帰結をより善くするものであるという見解として、義務論的平等主義を、不平等には何らかの義務論的制約の侵害が伴うとする見解として、定義した。本節では、なぜパーフィットは平等の範囲がこれら二つの見解を分かつと考えたのか、そして、彼の考えは正しいのかどうか、これらについて考える。

　パーフィットは、目的論的平等主義と義務論的平等主義の相違は平等の範囲にあると示唆する。彼は分割世界ケース（Parfit 2000: 88, 100）においてこれを指摘している。二つの半分世界の人々はそれぞれ、他方の人々の存在に気付いていない。一方の人々は他方より境遇が悪いと仮定しよう。さらに、この不平等は自然に引き起こされたものであり、いかなる個人ないし政府、社会システムの作動の結果でもないと仮定しよう。目的論的平等主義は、この不平等は悪い帰結だと主張する。その理由は、目的論的平等主義によれば、不平等はそれがどのように生起したかにかかわらず悪い帰結だからである。他方で義務論的平等主義は、そのような不平等は不正義ではないと主張する。その理由は、この不平等は自然に引き起こされたものであり、それに対して誰にも責任がないからである。この不平等が何らかの人々ないし政府によって引き起こされ、あるいは維持されているとしたら、その時には、義務論的平等主義はそれを不正

3.6 目的論的−義務論的という区分の再考

義と見なすだろう。この特殊な例——すなわち、二つの半分世界の間で相互作用がまったくない場合——においては、義務論的平等主義は道徳的な問題を何一つ見出さない。義務論的平等主義にとって、不平等が道徳的関心を惹起するかどうかは、それがどのように生起したかに依存するのである。これが、パーフィットによる目的論的平等主義と義務論的平等主義の解釈である。

パーフィットは、目的論的平等主義と義務論的平等主義とは相互排他的であると考えているようだ。だが、そうである必要はない（Lippert-Rasmussen 2007）。代案となる一つの解釈があるので、ここではそれに着目する。義務論的平等主義は、どのケースの不平等が悪い帰結なのか、その境界を設定する。それに対して誰にも責任がない場合、その不平等ケースは悪ではない。その不平等な分配に対して誰かが責任を負いうる場合、その不平等ケースは悪である。これが意味するのは、義務論的平等主義が目的論的平等主義の範囲を同定するということだ。これはおかしな解釈ではない。一部の目的論的平等主義者は何らかのかたちでこの解釈を支持している。たとえばラリー・テムキンは、目的論的平等主義とは、彼ら自身の過失や選択を経ることなく一部の人が他の人より境遇が悪いのは悪である、とする見解のことであるとしている（Temkin 1993: 13）。これは、それが彼ら自身の過失ないし選択から帰結したのであれば、不平等はその境遇の悪い人々にとって悪ではない、ということだ。「彼ら自身の過失や選択を経ることなく」という一節を加えることにより、目的論的平等主義は、不平等がどのように生起したかを考慮することが可能になる。

テムキンによる目的論的平等主義の特徴付けには、さらなる含意がある。それはある種の運平等主義と見ることができる。「彼ら自身の過失や選択を経ることなく」という一節は、まさに、運平等主義が気に掛けていたものを捉えている。運平等主義によれば、一部の不平等は道徳的に重要であるが、そうでない不平等もある。運平等主義は、どの不平等が道徳的に重要でどの不平等がそうでないのかを説明する根拠を提供している。一部の運平等主義者は、意図的な選択から帰結する不平等を義務論的に——それは不公正ないし不正義であると——理解する。他の運平等主義者は、それを目的論的に——それは悪であると——理解する。選択運から生じる不平等の規範的性質をどのように解釈するかに関しては、運平等主義者の間でも様々であるが、選択運から生じる不平等

第 3 章　目的論的平等主義

が目的論的に解釈されるなら、目的論的平等主義と運平等主義は完全に両立可能となる。これが、目的論的平等主義と義務論的平等主義が相互排他的ではなく両立可能であることを示す、一つの方法である。

本章のまとめ

目的論的平等主義は、平等が帰結をより善くすると主張する。これは、目的論的ではなく価値論的な原理である。目的論的平等主義をどのように特徴付けるべきかに関しては、二つの解釈がある。第一は内在説であり、これによれば、平等は内在的に善である。第二が集計説であり、平等とは人々の福利を集計するプロセスにおける一つの特徴であると主張する。集計説は、他よりも境遇の悪い人々に便益を与えることを優先する。これらの見解は外延的には同じものだが、重大な相違がある。我々は、目的論的平等主義に向けられた二つの批判を検討した。水準低下批判は、多くの場合、目的論的平等主義にとって破壊的な批判であると目されている。それでも、目的論的平等主義を擁護する三つの応答が存在する。さらに、集計説は水準低下批判を回避すると主張できるかもしれない。射程問題は、目的論的平等主義によってもたらされるとされる、別の不適切な含意を指摘している。この批判によれば、目的論的平等主義は、二つの孤立した世界の間での不平等はそれ自体を目的として悪である、および、すでに存在しないインカの人々と現代の人々の間での不平等もまたそれ自体を目的として悪である、と判断するはずなのだ。だが、この射程問題はそのような判断が不適切であると指摘する。これは目的論的平等主義に限定された批判ではなく、あらゆる帰結主義的[†4]な原理にまで及ぶ批判である。

文献案内

目的論的平等主義の最も包括的な擁護論は Temkin（1993）であるが、彼は自らの説を目的論的平等主義とは呼んでいない。目的論的平等主義に関する現在の論争の出発点は、言うまでもなくパーフィットの講義（Parfit 2000）であるが、これは非常に注意深く読む必要がある。Lippert-Rasmussen（2007）

は、目的論的平等主義と義務論的平等主義の区別について独自の分析を提示している。水準低下批判に関する議論としては、Broome (2002), Brown (2003), Christiano and Braynen (2008), Mason (2001), Raz (2009), Temkin (2000) を見よ。目的論的平等主義の集計説については Hirose (2009) を見よ。Peterson and Hansson (2005) は、目的論的平等主義と優先主義とが両立すると論じている。Atkinson (1970) こそ、均等分配等価 (equally distributed equivalent) という概念を導入するとともに、完全な平等の下で得られるであろう善を基準に不平等の測定を試みた、最初の業績である。不平等の測定に関する経済学の文献としては、Cowell (2011) および Sen and Foster (1997) を見よ。

注

1 人格影響制約はパレート原理とは別ものであることに注意してほしい。パレート原理は次のように述べる。ある事態 X が別の事態 Y より善いのは、X が Y より善い誰かが存在するとともに、X が Y より悪いような個人がまったく存在しない場合である(「その場合に限る」わけではない)。

2 等式(4)は二個人ケース向けであるが、n 個人ケースへ容易に拡張することができる。n 個人ケースでの式は以下のとおりである。

$$\frac{1}{n^2} \{w_i + 3w_j + 5w_k + ... + (2n-1)w_n\} \text{ for } w_i \geq w_j \geq w_k \geq ... \geq w_n$$

この式は経済学においてジニ型社会的厚生関数として知られている。

訳注

†1 以上三つの文章は原文のままでは著者の意図が伝わらないと判断し、原著者に確認のうえ訳文を修正したため、原文とそのまま対応していない。
†2 原書で X と Y が逆になっているのを訂正。
†3 原書で X と Y が逆になっているのを訂正。
†4 原書では「価値論的」となっているが、原著者に確認のうえ訂正。

第4章
優先主義

　第3章では、目的論的平等主義に対するパーフィットの見解と、目的論的平等主義が持つとされる諸問題を検討した。これらの問題に対処するために、パーフィットは彼独自の分配原理、すなわち優先性説ないし優先主義を提示した (Parfit 1995, 2000)。優先主義は比較的短い間に広範な支持を得るようになった。本章では、まず優先主義を厳密に定式化する。そのうえで、優先主義を目的論的平等主義と比較する。というのも、優先主義は目的論的平等主義への代案として提示されているからだ。優先主義の厳密な定式を理解することがとりわけ重要なのは、優先主義には「X に優先性を与える」と表現されうるあらゆる原理が含まれると誤解する人がいるかもしれないからだ。ノージックの横からの制約理論は集計的福利よりも個人的権利に優先性を与えているが、明らかに優先主義ではない。このように、優先主義とは何であり何でないかを明瞭にするために、一定の紙幅を割くことにする。

　本章の構成は以下のとおりである。4.1 節ではまずパーフィットによる優先主義の特徴付けを確認し、そのうえでその形式的な定義を提示する。4.2 節ではこの説の形式的構造を明瞭化するとともに、それを功利主義および目的論的平等主義のそれと比較する。4.3 節ではいくつかの分配原理が優先主義の一種とは見なされえないことを明らかにするとともに、それがなぜなのかを説明する。4.4 節および 4.5 節では、この理論に対してなされた三つの批判を検討する。4.6 節では優先主義者たちが目的論的平等主義に対して提起した批判について検討する。

第4章 優先主義

4.1 優先主義——基本的な考え方

　すでに見たように、パーフィットは目的論的平等主義に対して二つの問題を投げかけた。水準低下批判と射程問題である。これら二つの問題こそ、パーフィットがその代案となる原理を提案する動機となっている。それが優先性説ないし優先主義である。優先主義は不平等がそれ自体で悪であるという考え方を拒否し、その代わりに、より境遇の悪い人を益することに優先性を与えるべきだと主張する。平等主義と同じように、優先主義も目的論的か義務論的かのいずれかになりうる。本節では、目的論的な優先主義に焦点を当てることにする。すなわち、諸々の事態の相対的な善さに関心を寄せるタイプの優先主義を検討する。

　パーフィットは優先主義を以下のように定義している。

> 優先主義（形式的でない定義）：人々の境遇がより悪いほど、その人々に便益を与えることはよりいっそう重要である。(Parfit 2000: 19)

この定義は説明を要する。優先主義は、その本質上、二つの基本的特徴からなる。非相関性と限界道徳善逓減法則である。この二つの特徴を順に説明することにしよう。

　非相関性から始めよう。パーフィットによる目的論的平等主義の内在説によれば、それは我々を平等という価値にコミットさせるものである。平等とは、本質的に、異なる人々が持つ福利の間の関係にかかわるものである。この個人間関係に伴う価値ゆえに、平等主義は、ある事態は水準低下によって一つの側面においてはより善くなる、と暗に述べることになる。馬鹿げているとされたこの含意を避けるため、パーフィットは自らの原理から相関的な特徴を排除しようとする。彼の提案する優先主義は、その本質上、非相関的である。

　パーフィットはこう主張する。一定の便益がある個人にもたらす善の大きさは、彼ないし彼女の福利の絶対水準のみによって、つまり他の人々の福利とは独立に、決定されるべきである。優先主義によれば、人々がより境遇が悪いと

4.1 優先主義——基本的な考え方

したら、それは、彼らがそうありえたよりも絶対的に低い福利水準にあるからである。つまり彼らは、相対的ではなく絶対的な観点でより境遇が悪いのである。このように、優先主義によれば、ある個人の福利の善さは彼ないし彼女の福利の絶対水準のみに依存する。彼ないし彼女の福利の善さは、他の人々の福利の善さとともに、事態の全体的な善さを構成する。それゆえ、パーフィットによる代案の原理は、$G = g(W_1) + g(W_2) + g(W_3) + … + g(W_n)$ という形式をとる。この際、$g(\ )$ はある個人の福利がどのくらい善いかを測定するものである。

功利主義もまた非相関的であるが、パーフィットは功利主義にはコミットしない。彼は功利主義者とは違って、より境遇の悪い個人の福利はより境遇の良い個人の福利よりも「いっそう重要である」と考える。より境遇の悪い存在に対するこの配慮こそ、優先主義が持つ二つ目の本質的特徴である。パーフィットはこの考え方を、彼が道徳善逓減法則と呼ぶものによって説明する。

> 便益がより境遇の良い人々へ行く場合、それらの便益は比較的重要でなくなると我々は思っている。資源の限界効用が逓減するように、効用の限界的な道徳的重要さも逓減するのである。これらの主張の間の類似性に鑑みるなら、平等を是とする二つ目の論証が存在することになる。今回は資源の平等ではなく福利の平等である。この論証においては、資源がより境遇の悪い人々に移転される場合は常に、単に便益がそれ自体でより大きくなるだけにはとどまらない。それらの便益は、道徳的な尺度においてもより重要になるのである。このように、帰結がより善くなるその回路は二つ存在するのだ。(Parfit 2000: 24, 強調原文)

1.1節で私は、限界効用逓減について、さらには功利主義を平等主義的と見なしうる解釈の仕方について論じた。我々はパーフィットの「道徳善」逓減法則と限界「効用」逓減を区別しなければならない。限界効用逓減という考え方が述べているのは、追加的な資源から得られる快楽（あるいは欲求充足、または選好充足）の限界的な増加は逓減するということだ。他方で、パーフィットによる限界道徳善の法則が述べているのは、福利の限界的な道徳的重要さは福利

第4章 優先主義

の絶対水準が上昇するにつれて逓減する、ということである。功利主義は限界道徳善逓減法則を受け容れない。功利主義に言わせれば、ある個人の福利一単位の道徳的重要さは、彼ないし彼女の福利の絶対水準にかかわらず、一定である。他方で、優先主義に言わせれば、より高い絶対水準での福利一単位の道徳的重要さは、より低い絶対水準でのそれより小さくなる。道徳善逓減法則の考え方は図 4.1 に表現されている。

図 4.1 が示しているのは、福利の善さ $g(W)$ は福利の絶対水準 W が高くなるにつれて逓減するということだ。この曲線は厳密増加であるが下方屈曲している。この曲線の形状は・厳・密・凹と呼ばれている[1]。すなわち、ある個人の福利の善さは、彼ないし彼女の福利に対して増加する厳密凹関数なのである。これをもう少し正確に表現しよう。ある個人の福利における何らかの増加 $e > 0$ を考えてみよう。厳密凹な増加関数 $g(\ )$ は、$W > W\text{'}$ について、$g(W+e) - g(W) < g(W\text{'}+e) - g(W\text{'})$ となる。言うなれば、より境遇の悪い人の福利における一定の増加 e から生じる追加的な善さは、より境遇の良い人の福利における同じだけの増加から生じる追加的な善さよりも、大きいのである。優先主義によれば、一定の便益をより境遇の悪い個人に与えることは、それをより境遇の良い個人に与える場合よりも、もっと大きな善を生み出す。たとえば、福利水準を 5 から 6 へ増加させることは、福利水準を 10 から 11 へ増加させるよりも、福利の増分は同じであるにもかかわらず、より大きな量の道徳的善さを生み出すのである。

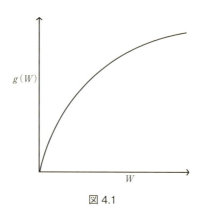

図 4.1

ここにおいて、優先主義に関してもう少しだけ正確な定式を提示することができる。

> 優先主義（形式的な定義）：ある事態 $(W_1, W_2, W_3, ..., W_n)$ が少なくとも $(W'_1, W'_2, W'_3, ..., W'_n)$ と同じくらい善いのは、$g(\ )$ が厳密凹な増加関数であるときに、$(g(W_1) + g(W_2) + g(W_3) + ... + g(W_n)) \geq (g(W'_1) + g(W'_2) + g(W'_3) + ... + g(W'_n))$ である場合でありその場合のみである。

この定義では、ある事態の善さはウェイト付けされた福利の合計によって与えられるわけだが、そのウェイトは厳密凹な増加関数によって決定される。この定式の一例が個人的福利の平方根関数（$\sqrt{2} = 1.414, \sqrt{3} = 1.732, \sqrt{4} = 2, \sqrt{5} = 2.436, \sqrt{6} = 2.449, \sqrt{7} = 2.645$, 等々）の和である。すなわち、その $(W_1, W_2, W_3, ..., W_n)$ が少なくとも $(W'_1, W'_2, W'_3, ..., W'_n)$ と同じくらい善いのは $(\sqrt{W_1} + \sqrt{W_2} + \sqrt{W_3} + ... + \sqrt{W_n}) \geq (\sqrt{W'_1} + \sqrt{W'_2} + \sqrt{W'_3} + ... + \sqrt{W'_n})$ の場合でありその場合のみである。

4.2 優先主義の構造

この形式的な定義を見れば、即座に次のような点に気が付く。第一に、各個人の福利の善さは他の人々の福利とは独立に決定される。個人 i の福利の善さは $g(W_i)$ であり、$g(W_i)$ は他の人々の福利を参照することなく決定される。ある個人の福利の増分の善さは、他の人々の福利とは独立に、逓減する。これは優先主義の非相関的な側面を反映している。

第二に、優先主義は水準低下批判を回避するように思われる。より境遇の良い個人の水準低下は、その個人にとってはまさしく悪であるし、いかなる側面においてもより善くはないからである。パーフィットが目的論的平等主義に対して提起した射程問題を優先主義が回避するかどうかは、完全には定かではない。優先主義は、分断された二つの半分世界の人口集団間での不平等はそれ自体で悪であるとは言わないが、福利を増加させるある資源が、より境遇の良い半分世界の浜辺に打ち上げられる場合よりも、より境遇の悪い半分世界の浜辺

第4章　優先主義

に打ち上げられた方が帰結がより善くなる、と判断することは明らかだろう。ここにおいて、優先主義に関して、さらに言えば他のあらゆる帰結主義的原理に関して、射程問題が発生するのである。

　優先主義の形式的な定義はもう一つの興味深い事実を明らかにする。一見して優先主義的でないある原理が優先主義の一種であることが判明するのだ。ある事態の善さは人々の福利の積によって与えられる、と主張する原理を考えてみよう。つまり、$(W_1, W_2, W_3, ..., W_n)$ が少なくとも $(W'_1, W'_2, W'_3, ..., W'_n)$ と同じくらい善いのは、$(W_1 \times W_2 \times W_3 \times ... \times W_n) \geq (W'_1 \times W'_2 \times W'_3 \times ... \times W'_n)$ である場合でありその場合のみである。一見したところ、これは加法関数でも厳密凹関数でもない。それゆえ、この原理が優先主義の一種であるかどうかは定かではない。だが、対数をとれば次のようになる。すなわち、$(W_1, W_2, W_3, ..., W_n)$ が少なくとも $(W'_1, W'_2, W'_3, ..., W'_n)$ と同じくらい善いのは $(\log W_1 + \log W_2 + \log W_3 + ... + \log W_n) \geq (\log W'_1 + \log W'_2 + \log W'_3 + ... + \log W'_n)$ の場合でありその場合のみである。この対数関数は厳密凹なので、この原理は加法的かつ厳密凹な関数である。つまり、これは優先主義の一種なのだ。

　優先主義はときに、準功利主義ないし疑似功利主義であると言われることがあるが、それは驚くべきことではない。この学説の形式的な定義は古典的功利主義のそれとかなり似ているからだ。そこで、この理論が功利主義の基本的特徴を満たすかどうかを考えてみよう。1.1節で功利主義の六つの特徴をリスト化した。それは、(1)帰結主義、(2)厚生主義、(3)不偏性、(4)パレート原理、(5)強分離可能性、(6)基数的かつ完全比較可能な福利の測度、である。

　(1)帰結主義から始めよう。私が上述した優先主義の定義は純粋に価値論的なものである。この定義は、優先主義が諸々の事態をどのように評価しランク付けするかを明らかにしている。それは、正しい行為とは福利の加重和を最大化する行為である、とは言っていない。厳密に言って、上述の定義で提示されたものとしての優先主義は、正しい行為とは最善の事態をもたらす行為のことであると追加的に述べられるのでもない限り、帰結主義に属するものではない。

　優先主義が(2)厚生主義、(3)不偏性、(4)パレート原理を満たすことを証明するのは容易である。優先主義がある事態の善さを評価するとき、それが考慮する

のは人々の福利のみである。それゆえ、優先主義は厚生主義の一種である。優先主義によれば、諸個人のアイデンティティを入れ替えても分配判断には影響しない。ゆえに不偏性を満たしている。ある個人の福利が増加するとともに他の人々の福利が不変にとどまる場合、その帰結は厳密により善くなる。ゆえに優先主義はパレート原理を満たす。

優先主義が(5)強分離可能性を満たすことを証明するのもまた容易である。1.1節の表1.1における二つの二項比較の例を考えよう。ここではそれを表4.1として再掲する。強分離可能性は、AがBより善いのはCがDより善い場合でありその場合のみである、あるいは、BがAより善いのはDがCより善い場合でありその場合のみである、と主張する。優先主義によれば、AとBの相対的な善さは$g(2)+g(2)$と$g(1)+g(4)$の値に依存し、CとDの相対的な善さも$g(2)+g(2)$と$g(1)+g(4)$の値に依存する。ゆえに、優先主義はAとBの比較およびCとDの比較において一貫した判断を下す。このように、それは強分離可能性を満たすのである。これは驚くべきことではない。優先主義は非相関的とされており、強分離可能性は非相関性を捉える特徴だからである。

優先主義は、(6)福利の単位と水準の両方の観点で個人間比較可能な基数測度を必要とする。私は1.1節で、功利主義は福利の単位比較可能性しか必要としないと述べておいた。つまり、二つの事態の相対的な善さを決定するために、功利主義に必要なのは各個人にとっての得失を比較することだけなのだ。だが、優先主義では福利の水準についても知る必要がある。功利主義は、ある個人の福利1単位の増加が持つ道徳的重要さは、彼ないし彼女がどれだけ境遇が良いかに関係なく、同じであると主張する。対照的に優先主義は、ある個人の福利1単位の道徳的な善さは、彼ないし彼女がどれだけ境遇が良いかに依存する、と主張する。1単位増加の道徳的な善さは、当初の福利水準が20である場合

表 4.1

	1	2	3	4	5	6
A	2	2	2	2	2	2
B	1	4	2	2	2	2
C	2	2	1	1	1	1
D	1	4	1	1	1	1

にはそれが 10 である場合より低くなる。このように優先主義では、各個人の福利の水準と単位の両方を知る必要がある。

　優先主義は、功利主義の基本的特徴のうち五つを満たしている。だから、優先主義を準功利主義ないし擬似功利主義と見なすことは理解できる。だが、優先主義は功利主義よりも強い福利の測度を要求している。最も重要な違いは、優先主義において福利の増加がもたらす限界的な道徳善は福利の絶対水準が高くなるにつれて逓減するのに対して、功利主義においてはそうならない、ということだ。これは重大な相違である。

　目的論的平等主義と比較することで、優先主義の構造を精査することにしよう。優先主義を目的論的平等主義の集計説と比較すると、とりわけ解りやすい。3.4 節で目的論的平等主義の集計説が持つ理論的構造を検討したが、それは次の形式をとる。

$$G = 1/4\ W_1 + 3/4\ W_2 \quad W_1 > W_2\text{ の場合}$$
$$ = 3/4\ W_1 + 1/4\ W_2 \quad \text{それ以外の場合}$$

この式によれば、目的論的平等主義がより境遇の悪い個人を益することに優先性を与えるのは明らかである。より境遇の悪い個人の福利はウェイト 4 分の 3 を付与され、より境遇の良い個人の福利はウェイト 4 分の 1 を付与される。これは、より境遇の悪い人にとっての福利 1 単位の増加は、より境遇の良い人にとっての同じ増加よりも、いっそう重要であることを意味する。このように、目的論的平等主義は「人々の境遇がより悪いほど、その人々に便益を与えることはよりいっそう重要である」ことを示唆している。

　もちろん、これは奇妙なことである。優先主義は目的論的平等主義の代案とされている。それなのに、ライバルとされるこれら二つの見解はともに、より境遇の悪い人を益することに優先性を与えることで一致する。いったい何が起こっているのか？　この問いに答えるためには、別々の二つの問いに答える必要がある。第一は、「より境遇の悪い人を益することに優先性を与える」とはどういうことなのか、である。第二は、目的論的平等主義と優先主義とでは、より境遇の悪い人を益することに優先性を与えるその方法に何らかの違いがあ

のかどうか、である。

　まず第二の問いから答えることにしよう。というのも、これに答えるのは簡単であり、パーフィット自身が明確な回答を出しているからだ。

> ［優先主義と目的論的平等主義との］主要な相違はこのように説明できる。私は、優先性説においては平等が信奉されることはない、と述べた。我々は、一部の人々が他の人々よりも境遇が悪いことを、それ自体で悪あるいは不正義であるとは考えないのだ。この主張は誤解されるおそれがある。もちろん、我々は一部の人々がより境遇が悪いことを悪だと考える。だが、悪いのはこれらの人々が他の人々よりも境遇が悪いことではない。そうではなく、彼らがそうありえたよりも境遇が悪いことなのだ。……優先性説に［おいては］、より境遇の悪い人々への便益がいっそう重要となるが、その理由は、これらの人々が絶対水準においてより低いところにいるからということのみである。これらの人々が他の人々よりも境遇が悪いということは無関連なのだ。たとえより境遇の良い他の人々が存在しなかったとしても、より境遇の悪い人々への便益は同程度に重要であったことだろう。……ということは、主要な相違とはこうである。平等主義者たちは相関性に——つまり、人々の水準を他の人々の水準とどう比較するかに——関心を寄せている。優先性説においては、人々の絶対水準のみに関心を寄せるのだ。(Parfit 2000: 104, 強調原文)

　その相違は、「より境遇が悪い」とはどういうことか、にある。目的論的平等主義によれば、ある個人の境遇が悪いのは、他の人々との比較においてのみである。より境遇の悪い人の福利はより大きなウェイトを付与されるが、このウェイトは福利水準によるランキング中での彼ないし彼女の順位によって決定される。優先主義によれば、ある個人の境遇が悪いのは絶対的な観点においてであり、他の人々との比較においてではない。より境遇の悪い人の福利のウェイトは、彼ないし彼女の福利の絶対水準にのみ依存する。彼ないし彼女の福利が他の人々の福利と比較してどうであるかは問題ではない。

　ここで、一つ興味深い含意が生じる。一人の個人しか存在しない世界を想像してみよう。目的論的平等主義に立つなら、この世界においてこの単独の個人

第 4 章　優先主義

はより境遇が悪くなりようがない。他の個人がまったく存在しないのだから。つまり、ある個人がより境遇が悪いと言えるためには、少なくとも二人の人間が存在しなければならないのだ。他方、優先主義に立つなら、たとえ他の人々が存在しなくても、この個人はより境遇が悪いということがありうる。

　ここで第一の問いに移ろう。「より境遇の悪い人を益することに優先性を与えること」とはそもそも何なのだろうか？　その答えは「最も広い意味での平等主義」である。最も広い意味での平等主義という語によって私が言わんとしているのは、ピグー－ドールトン条件を満たす分配原理群のことである。ピグー－ドールトン条件は次のように主張する。

> ピグー－ドールトン条件：より境遇の良い個人からより境遇の悪い個人への便益移転が帰結を厳密により善くするのは、(1)この移転において福利の純損失が生じず、(2)他のすべての人々の福利は不変であり、(3)境遇のより良い人とより悪い人の相対的な位置が変化しない場合である。

　ピグー－ドールトン条件によれば、より境遇の良い個人からより境遇の悪い個人へ一定の便益を移転することによって、事態の善さを増加させることが——そのような移転が全体の福利に影響しないかぎりは——可能である。これが意味するのは、全体の福利が不変のままであると仮定して、ある事態の善さが最大化されるのは、人々の福利が平等に分配されるときである、ということだ。このように、ピグー－ドールトン条件は平等主義的な含意を持つと思われるのである。

　以下では、このピグー－ドールトン条件を満たす分配原理群を指すものとして、PD 主義という語を使うこととしよう。それは、このより広い平等主義概念を目的論的平等主義から区別したいからである。PD 主義は、より境遇の悪い人を益することに相対的により大きなウェイトを付与するあらゆる分配原理を含んでいる。

　二個人ケースにおいて、目的論的平等主義の集計説は、より境遇の悪い個人の福利にウェイト 4 分の 3 を付与し、より境遇の良い個人の福利にウェイト 4 分の 1 を付与する。これが暗に意味しているのは、より境遇の良い個人からよ

り境遇の悪い個人へ一定の便益が——福利総量の損失を伴うことなく——移転されるなら、その事態の善さは増大する、ということだ。この平等化移転は、当該の二個人の福利水準が同じになるポイントまでは、帰結をより善くする。このように、目的論的平等主義はピグー–ドールトン条件を満たすのであり、したがってPD主義の一種である[2]。

優先主義もまたピグー–ドールトン条件を満たすのであり、したがってPD主義の一種である。これにはいくらか説明が必要かもしれない。優先主義は、福利の絶対水準がより低い人々に便益を与えることに対してより大きなウェイトを付与する。これが暗に意味するのは、全体の福利における損失なしに、より境遇の良い個人からより境遇の悪い個人へ一定の便益が移転されるなら、ある事態の善さは増大するということだ。この平等化移転は、彼らの福利の絶対水準が同じになるポイントまでは、帰結をより善くする。これは、全体の福利は不変のままと仮定して、ある事態の善さが最大化されるのは、すべての人々の福利が同じ絶対水準にあるときだ、ということを意味している。より正確に言えば、$W_1 + W_2 = W'_1 + W'_2$ かつ $|W_1 - W_2| < |W'_1 - W'_2|$ ならば、$g(\ )$ が何らかの厳密凹関数であるとき、$(g(W_1) + g(W_2)) > (g(W'_1) + g(W'_2))$ となる。優先主義は、それ自体としては、福利の個人間分配には関心を寄せない。だが、最善の帰結とは人々の福利が平等に分配される場合の帰結である、と暗に述べていることは間違いない。このように、優先主義において平等は重要な役割を演じているのであり、パーフィットはこの事実を認めている。

> 私の最初の定義に立つなら、優先性説は平等主義的ではない。この見解においては、より境遇の悪い人に優先性が与えられるべきだが、それは不平等を削減すべきだからではない。不平等がそれ自体で悪ないし不正義である、とは我々は考えていないのだ。だが、この見解には平等へと向かう内在的バイアスがあるので、別の意味で、つまりもっと緩い意味で平等主義的と呼ばれうる。我々がこの見解を採用するなら、我々は非相関的な平等主義者なのである、と言えよう。（Parfit 2000: 25, 強調原文）

優先主義が「平等へと向かう内在的バイアス」を有することをパーフィットは

認めるが、それは非相関的なものである。「別の意味で、つまりもっと緩い意味で平等主義的」という表現によってパーフィットが指しているのは、私がPD主義と呼んでいるものである。PD主義はより境遇の悪い人に優先性を与えるが、福利に関する判断が相関的であるべきか、それとも非相関的であるべきかについてはいずれにも与しない。そこでパーフィットは、優先主義の支持者は「非相関的な平等主義者」であると言っているのだ。すなわち、優先主義とは非相関的なPD主義なのである。

　ここにおいて我々は第二の問いに対する明確な答えを得る。「より境遇の悪い人に優先性を与えること」とはPD主義のことであり、そこには目的論的平等主義と優先主義の両方が含まれる。「より境遇の悪い人に優先性を与えること」は、優先主義と同義ではないのである。相関的なPD主義が目的論的平等主義であり、すなわち、「より境遇が悪い」とは他の人々との比較においてより境遇が悪いことを意味する。非相関的なPD主義が優先主義であり、すなわち、「より境遇が悪い」とは絶対水準でより低い位置にあることを意味する。目的論的平等主義と優先主義はともに、PD主義というより上位のクラスに属している。その相違は、「より境遇が悪い」の解釈のされ方にあるのだ。

4.3　優先主義とは何でないか

　優先主義の形式的な定義には、より境遇の悪いあるいは最も境遇の悪い人に完全な優先性を与える諸原理も含まれるのだろうか、と考える人がいるかもしれない。そこで、二つの分配原理——マキシミン・ルールおよびレキシミン——を考えることにしよう。マキシミン・ルールは、最も境遇の悪い人に絶対的な優先性を与えるべきだと主張する。レキシミンは、より境遇の悪い人に辞書式の優先性を与えるべきだと主張する。これらの原理は、それぞれ「最も境遇の悪い／より境遇の悪い人に優先性を与える」と表現できるので、優先主義の一種のように思える。それぞれの原理を吟味してみよう。

　マキシミン・ルールは次のように定義される。ある事態 $(W_1, W_2, W_3, \ldots, W_n)$ が $(W'_1, W'_2, W'_3, \ldots, W'_n)$ と少なくとも同じくらい善いのは、$\min(W_1, W_2, W_3, \ldots, W_n) \geq \min(W'_1, W'_2, W'_3, \ldots, W'_n)$ である場合でありその場合

4.3 優先主義とは何でないか

のみである。「最も境遇の悪い人に絶対的な優先性を与える」というよく知られたこの特徴付けにもかかわらず、この形式的な定義に照らせば、マキシミン・ルールは優先主義の一種ではない。マキシミン・ルールは、強分離可能性と厳密凹性を満たさないのである。マキシミン・ルールがどのように強分離可能性を侵害するのかを理解するために、二つの——XとY、X'とY'の間での——比較を考えてみよう。ここでも、4.2 節の表 4.1 における二つの二項比較（AとB、およびCとD）の例を考えよう。

強分離可能性とは、二つの事態の相対的な善さは、個人 1 と個人 2 にとっての相対的な善さによって、それ以外の人々の福利とは独立に決定されるという主張である。すなわち、AがBより善いのはCがDより善い場合でありその場合に限られるし、BがAより善いのはDがCより善い場合でありその場合に限られる。だがマキシミン・ルールは、CはDと同程度に善いが、AはBより厳密に善い、と判断する。このように、マキシミン・ルールは強分離可能性を侵害する。それは、すべての人の福利を比較するのでなければ分配の相対的な善さを判断することができないので、非相関的ではないのである。

マキシミン・ルールは厳密凹性も満たさない。これを理解するために、$X = (50, 20, 10)$ と $Y = (40, 30, 10)$ を比較しよう。個人 1 の福利は、XにおいてはYにおいてよりも 10 単位高い。個人 2 の福利は、XにおいてはYにおいてよりも 10 単位低い。個人 2 は福利の絶対水準において個人 1 よりも低い。優先主義における厳密凹関数は、YがXより厳密に善いと結論する。より境遇の悪い個人にとっての福利 10 単位のほうが、より境遇の良い個人にとっての同量の福利よりも、いっそう重要だからである。だがマキシミン・ルールは、XとYとは同程度に善いと判断する。最も境遇の悪い人の水準がXとYとで不変である（すなわち、$\min(50, 20, 10) = \min(40, 30, 10)$ である）からだ。

マキシミン関数はその主張において増加的ですらない。これを理解するために、$(20, 10)$ と $(10, 10)$ を比較しよう。厳密増加関数であれば、$(20, 10)$ の価値は $(10, 10)$ の価値より間違いなく大きいと述べる。だがマキシミン関数は、$\min(20, 10) = \min(10, 10)$ であると述べる。このようにマキシミン関数は、厳密増加でも厳密凹でもない。これはまったく驚くべきことではない。マキシミン・ルールは、最も境遇の悪い人だけを見て他の人々は無視するのだ。マキ

第4章 優先主義

シミン・ルールは優先主義の本質的な特徴を侵害するので、「最も境遇の悪い人に優先性を与える」としばしば表現されるにせよ、優先主義の一種と見なすことはできないのである。

レキシミンはどうだろうか？ レキシミンによれば、ある事態 $X = (W_1, W_2, \ldots, W_n)$ が別の事態 $Y = (W'_1, W'_2, \ldots, W'_n)$ より厳密に善いのは、$N = \{1, 2, 3, \ldots, n\}$ のなかに次のような条件を満たす k が存在する場合である。すなわち、(1) X における k の福利水準が Y におけるそれよりも厳密に高いこと、かつ、(2) $j < k$ となるあらゆる立場 j の福利水準が X と Y において同じであること、である。そうでなければ、X と Y は同程度に善い。つまり、我々はまず、ありうる各事態をまたいで最も境遇の悪い人の福利水準を比較する。最も境遇の悪い人が各事態をまたいで同じ水準である場合には、二番目に境遇の悪い人を比較する。最も境遇の悪い人と二番目に境遇の悪い人がそれぞれ同じ水準であれば、各事態をまたいで三番目に境遇の悪い人を比較する。以下同様に続ける。このプロセスは最も境遇の良い個人にいたるまで続く。それはより境遇の悪い人に辞書順序式（lexicographical）の優先性（略して辞書式（lexical）の優先性）を与えるのである。それが辞書順序式と呼ばれるのは、辞書において言葉が並べられるのと似た方法で分配がランク付けされるからである。すなわち、各言葉の一番目の文字のオーダーがその二番目の文字のオーダーに対して厳密に優先し、……以下同様に続く、というかたちである。

レキシミンは強分離可能性を満たす。ここでは形式的な証明を提示しないが、その代わりに、表4.1の二つの比較をもう一度考えることにしよう。レキシミンは、A は B より厳密に善い、そして C は D より厳密に善い、と判断する。レキシミンは、諸事態の相対的な善さを、影響を受けない人々の福利とは独立に判断するのである。

他方で、あるシンプルな理由から、レキシミンは厳密凹性を満たさない。レキシミンは、より境遇の悪い人とより境遇の良い人との間でのトレード・オフを許さない。それはありうる諸事態についての非連続的な順序付けなのであり、何らかの関数形式で表現できるものではない。それゆえ、ある個人の福利の善さは、たとえ福利の絶対水準が上昇する場合でも、逓減しない。つまり、レキシミンは限界道徳善逓減法則を支持しないのである。

4.3　優先主義とは何でないか

とはいえレキシミンは、ある限られた意味においては、より境遇の悪い人に優先性を与える。もう一度、$X = (50, 20, 10)$ と $Y = (40, 30, 10)$ を比較しよう。レキシミンは、Y が X より善いと判断する。10 単位の増加は、より境遇の良い人にとってよりも、より境遇の悪い人にとっての方がいっそう重要である、という点でレキシミンは優先主義と一致する。だが、レキシミンはもっと強い主張をしている。それは、辞書式により境遇の悪い人にとってのいかなる増加であっても帰結を厳密により善くするのだ、と主張する。たとえば、$X' = (50, 20, 10)$ と $Y' = (30, 21, 10)$ を比較してみよう。ここでは、二番目に最も境遇の良い人の福利が増加するのは、最も境遇の良い人の福利の甚大な犠牲によってである。辞書式により境遇の悪い人に対してこのように強いコミットメントを示すことは、ハモンド衡平性条件として知られている（Hammond 1976）。ハモンド衡平性条件は、X が Y より善いのは以下のような j と k が存在する場合であると主張する。すなわち、(1) X における j の福利水準が Y におけるよりも厳密に低い、(2) X における k の福利水準が Y におけるよりも厳密に高い、(3) X において、j は k よりも厳密に高い福利水準を有する、(4) 他のすべての人の効用は X と Y において同一である、といった場合である。レキシミンは、より境遇の悪い人の福利が増大しないかぎり、より境遇が悪い人以外にとっての福利の総損失を気に掛けることはないのである。

ハモンド衡平性条件を考えるなら、レキシミンが——たとえ強分離可能性を満たすのだとしても——本当に非相関的なのかどうかが問われてよいだろう。ロデク・ラビノヴィッチは、レキシミンが非相関的ではないと論じる。彼は以下のように主張している。

ロールズの格差原理を、極端な、すなわち辞書式な形態の優先性説であると解釈するのは正しくない。ロールズの原理は、他のすべての人々よりも境遇の悪い人々に絶対的な優先性を与える。より境遇の悪い人にそのような優先性が与えられるのは、その原理においては、これらの人々が「彼らがそうありえたよりも境遇が悪い」という事実に拠るのではない。彼らの厚生水準が恣意的なかたちで上昇したがなおも他の人々より境遇が悪い場合、彼らの取り分を改善させることにはなおも同じ（絶対的な）優先性が与えられるだろ

う。(Rabinowicz 2002: 13)

おそらく、優先主義が非相関的であるというのは、ある個人の福利の善さが他の人々の福利とは独立に決定されるという意味においてである。最も境遇の悪い人(二番目に最も境遇の悪い人、三番目に最も境遇の悪い人、以下続く)を益することに完全な優先性を与えるのであれば、常に、誰が最も境遇の悪い人(二番目に最も境遇の悪い人、三番目に最も境遇の悪い人、以下続く)であるのかを知らなければならない。これが意味しているのは、誰の立場が最も悪く、二番目に最も悪く……であるのかを同定するために、異なる人々の相対的ポジションを比較しなければならないということだ。辞書式により境遇の悪い個人の福利ウェイトは、彼ないし彼女の福利の絶対水準に依存しない。それは彼ないし彼女の順位に依存するのであり、この順位は人々の福利水準を比較することによってしか明らかになりえないのだ。それゆえ、レキシミンは強分離可能性を満たすものの、実践的な観点からは、優先主義の二つの本質的特徴を侵害するのである。この理由により、レキシミンを優先主義の一種と見なすことはできないのである。

4.4 優先主義に対する批判——パート1

優先主義とは何であるかが明らかになったので、本節および次節では、それに対する三つの批判を考察したいと思う。二つの批判については本節で、もう一つは次節で検討することにしよう。これらの批判が優先主義にとって破壊的であるとは思わないが、これらの批判を綿密に検討することは我々が優先主義をより良く理解するのに有益である。

第一の批判は、優先主義は水準低下批判に対して脆弱であるかもしれない、というものだ。水準低下批判は目的論的平等主義に対して提起されており、優先主義には当てはまらないとされている。つまり水準低下批判は、優先主義が目的論的平等主義に対して利点を持つことを示すためのものである。3.3節では、目的論的平等主義を擁護するための水準低下批判に対する三つの応答を検討した。もしこれらの応答のいずれかが妥当であるなら、水準低下批判は非力

4.4 優先主義に対する批判──パート1

過ぎることが判明する。他方、水準低下批判が優先主義にも適用されることが示されるなら、水準低下批判は強力過ぎることが判明する。いずれにせよ水準低下批判は、優先主義の目的論的平等主義に対する優位を証明しているものとは見なしえないのだ。この批判は、優先主義そのものに対する異論ではない。それは単に、水準低下批判は優先主義の目的論的平等主義に対する相対的な優位を確定するものではない、と指摘しているにすぎない。

水準低下批判が優先主義にも当てはまることを示す試みはこれまでに二、三あった。ここではジョン・ブルーム（Broome 2002）の論証のみを取りあげることとする。パーフィットも認めているように、優先主義は平等それ自体を志向してはいないものの、平等へと向かう内在的バイアスを持っている。ある事態の善さは、人々それぞれの福利が同じ絶対水準であるときに、最大化される。諸個人の福利水準がバラバラである場合には、より均等な分配をつくり出すことで分配の善さが改善される。不平等という条件下では、完璧な平等という条件下でなら得られたはずの善きものがいくらか浪費されているのだ。優先主義は、水準低下によって、この浪費される善を減少させることができる。この浪費される善が減少するという意味において、水準低下した分配はより善いのである。このように、水準低下批判は、実は、PD主義のあらゆる原理に適用されるのである。ブルームは、A. B. アトキンソンによる、分配の善さに関する一つの測度としての均等分配等価という概念（Atkinson 1970）に訴えている。

均等分配等価とは何だろうか？　あるn人の福利分布（$W_1, W_2, ..., W_n$）を考えよう。この分布の総福利Wは$W = W_1 + W_2 + ... + W_n$によって与えられる。均等分配等価$W_E$は、すべての人々に平等に分配された場合に、この分布と同程度の善さになる総福利である。すなわち、W_Eとは（$W_E/n, W_E/n, ..., W_E/n$）であり、これは分布（$W_1, W_2, ..., W_n$）と同程度に善い分布なのである。ある分布が別の分布よりも大きなW_Eを持つのは、それがより善い分布である場合でありその場合のみである。それゆえ、ある分布のW_Eは、その分布の善さに関する測度となりうるのだ。

PD主義は暗に、他の事情が同じであれば、より平等な分布がより不平等な分布より善いと述べている。それゆえ、$W \geq W_E$というわけである。$W = W_E$となるのは、その分布が完璧に平等である場合のみである。不平等が存在

第4章 優先主義

する場合、その差分（$W - W_E$）は不平等の悪さの測度となる。（$W - W_E$）が測定するものとは、それが平等に分配されさえすれば同じだけの全体的な善さを達成するある分布において、総福利がどれだけ少なくて済むのか、ということである。言い換えれば、（$W - W_E$）とは不平等によって浪費される福利の量なのである。このとき、W_Eは以下の等式で表すことができる。

$$W_E = W - (W - W_E)$$

この等式は、W_E――これはその分布の善さを測定している――が二つの構成要素によって与えられることを示している。第一は総福利であり、Wによって表されている。第二は不平等の悪さであり、（$W - W_E$）によって表されている。水準低下は不平等の悪さ（$W - W_E$）を縮減する。それゆえ、水準低下が善いのは、それが不平等（$W - W_E$）の悪さを縮減するかぎりにおいてである。この判断は、より平等な分配の方がより不平等な分配より善いと示唆するあらゆる原理に当てはまる。それゆえ、それは優先主義にも適用される。このように、優先主義は水準低下批判に対して脆弱である。単純に分配の善さに関する測度を変更するだけで、異なる見方が可能になる。その見方によれば、あらゆるPD主義的な原理が水準低下批判に対して脆弱性を持つのである。

　水準低下批判が非力すぎるのか強力すぎるのか、どちらと判明するかは定かでない。それでも、水準低下批判のみを根拠に優先主義のほうが目的論的平等主義より妥当な原理である、と結論付けるのは性急だろう。

　第二の批判は、福利の測度とそれが我々の分配判断にもたらす影響についてである。優先主義の主張では、各個人の福利の善さは彼ないし彼女の福利の絶対水準によって決定される。だが、人々の福利測度の選択が、優先主義の分配判断に影響を与える。これを理解するために、人々の福利水準の数値表示が変更されるというケースを考えてみよう。我々が変更するのは福利水準の数値表示のみであり、それは人々の実際の福利水準が変わることを意味しない。ここでは、何らかの理由で（たとえばインフレによって）、福利水準の数値表示が増加した、と想定しよう。単純な二個人ケースで、優先主義関数が平方根関数である場合を考えることにしよう。すなわち、$X = (W_1, W_2)$ が $Y = (W'_1, W'_2)$

4.4 優先主義に対する批判——パート1

と少なくとも同じくらい善いのは、$\sqrt{W_1} + \sqrt{W_2} \geq \sqrt{W'_1} + \sqrt{W'_2}$ の場合でありその場合のみである。

ここで、$X = (5, 20)$ と $Y = (12, 12)$ を比較しよう。この平方根優先主義関数によれば、Y のほうが X より善い（X の善さが $\sqrt{5} + \sqrt{20} = 2.24 + 4.47 = 6.71$ であるのに対して、Y の善さは $\sqrt{12} + \sqrt{12} = 3.46 + 3.46 = 6.92$ である）。次に、各個人の福利水準が数値として 100 だけ増加したと想定しよう。この変更は、人々の実際の福利水準が変化することを意味するものではないことに注意してほしい。我々が考察することになるのは $X' = (105, 120)$ と $Y' = (112, 112)$ の比較である。この新たな比較においては、優先主義によるなら、X' が Y' より善い（X' の善さが $\sqrt{105} + \sqrt{120} = 10.25 + 10.95 = 21.20$ であるのに対して、Y' の善さは $\sqrt{112} + \sqrt{112} = 10.58 + 10.58 = 21.16$ である）。私が変えたのは福利水準の表示の仕方だけであり、それは、人々の実際の福利水準は同じままであるということだ。それなのに、優先主義の分配判断は変わってしまった。この例では優先主義関数として平方根関数を用いたが、この種の——福利水準の数値表示の選択に起因する——分配判断の変化は、その優先主義関数が非線形であるかぎり、常に生じる。我々が問うべきなのは、実際の人々の福利が同じでありながらも福利水準の数値表示が変更されるときに、その分配判断が変化するのはなぜなのか、ということである。優先主義によれば、測度水準の選択によって分配判断は変化してしまうのである。

他方で、功利主義、マキシミン・ルール、レキシミン、目的論的平等主義といった分配原理に依拠するなら、分配判断におけるこの種の変更、すなわち、福利水準の数値表示の選択に起因する変更は起こらない。目的論的平等主義を例にとろう。目的論的平等主義によれば、ある事態の善さとは、人々の福利の増加的な線形結合である。3.3 節の等式(4)を先ほどの二つの二項比較に適用してみよう。$3/4 \times 5 + 1/4 \times 20 < 1/2 (12 + 12)$ および、$3/4 \times 105 + 1/4 \times 120 < 1/2 (112 + 112)$ ということになる。これは、目的論的平等主義の分配判断が福利水準の選択によっては影響されないということだ。マキシミン・ルールとレキシミンの分配判断もまた影響されない。マキシミン・ルールもレキシミンもともに、$(12, 12)$ のほうが $(5, 20)$ より厳密に善い、また、$(112, 112)$ のほうが $(105, 120)$ より厳密に善い、と判断する。

第4章　優先主義

　優先主義の分配判断は福利水準の選択によって影響を受ける。これは奇妙なことのように思われる。だが、この批判は必ずしも優先主義にとって破壊的ではない。優先主義を支持する人々は以下のように主張することができる——福利水準が変更される場合には、優先主義関数の形状が変更されるのだ、と。すなわち、優先主義関数の形状は福利の測度によって左右されるのである。この主張の妥当性は、我々が福利の測度をどのように見るかに掛かっている。優先主義に言わせれば、ある個人の福利の善さは彼ないし彼女の福利の絶対水準に依存する。それでは、福利の絶対水準なるものは意味をなすのだろうか？　高さや重さなど多くの自然的属性は絶対的な観点で測定できる。だが、福利は高さや重さのようなものではない。分配的正義に関する文献において、人々の福利水準は多くの場合何らかの数値尺度で表現される。だが通常我々は、人々の福利の数値表示に独立の意味などまったくないと思っている。ある個人の福利がより高い数値を持つというのは、単に、福利水準が相対的により高いということを意味するにすぎない。10 は 1 より高いし、0 は − 5 より高い。福利の尺度は気温の尺度のようなものである。ある状態が別の状態より暑いとき、これら二つの状態の関係は摂氏ないし華氏といった数値尺度で表示される。これらの尺度は絶対的な測定基準ではない。あるいは優先主義を支持する論者たちが、将来、何らかの絶対的な福利尺度を発見するのかもしれない。そのときまで、優先主義には奇妙な含意が付いてまわることが判明したわけだが、その奇妙な含意は目的論的平等主義や他の諸原理では生じないのである。

4.5　優先主義に対する批判——パート2

　第三の批判は、厳密凹な善関数が福利分布と独立に存在するのか否かに関するものである。優先主義関数はある個人の福利が事態の全体的な善さにおいてどの程度重要なのかを決定するものである。優先主義によれば、ある個人の福利はその福利の絶対水準が高くなるほど重要さが低くなる。各個人の福利がどの程度重要であるかは、厳密凹な関数によって福利の分布とは独立に与えられる。この主張にはある奇妙な結論が伴う。

　パーフィットによれば、彼が絶対的な福利測度が存在すると主張しているの

4.5 優先主義に対する批判——パート2

とまったく同じように、ある個人の福利がどの程度重要であるのかについての道徳的尺度が存在する。

> こんなアナロジーを使うと分かりやすいだろう。標高のより高いところにいる人々は呼吸をするのがより困難であると感じる。これは彼らが他の人々より高地にいるからだろうか？ ある意味ではそうである。だが彼らは、もっと低地にいる他の人々が存在しないとしても、まったく同じくらい呼吸しにくいことに気づくだろう。同じように、優先性説においては、より境遇の悪い人への便益はいっそう重要になるが、それはただ、これらの人々が絶対水準でより低いところにいるから、というだけのことだ。(Parfit 2000: 23)

パーフィットの考えでは、ある個人の福利と、彼ないし彼女の福利がある事態の全体的な善さに対してどの程度重要となるかとの間の関係は、標高と呼吸しにくさの程度との関係のようなものである。彼は、各個人の福利がどの程度重要かについて、絶対的な道徳的尺度が存在すると考えている。それは所与の事実であって、そのような道徳的尺度が何一つ存在しないとは考えがたい。そのような独立した優先主義関数の含意を理解するために、ある状況を想像しよう。そこにはたった一人の個人しか存在しない。この個人をロビンソンと呼ぼう。ロビンソンの福利の善さは彼の福利の絶対水準が高くなるにつれて逓減するのだろうか？ パーフィットの答えは「イエス」である。彼は次のように書いている。

> これらの人々が*他の人々と比べて*より境遇が悪いということは関係ない。彼らへの便益は、*より境遇の良い人々がたとえ一人も存在しなかったとしても*、まったく同じくらい重要であるだろう。(Parfit 2000: 23, 強調原文)

パーフィットによれば、ロビンソンへの便益は、彼のいるところが絶対水準でより低いほど、いっそう重要になる。彼の福利の善さは、彼の福利の絶対水準が高くなるにつれて逓減する。これは反直観的である。少なくともこの第三の異論はそう主張する。

第4章 優先主義

　我々は三つの要素を明確に区別するべきである。すなわち、個人の福利、彼ないし彼女の福利の善さ、事態の善さ、の三つである。個人の福利が何を意味するかは明白なので、説明の必要はない。彼ないし彼女の福利の善さは、事態の善さを構成する要素の一つである。それは、各個人の福利が当該事態の全体的な善さにどの程度貢献するかに関係する。ある事態の全体的な善さとは、各個人の福利の善さの集計値である。優先主義のケースでは、個人 i の個人的福利は W_i である。彼の個人的福利の善さは $g(W_i)$ であり、このとき $g(\ )$ は厳密凹関数である。そして、その事態の善さは $g(W_1) + g(W_2) + \ldots + g(W_n)$ によって与えられる。

　ここでの一個人ケースにおいて、ロビンソンの福利は W_R である。彼の福利の善さは $g(W_R)$ である。その事態の善さは、他の人々が存在しないので、$g(W_R)$ である。このように、ロビンソンの福利の善さが、すなわちその事態の善さなのである。奇妙に思われるのは、たとえ彼と比較されるべき他の個人が一人も存在しない場合でさえ、ロビンソンの福利の善さがその福利の絶対水準が高くなるにつれて逓減するという点である。ロビンソンの福利の善さはまさにロビンソンの福利でしかないと考える人もいるだろう。優先主義のこの含意は反直観的である。しかしそれでも、そのような反直観的な含意を、優先主義を否定する決定的な論証と見なすことはできないのである。

　複数の理論家がこの反直観的な含意について指摘してきた。だが、この点に依拠してなされた主張は様々であった。ラビノヴィッチ（Rabinowicz 2002）は、この点を指摘したもののそれが優先主義を否定する決定的な論証であるとは捉えていなかった。彼が優先主義を支持しているのか、別の何かを支持しているのかは定かではない。マッカーシー（McCarthy 2008）は、優先主義が一個人ケースにおいてさえ道徳善逓減にコミットするという事実を理由に、功利主義を支持する。その理由は、功利主義が、ある個人の福利の善さは一個人ケースでも複数人ケースでも逓減することはないと判断し、それによって、上述した優先主義の反直観的含意を回避しているからである。

　目的論的平等主義の集計説に立つなら、一個人ケースではロビンソンの福利の善さは彼の福利に等しい。一人の個人しか存在しない場合、不平等は存在しない。それゆえ、目的論的平等主義によれば、ロビンソンの福利の道徳的重要

4.5 優先主義に対する批判——パート2

さを減少ないし増加させうるものは何ら存在せず、その事態の善さはロビンソンの福利に等しい。この対照は驚くべきことではない。優先主義の主張では、人々の福利がどのように分布しているかにかかわりなく、福利の善さに関する絶対的な測度が存在する。これは、個人が一人しか存在しない場合でさえそうなのである。ロビンソンの福利の善さは一個人ケースでも逓減するという主張は、福利の善さに関する道徳的尺度が福利の分布とは独立に存在するという主張の、直接的な帰結である。

ロビンソンの福利の道徳的な善さは彼の福利の絶対水準が高くなるにしたがって逓減する、ということが一部の人にとっては反直観的に映るようだ。だが、反直観的であるというのは頑健な批判ではない。我々が自らの直観を変化させるのはよくあることだ。オーツカとヴアホーヴは、優先主義の一個人ケースにおける含意は反直観的であるにとどまらないと主張する（Otsuka and Voorhoeve 2009）。彼らの主張によれば、それは優先主義の不適切さを証明するものである。彼らはこの論証を、個人内の分配判断と個人間の分配判断の関係を考察することによって引き出している。

オーツカとヴアホーヴはまず、以下のようなケースを考えさせる。現在は完璧に健康であるが、じきに「わずかな損傷」あるいは「非常に深刻な損傷」という二つの健康状態のうちのどちらかになる、つまり、50%の可能性でどちらかの健康状態になる個人を想像しよう。これらの健康状態それぞれに利用可能な治療が存在するが、治療を効果的に行うには、この個人が患うことになるのはどちらの損傷なのかを知る前にその治療を施さねばならないと仮定しよう。さらに、彼ないし彼女は両方の治療を受けることはできない。わずかな損傷に対する治療は、その軽い障害を完全に取り除いてくれる。非常に深刻な損傷に対する治療は、わずかな損傷に対してはまったく効果がないが、彼ないし彼女を深刻な損傷にまで押し上げることができ、これは間違いなく非常に深刻な損傷からの改善である。以上を個人内ケースと呼ぼう。オーツカとヴアホーヴによれば、この個人にとっての最善の利益となる選択を求められた場合、多くの人々がこれら二種類の治療の間で無差別である。さらに、あなたが道徳的な動機を持った彼ないし彼女の保護者であると想像しよう。それでもあなたはこれら二種類の治療の間で無差別であるはずだ、とオーツカとヴアホーヴは断言す

第4章　優先主義

る。

　そのうえでオーツカとヴアホーヴは次のケースを考えさせる。同じ大きさの人間集団が二つある。彼らの全員が今は完璧に健康であるが、一方の人間集団は非常に深刻な損傷へと向かっていることがすでに知られており、他方の人間集団はわずかな損傷へと向かっていることがすでに知られている。この集団のメンバーはすべて、個人内ケースの場合のように、健康状態について同じ選好を持っている。彼らはみな、非常に深刻な損傷から深刻な損傷への変化を、わずかな損傷から完璧な健康への変化と等しい効用増加と見なす。先ほどのように、あなたは道徳的な動機を持った保護者であり、彼らの最善の利益となる選択肢を選ぶものとされる。以上を個人間ケースと呼ぼう。オーツカとヴアホーヴによれば、多くの人々が、非常に深刻な損傷から深刻な損傷へと改善することのできる状態の人々に治療を施すという選択をするはずだ、とのことである。

　人々の直観は個人内ケースと個人間ケースとで大いに異なる。彼らの直観とは、個人内ケースでは無差別であるべきであり、個人間ケースでは非常に深刻な損傷から深刻な損傷へ状態を改善させる選択肢を選ぶべきだ、というものである。優先主義はこれらのケースでどのように主張するだろうか？　オーツカとヴアホーヴは、優先主義であれば個人内・個人間の両方のケースで、患者（たち）を非常に深刻な損傷から深刻な損傷へと変化させる選択肢を選ぶはずだ、と正しくも述べている。それゆえ、優先主義は人々の直観と背反する。優先主義は個人内ケースと個人間ケースを区別できないわけだが、それは個人の福利の善さが彼ないし彼女の絶対的な福利測度のみに依存し、他の人々の福利には依存しないからである。オーツカとヴアホーヴは、個人内ケースと個人間ケースを区別できないことを理由に、優先主義が人格の別個性を侵害していると主張する。そのうえで彼らは、人格の別個性を侵害するがゆえに優先主義は不適切であると結論する。彼らにとって人格の別個性は非常に重要であるため、ある原理がそれを真摯に扱えないのであれば、その原理は不適切なのである。オーツカとヴアホーヴは人格の別個性という概念をことさら重視している。

　なぜ人格の別個性はそれほど重要なのか？　この概念を最初に使ったのはロールズ（Rawls 1971）である。ロールズがこれを使ったのは古典的功利主義

を批判するためであり、それ以外は何も批判対象としていない。彼は平均功利主義を批判するために人格の別個性に訴えることはない。平均功利主義に反対しているにもかかわらずである。ロールズによれば、古典的功利主義は、それぞれの人々がそれぞれの人生を生きるのだという重要な事実を尊重することができない。彼は何を言わんとしているのだろうか？　一方において、私が、私の現在の福利1単位を、私の追加的な福利5単位のために犠牲にすることは完璧に正当である。私の将来の福利5単位が私の現在の福利1単位と相殺されるからだ。他方で、別の個人の便益5単位のために私に1単位の犠牲を押し付けることは、たとえ私が福利1単位を犠牲にすることでその帰結が——すべてを考慮したうえで——厳密により善くなるのだとしても、正当ではない。個人内ケースと個人間ケースとの間の相違とは、個人内ケースでは同じ人物が1単位の損失と5単位の利得を経験するのに対して、個人間ケースでは損失だけでなく利得も経験する個人は存在しない、ということだ。ロールズは、個人内ケースと個人間ケースの間には重要な相違があり、功利主義はこの相違を尊重することができないと考えている。以上が、人格の別個性を根拠とした古典的功利主義に対する批判である。4.2節で見たように、優先主義は古典的功利主義に近い見解である。それゆえ、優先主義に同じ批判が提起されるのは驚くべきことではない。したがって、オーツカとヴァホーヴによる批判の成否は、人格の別個性という概念が実体的な道徳的論証の根拠となりうるか否かに掛かっている。

4.6　優先主義 vs. 目的論的平等主義

　分配的正義に関する近年の研究において最もホットに論じられている論点の一つは、優先主義と目的論的平等主義の相対的な妥当性をめぐる問題である。そこで、これを検討して本章を締め括ることにしたい。

　4.4節と4.5節では優先主義に対する三つの批判を検討した。第二の批判と第三の批判は、目的論的平等主義のほうが優先主義より妥当であると主張するものである。それゆえ、目的論的平等主義の支持者たちは、それらが目的論的平等主義の優先主義に対する相対的な優位性であると主張するだろう。

第4章　優先主義

　優先主義の目的論的平等主義に対する相対的優位性とは何だろうか？　内在説と集計説についてそれぞれ検討することにしよう。まず、優先主義が内在説について何を言うだろうかを考察しよう。その答えはかなり明白である。少なくとも一つの優位性があるように思われる。すなわち、内在説は水準低下批判に対して脆弱であると思われるが、優先主義はそうではない、というものだ。いまや我々はこの主張が明らかな真ではないことを知っている。4.4節で見たように、ブルームが優先主義は水準低下批判に対して脆弱であると主張している。ブルームの主張にはおそらく議論の余地があるが、それでもやはり、水準低下批判を根拠に優先主義が内在説より妥当であることを示すためには、優先主義者たちにはもっとしなければならないことがある。

　さて、集計説に目を転じることとしよう。優先主義の支持者たちには二つの批判があるだろう。集計説によれば、各個人の福利に付与されるウェイトは、彼ないし彼女の相対的位置が変更されないかぎり、そのままである。これが暗に示唆するのは、(a)このウェイトは、彼ないし彼女のランク付けが変わらないかぎり、その福利が増加ないし減少するとしてもそのままであること、そして、(b)たとえ福利の絶対水準が変わらない場合であっても、彼ないし彼女のランク付けが変更されるならこのウェイトも変更されるということ、である。優先主義の支持者たちは、集計説が持つこれら二つの含意を批判するだろう。

　第一の批判は次のような流れとなる。二つの事態 $X = (100, 200)$ と $Y = (20, 200)$ を考えてみよう。いずれの事態においても、個人1は個人2より境遇が悪い。集計説によれば、個人1の福利に付与されるウェイトは X と Y の両方において4分の3であり、個人2の福利に付与されるウェイトは X と Y の両方において4分の1である。これは、集計説においては、個人の福利のウェイトは福利水準のランキングにおける順位によって決定されるからだ。優先主義の支持者たちは、X における個人1の福利に対して Y における個人1の福利に対するのと同じウェイトを付与するのは不適切である、と主張するだろう。彼らの主張とは、Y における個人1の福利に対して、X における個人1の福利より厳密に大きなウェイトを付与するべきである、すなわち、個人1の福利の絶対水準における変化を道徳的重要性の観点で記録するべきである、というものだろう。目的論的平等主義の集計説が、道徳的重要性という観点での個人1の悪

化を記録することはない。他方で、優先主義は絶対水準においてより低い福利を有する個人に便益を与えることにより大きなウェイトを付与する。優先主義者たちは、この批判に基づいて、優先主義のほうが集計説よりも望ましいと主張するだろう。

　第二の批判は以下のようなものである。三個人のケースを考えてみよう。三個人のケースでは、最も境遇の良い人の福利に付与されるウェイトは9分の1であり、二番目に境遇の良い人の福利に付与されるウェイトは9分の3である。いま、$X = (100, 200, 10)$ と $Y = (100, 200, 150)$ を比較する。ここでは、個人1と個人2の福利水準は同じままだが、個人3の福利水準は X から Y への移行に伴って変化する。個人1の福利に付与されるウェイトは X においては9分の3であり、Y においては9分の5である。個人1の福利ウェイトは、彼ないし彼女の福利が変化しないにもかかわらず、変化するのである。ここで起こっているのは、彼ないし彼女の相対的位置が変化したということだ。より詳細に言うなら、Y において彼ないし彼女は最も境遇が悪くなったのである。優先主義者の一部はこれが反直観的であると主張するだろう。彼らは、個人1の福利ウェイトが、彼ないし彼女の福利そのものが変化することなしに変わりうるなどということが、どのようにして可能なのかを問題にするだろう。

　集計説を擁護する論者たちは、これら二つの批判に対して以下のように反論することができる。いずれのケースにおいても、集計説の含意が優先主義者にとって反直観的であるのは、端的に、彼らが非相関性を是としているからだ、と。優先主義者から見て集計説が反直観的に思えるのは、集計説が（さらに、言うまでもなく目的論的平等主義一般が）相関的であるからだ。優先主義の主張では、個人の福利の道徳的な善さは他の人々の福利とは独立に決定されるべきである。集計説はこの主張を拒絶するとともに、個人の福利の道徳的善さは他の人々の福利に依存するべきであると主張する。この対照こそ、まさに優先主義と集計説が意見を異にするところである。それゆえ、集計説の含意が優先主義にとって反直観的であるというのは当然なのだ。

　目的論的平等主義の支持者たちには理にかなった反論を思いつくことができているのだから、優先主義による目的論的平等主義批判は、優先主義の目的論的平等主義に対する相対的優位を確立するものではない。私はこれら二つの見

第4章 優先主義

解の相対的な妥当性について最終判断を下そうとは思っていない。だが、これら二つの原理の間での論争を考察することで、両者に関する我々の理解はより良いものとなる。

最後に、平均福利を考慮する目的論的平等主義に対してありうる最後の批判に言及して本章を閉じることにしよう。この最後の批判はある一個人ケースとある複数個人ケースを比較するものである。事態の善さが $1/2 \, (W_1 + W_2) - 1/4 \, |W_1 - W_2|$ によって与えられる二個人ケースを考えよう。$W_1 = 20$、$W_2 = 4$ と仮定しよう。この事態の善さは $1/2 \, (20 + 4) - 1/4 \, (20 - 4) = 8$ である。より境遇の悪い個人（つまり個人2）が抹消されたと想像しよう。このケースでそれは一人の個人しか存在しない事態となる。4.5節での議論から、個人1の福利が20のままであるなら事態の善さは20ということになる。これが意味するのは、より境遇の悪い個人（つまり個人2）を抹消することによって、事態の善さが改善するということだ。このケースを、より境遇の良い個人が抹消されるケースと対比してみよう。この状態——そこでは個人2の福利は4のままである——の善さは4である。これは (20, 4) の善さ、すなわち8よりも小さい。より境遇の良い個人を抹消することは事態の善さを減少させる。これらのケースから、目的論的平等主義は常により境遇の悪い個人を抹消することを——それによって帰結は厳密により善くなるので——推奨することになる、と結論付けたくなる。だが、それが容認できることであるとは思えない。

4.5節において、我々は優先主義と目的論的平等主義を一個人ケースで対比した。優先主義によれば、たとえ一人の個人しか存在しないとしても、個人の福利の道徳的な善さは、彼ないし彼女の福利の絶対水準が高くなるにつれて逓減する。優先主義の批判者たちはこれに不適切さを見出す。他方、目的論的平等主義によれば、一個人ケースにおける事態の善さは彼ないし彼女の福利の善さである。優先主義の批判者たちは、目的論的平等主義がこの点で優先主義より適切であると主張するだろう。とはいえ、二個人ケースにおいてより境遇の悪い人を（より境遇の良い人をではなく）抹消することによって帰結がより善くなる、と目的論的平等主義が判断するなら、優先主義を擁護する論者たちは、目的論的平等主義は不適切であると主張するだろう。

目的論的平等主義は本当により境遇の悪い個人を抹消することを推奨するの

だろうか？　この問いは、人口集団サイズの異なる事態を比較することが可能なのかどうか、という論点と関係している。目的論的平等主義の不適切さとされたものは、一個人の状態と二個人の状態の相対的善さから生じている。人口集団サイズの異なる事態を直接に比較できるかどうかは明らかではない。それらを比較できないのだとしたら、目的論的平等主義の不適切な含意なるものは何の意味もなさないことが判明する。というのも、より境遇の悪い個人を抹消することによって事態がより善くなると述べることが意味をなさないからだ。だが、そのような事態が比較できるのであれば、不適切さとされているものは目的論的平等主義にとって深刻な問題である[†1]。

　注意すべきは、この問題が目的論的平等主義の集計説に限定されないということだ。それは平均福利を考慮に入れる原理のほぼすべてに当てはまる。平均功利主義を例にとろう。ある二個人状態（20, 4）の平均は12である。個人1のみが存在する一個人状態の平均は、20である。このように、一個人状態が二個人状態と比較できるのであれば、平均功利主義もまた、より境遇の悪い個人を抹消することによって帰結はより善くなる、と判断することになる。ここには、一般的な哲学的難問が存在するのである。

本章のまとめ

　優先主義とは、ある個人の福利の道徳的な善さは彼ないし彼女の福利の絶対水準が高くなるにつれて逓減する、そして、ある事態の善さはウェイト付けされた福利の合計によって決まる、とする見解である。それは、目的論的平等主義と同様、より境遇の悪い人々を益することに優先性を与える。両者の相違は、「より境遇の悪い人」によって、優先主義は絶対水準でより低い個人を意味しているのに対して、目的論的平等主義は他の人々より低水準にある個人を意味している、という点にある。このように、違いは、その理論が相関的かそれとも非相関的かにある。多くの人々がマキシミン・ルールをある種の優先主義と見なしている。だがマキシミン・ルールは強分離可能性または厳密凹性を満たしておらず、ゆえに非相関性の条件を満たすことができない。対照的に、レキシミンは強分離可能性と他の優先主義的特徴を満たしている。我々は優先主義

に対する三タイプの批判を検討した。第一は、優先主義が水準低下批判に対して脆弱であるというものだが、水準低下批判はパーフィットによって目的論的平等主義に対して提起されたものであり、優先主義を支持する理由に使われたものである。第二は、優先主義はより厳格な福利測度を必要とする、というものである。第三は、多くの人がその二つのケースを区別することの重要性を信じているし、人格の別個性という概念によってそれが要求されているにもかかわらず、優先主義は一個人ケースと複数個人ケースを区別できない、というものである。最後に、水準低下批判に加えて、優先主義論者たちが目的論的平等主義に対して提起するであろう批判を二つ考察した。これらの批判は、分配原理は非相関的であるべきだ、とする彼らの主張をシンプルに言い直したものであることがわかる。

文献案内

優先主義が持つ広大な射程を理解するためには、パーフィットの「平等か優先性か」がここでも注意深く読まれるべきだろう。私の知るかぎり、優先主義として知られるようになったものを最初に提案したのは Weirich (1983) である。最近では、Adler (2011) と Holtug (2010) によって精力的な優先主義擁護論が提示されている。目的論的平等主義と優先主義の関係については、Hirose (2009), Jensen (2003), McKerlie (1994, 2001a), Peterson and Hansson (2005), Temkin (2000) を見よ。優先主義の形式的構造については、McCarthy (2006, 2008, 2013) および Rabinowicz (2001, 2002) を見よ。Fleurbaey et al. (2009) は非集計的な優先主義の可能性を検討している。Otsuka and Voorhoeve (2009) による優先主義批判は多くの議論を惹起した (Crisp 2011; Otsuka and Voorhoeve 2011)。少し前の学術誌 *Utilitas* (24-(3), 2012) にもこの議論に関する有益な論稿が掲載されており、そこにはパーフィットの応答 (Parfit 2012) も含まれている。

注
1 厳密凹な曲線にはそれぞれ異なる二つのケースがある。一つは福利の道徳的な善

さが無限に増加する場合である。すなわち、曲線は上に閉じておらず無限に上昇する。このケースでは、福利の道徳的善さの値にはまったく極限がない。他方のケースは、福利の道徳的善さがいつまでも厳密増加するものの、何らかの有限な極限に到達する場合である。このケースにおいて、曲線はこの極限の水準にいつまでも近づくが、この極限を超えて上昇することはない。すなわち、福利の道徳的善さの値が上に閉じている。ここでの目的に照らして、福利の道徳的善さは上に閉じないと仮定する。

2 　目的論的平等主義によれば、ある帰結の善さは人々の福利の関数である。目的論的平等主義の関数は、優先主義が厳密凹であるのに対して、厳密S凹である。厳密S凹性は次のように定義される——あらゆる二重確率行列 Q について、Qx が x でも x の置換でもないときに、$g(Qx) > g(x)$ となる場合、$g(\ )$ は厳密S凹である。二重確率行列とは、すべての項目が非負であり、各列を足し合わせても各行を足し合わせても1になる正方行列である。ある二重確率行列 Q が存在し、$y = Qx$ であり、y は x でも x の置換でもないとしよう。このとき、$g(y) > g(x)$ ならばこの善関数は厳密S凹である。言い換えれば、$y = Qx$ となるような二重確率行列が存在する場合、より境遇の良い人からより境遇の悪い人への一連の移転によって、ベクトル y が x から得られるような福利ベクトルが存在するのである。厳密S凹性によれば、y——これはより境遇の良い人からより境遇の悪い人への一連の移転によって、x から得られる——は x より善い。これはまさにピグー-ドールトン条件が主張しているところであり、我々がピグー-ドールトン条件に同意できるかぎりにおいては実際にそうなのである。ある福利分布を一連の平等化移転によって別の福利分布から得ることができる場合は常に、前者の善さが後者の善さより大きいならば、その関数は厳密S凹である。Dasgupta *et al.* (1973) および Sen and Foster (1997: 54-56) を見よ。

訳注

†1 　人口集団サイズの異なる事態間での比較が可能なのかどうか、という問題は、本邦訳では割愛した原書の第6章で論じられている。この段落と次の段落において、原書の第6章に言及している部分について一部文章を変更した。

第 5 章

十分主義

　目的論的平等主義と優先主義はともに、より境遇の悪い人を益することに優先性を与えるべきだと主張する。本当にそうすべきなのだろうか？　これこそ、十分主義として知られるようになったものの支持者たちが提起した問いである。最も境遇の良い人以外のすべての人が、ある程度はより境遇が悪い。我々はとても境遇の良い人々にさえ優先性を与えるべきなのだろうか？　十分主義はそうすべきではないと主張する。その代わりに、境遇の悪い人、すなわちその福利水準が一定の閾値水準を下回る人々を益することに優先性を付与するべきだと主張するのである。その不恰好な名称にもかかわらず、十分主義は目的論的平等主義と優先主義に対する強力な対抗馬となりつつある。

　十分主義の直観的魅力を分かりやすく示すために、5.1 節では実験経済学のある結果を紹介するが、それは多くの被験者がある種の十分主義に魅かれることを示唆している。5.2 節ではハリー・フランクファート流の十分主義を紹介するが、それは十分性水準を下回る人々の数を最小化することを目指すものである。続いて 5.3 節で、ロジャー・クリスプの十分主義を紹介する。これは、十分性水準を下回る人々のうちより境遇の悪い人に便益を与えることを優先し、十分性水準を上回る人々への便益には平等なウェイトを付与するものである。5.4 節では、アマルティア・センによる貧困測定を利用して、十分性に満たない水準の福利がもたらす悪さはどのように測定されるべきかを素描する。5.5 節では十分主義に対する四つの批判を検討する。

第5章 十分主義

5.1 下限付きの功利主義

　第1章では、格差原理を肯定するロールズの論証を、平均功利主義を肯定するハーサニの論証と比較した。ロールズの主張は、原初状態にある合理的かつ自己利益的な当事者たちは全員一致で彼の正義の二原理——そのうちの一つが格差原理を含む——を選択するだろうというものだ。対照的に、ハーサニに言わせれば、自らの現実のポジションに関する情報を奪われた諸個人は、自分たちにはあらゆる人のポジションを占める平等な可能性がある、と合理的に信じるものである。ハーサニは、この合理的信念と彼の「表現定理」が一体になることで平均功利主義が確立される、と主張する。ロールズとハーサニはともに同じような仮想的状況での合理的選択に訴えるが、選択される原理について意見を異にする。ここで一つの問いが生じる。現実の諸個人は、似たような状況に置かれた場合にどのような選択をするのだろうか（これは、仮想的な問い「諸個人は、原初状態に置かれたとしたらどのような選択をするだろうか？」とは区別される）？　一部のエコノミストたちは、実験によってこの問いに答えようとした。

　フローリックとその共同研究者たちは、アメリカとカナダの三つの大学——マニトバ大学、メリーランド大学、フロリダ州立大学——で実験を行った (Frohlich and Oppenheimer 1993)。学生たちは、(1)下限を最大化する原理（これは最低所得水準を最大化するものであり、おそらくはロールズの格差原理に相当する）、(2)平均を最大化する原理（平均所得を最大化するものであり、おそらく平均功利主義に相当する）、(3)何らかの下限制約を伴って平均を最大化する原理（厳格な最低所得水準を保障する）、(4)何らかの範囲制約を伴って平均を最大化する原理（あまり厳格でない最低所得水準を保障する）、のなかから一つを選択するよう求められる。私は(3)と(4)は十分主義の特殊バージョンだと見なしている。原理(3)と(4)は、何らかの最低所得水準（(3)においては12,000ドル、(4)においては12,000ドル前後）を保障するものであるが、これによって、その下限水準より下にいる人々に対する真摯な配慮を示している。だが、すべての人がその下限水準にいるかそれより上にいるなら、福利の分配に関心を示すことはな

5.1 下限付きの功利主義

くなるのだ。

220 人の被験者たちが 5 人ずつにグループ分けされ、三段階からなる実験が行われた。第一に、被験者たちに四つの分配原理を熟知させる。第二に、議論のうえで一つの分配原理を集団で選択するチャンスを被験者たちに与える。そのグループが合意に達した場合、この実験に対する報酬が彼らの合意した原理に応じて支払われる。合意に達することができなかった場合、ありうる所得分布の集合からランダムに選択される所得分布に応じて支払いを受ける。第三に、被験者各個人が、実験のそれぞれの段階で四つの原理をランク付けするよう求められる。

集合的選択の結果は次のとおりである。すべてのグループが合意に達した。44 グループのうち、35 グループが下限制約を伴って平均を最大化する原理(3)を、7 グループが平均を最大化する原理(2)を、2 グループが範囲制約を伴って平均を最大化する原理(4)を、0 グループが下限を最大化する原理(1)を、それぞれ選択した。

実験終了時における四原理についての個人的ランキングは次のとおりである。首位のランキングに関しては、220 人の被験者のうち、150 人が下限制約を伴って平均を最大化する原理(3)を、48 人が平均を最大化する原理(2)を、12 人が範囲制約を伴って平均を最大化する原理(4)を、僅か 9 人が下限を最大化する原理(1)を、選択した。最下位のランキングに関しては、106 人の被験者が下限を最大化する原理(1)を、77 人が範囲制約を伴って平均を最大化する原理(4)を、33 人が平均を最大化する原理(2)を、僅か 3 人が下限を伴って平均を最大化する原理(3)を、選択した。

この結果は以下のことを示唆する。下限を最大化する原理は、集合的選択および個人的選択の両方において、最も不人気な原理である。平均を最大化する原理は下限を最大化する原理より人気があるが、下限を伴って平均を最大化する原理は群を抜いて最も人気のある原理である（もっと新しい包括的な実験研究の方法論については Gaertner and Schokkaert 2011 を見よ）。

言うまでもないことだが、これらの実験結果をどう解釈するか、どのような種類の規範的結論を導出するかについては慎重であらねばならない。たとえば、ロールズの格差原理は誤りであることが証明された、などと結論するのは早計

第5章　十分主義

である。慎重であるべき理由は少なくとも三つある。第一に、被験者たちが考えるよう求められているのは所得の分配であって、社会的基本財や福利の分配ではない。ロールズに言わせれば、所得は社会的基本財リストのうちの一つに過ぎない。所得を扱う分配原理と社会的基本財を扱う分配原理を同列に扱うことはできないだろう。第二に、格差原理が正義の二原理の一部に過ぎないことを考えれば、格差原理を切り離して考えるべきではない。第三に、被験者たちがロールズの要求する原初状態に近い状況に置かれているとは、到底言えない。原初状態において、当事者たちは、自らの現実の立場だけでなく、その善の構想、自らの才能や賦与、リスクに対する独自の態度等々に関する情報を奪われている。この実験において被験者たちの知識がロールズの要請に適うほど制約されていたかどうかは、定かではない。実験経済学に関するクヌーヴの批判的サーベイから巧妙な一文を借用するなら、「実験室の扉を通過することは無知のヴェールを通過することと必ずしも同義ではないし、それ以前に形成されていた知識や期待が被験者たちを汚染していた可能性もある」(Konow 2003: 1196)。被験者のなかには、その全生涯を中流階級の家族や隣人のなかだけで過ごし、社会経済的に不利な階級出身の人々が日々経験している困難について直接的情報をまったく持たない人もいるかもしれない。そのような被験者たちが、自らの中流階級的傾向性を括弧に入れるとともに、様々な社会経済的な階級について完全に中立でいる、などということができるとは思えない。

とはいえこの実験結果は、下限を伴って平均を最大化する原理には否定しがたい直観的魅力があることを示唆している。この原理は、人々の所得が「下限」水準（この実験では12,000ドル）を下回ったままでいることを許容しない。平均を最大化する原理とは違って、それは非常に低い所得水準の人々を特別に気に掛けるのである。それでも、下限を最大化する原理とは違って、ひとたび「下限」の要請が満たされてしまえば、それは社会の総所得を最大化することを目指すのである。それは、下限水準を上回る人々に関しては、平等や優先性に配慮することはないのだ。つまり、下限を伴って平均を最大化する原理は、境遇の悪い人への便益に優先性を与えるのであって、境遇の良い人への便益にはまったく優先性を与えないのである。私が十分主義と呼ぶのは、境遇の悪い人への便益に優先性を与える原理群である。私は上述の下限を伴って平均を最大

5.1 下限付きの功利主義

化する原理を十分主義の一種と見なすが、それは福利分布ではなく所得分布に関心を寄せるものである。

なぜ多くの被験者は下限付きの功利主義を選択したのだろうか？　何が十分主義の直観的な訴求力を説明するのだろうか？　私には三つの説明が思いつく。私が思うに、これらの説明は十分主義を支持する動機を捉えている。

第一の説明は、下限付き功利主義は極端過ぎないというものである。多くの人の目には、功利主義は極端すぎるように映る。より境遇の悪い人に対しての無限定の損失を——その損失が他の人々の福利における十分に大きな利得によって相殺されるかぎりは——許容してしまうからだ。格差原理もまた極端であるように映る。というのも、最も境遇が悪いとは言えない人にとってのいかなる総損失でさえも——それがどれだけ大きかろうと——、最も境遇の悪い人にとっての利得——それがどれだけ小さかろうと——のために、正当化してしまうからだ。一見すると、下限付きの功利主義は適度な分配原理であり、以上のような極端な含意を回避する。おそらく、この説明は十分主義の訴求力のいくらかを説明しているだろう。

第二の説明は、ある程度高い福利水準を上回る人々に対しては優先性を与えるという配慮など必要ない、というものである。第4章で見たように、目的論的平等主義と優先主義はある種の PD 主義であり、それらはいずれも、総福利が一定であるなら、より境遇の良い人からより境遇の悪い人への移転によって帰結が厳密により善くなる、と暗に述べている。それは、より境遇の良い人とより境遇の悪い人のあらゆるペアについて妥当する。たとえば、ある所与の状況における、最も境遇の良い人と二番目に境遇の良い人を考えてみよう。PD 主義は、一番目に境遇の良い人よりも二番目に境遇の良い人を益することに優先性を与えるべきだ、と主張する。すなわち、もし一番目に境遇の良い人から二番目に境遇の良い人へいくらかの便益を移転するなら、その帰結は——たとえ総福利がまったく増加しない場合でも——より善くなるだろう、というわけだ。

第三の説明は、十分性水準より下の人々の福利はそれ自体で特別な道徳的関心を生じさせるのだ、というものである。人々のベーシック・ニーズが満たされない場合、その当人の、道徳的主体として考えたり行動したりする能力が制約されてしまうかもしれない。さらに、十分性水準を下回る人々は往々にして

何らかの苦しみを経験する。ベーシック・ニーズを満たすことは、実効性を謳うあらゆる倫理的理論にとっての必須条件と見なされてよいのかもしれない。

5.2　フランクファートによる十分主義の員数説

下限付きの功利主義は十分主義の一つの形態に過ぎない。十分主義には別の形態が数多く存在する。多くの形態の十分主義は、自らの支持者を二つのテーゼにコミットさせるように思われる。それは、ポーラ・カサル（Casal 2007: 297-98）が積極テーゼおよび消極テーゼと呼ぶものである。

　積極テーゼ：十分性水準を下回る人々への便益には、十分性水準を上回る人々よりも優先性が与えられるべきだ。
　消極テーゼ：十分性水準を上回る人々への便益には、何らの優先性も与えられない。

これら二つのテーゼは、そのままでは曖昧であり様々な解釈が可能である。それぞれのテーゼが正確には何を含意しているのかを明らかにする必要がある。これら二つのテーゼに関する様々な解釈から、様々な形態の十分主義が生じてくるのである。5.2節および5.3節では、それらの形態のうち二つを考察することとしよう。

　私の知るかぎり、ハリー・フランクファートこそ、ある種の十分主義を明示的に提唱した最初の人物である。少なくとも、多くの人々が十分主義の起源をフランクファートにまで辿る。私が思うに、彼の十分主義はかなり極端なものである。よって、彼の十分性原理からスタートするのがよい。フランクファートは自らの十分主義を以下のようなかたちで説明している。

　道徳性の観点から重要なのは、すべての人が同じだけ持つことではなく、各人が十分に持つことである。もしすべての人が十分に持っているなら、ある人が他の人々より多く持っているかどうかは道徳上まったく重要ではないだろう。（Frankfurt 1987: 21）

5.2 フランクファートによる十分主義の員数説

フランクファートはさらに、「できるだけ多くの人が十分に持つように、言い換えれば、十分性の発生率を最大化するように」(Frankfurt 1987: 31) 資源が配分されるべきである、と主張する。フランクファートに言わせれば、十分性水準を上回る福利について、その総量や分配は道徳的重要性をまったくもたない。道徳的に重要なことは、十分性水準を上回る人々の数を最大化することである。人々の総数が一定である場合、これは十分性水準より下にいる人の数を最小化することと同義である。人々の数が一定ではない場合、フランクファートの見解は非常に反直観的になる。というのも、我々には、十分性水準を上回る集団に新しい人々を加えることで十分性水準を上回る人々の数を増やす一方で、十分性水準を下回る人々の状態を変えないまま放置する、ということもできてしまうからだ。だが、これはフランクファートが考えていたことではないと思われる。フランクファートが意図しているのは、人々の総数が一定であることを条件に、十分性水準を下回る人々ができるだけ多く十分性水準まで引き上げられることである。フランクファートの十分主義を員数説と呼ぶことにしよう。

フランクファートの員数説は積極テーゼとも消極テーゼとも両立する。だが、それが意味しているのは二つのテーゼの極限である。積極テーゼから始めよう。私が先ほど提示した積極テーゼは、単に、十分性水準を下回る人々への便益を、その水準を上回る人々よりも優先せよと主張するだけのものである。十分性水準を下回る人々に与えられる優先性がどのような種類のものであるかは特定していない。それは、相対的優先性、完全優先性、辞書式の優先性のいずれでもありうるのだ。優先性が相対的である場合、十分性水準を下回る福利と上回る福利との間でのトレードオフを許容する可能性が出てくる。完全なものである場合、そのようなトレードオフは排除されるだろう。辞書式の優先性である場合には、まず十分性水準を下回る人々の福利が様々な事態の間で比較される。そして、十分性水準を下回る人々の福利が諸事態間で同じであるときに、十分性水準を上回る人々の福利が比較されることになる。

フランクファートの員数説は、十分性水準を下回る人々への便益を、その水準を上回る人々よりも、完全に優先させるべきことを示唆する。以下のような

145

第5章 十分主義

シンプルな四個人ケース——ここでは十分性水準を10と仮定する——を考えてみよう。員数説は、$X = (1, 10, 10, 10)$ を $Y = (9, 9, 30, 30)$ より厳密に善いと判断する。X では、十分性水準を下回る人がより少なく、同水準を上回る人がより多いからである。

重要な含意が二つある。第一に、員数説が関心を寄せるのは、十分性水準を下回る人々の数のみである。この説それ自体は、十分性水準を下回る福利の水準に関心を寄せることはない。X では福利が十分性水準を大きく下回る個人が一人いるのに対して、Y ではその水準をちょうど下回る人が二人いる。単純に、X では十分性水準を下回る人がより少ないからという理由で、員数説は X を Y よりも高くランク付けするのである。言うまでもないことだが、員数説の判断によれば $(1, 10, 10, 10)$ は $(9, 10, 10, 10)$ と同程度に善い。これは、十分性水準を下回る福利の水準は、我々の分配判断に影響を与えないことを意味する。この含意は反直観的であるように思われる。この点については次節で再論しよう。

第二に、員数説それ自体は、総（あるいは平均）福利を気に掛けることはない。X における総福利は Y におけるそれより厳密に小さい。同様に、X における平均福利は Y におけるそれより厳密に小さい。だが、単純に、十分性水準を下回る人々の数がより小さいからという理由で、X は Y よりも善いと判断されるのだ。

消極テーゼを考えよう。消極テーゼは、十分性水準を上回る人々には何らの優先性も与えられるべきではないと主張する。だが、「何らの優先性も与えられない」という表現が何を意味するのかは明確ではない。フランクファートの員数説に拠れば、「何らの優先性も与えられない」という表現が真に意味しているのは、十分性水準を上回る人々の福利は、道徳的な観点からは、まったく価値を持たないということだ。すなわち、十分性水準を上回る福利は道徳上無関連なのである。例えば、$(9, 10, 10, 10)$ は $(9, 30, 30, 30)$ と同程度に善いと員数説は判断する。つまり、十分性水準を上回る福利は、十分性水準を下回る人々の数が同じである際にタイブレークの役割を演じることにさえ使われないのである。この極端な消極テーゼを強い消極テーゼと呼ぶことにしよう。フランクファートの員数説は、この強い消極テーゼにコミットするものである。

5.2 フランクファートによる十分主義の員数説

十分主義を擁護する論者のなかにも、$(9, 30, 30, 30)$ は $(9, 10, 10, 10)$ より厳密に善いのであり、消極テーゼはこの弱い意味で解釈されるべきであると考える者はいるだろう。十分性水準に満たない福利の悪さが一定のままである場合に、十分性水準を上回るすべての人々の福利が同じウェイトをもち、十分性水準を上回る福利の総価値が事態の相対的善さを決定する、と解釈する消極テーゼを弱い消極テーゼと呼ぶことにしよう。弱い消極テーゼによれば、十分性水準を上回る各人の福利は、この水準を上回る他のすべての人の福利と同じだけの道徳的重要性を持つ。この意味で、十分性水準を上回る人々への便益には何らの優先性も与えられないが、彼らの福利には一定の道徳的意義があるのだ。

フランクファートによる十分主義の員数説によれば、十分性水準は強い意味で道徳的特権を持つのであり、十分性水準を下回る福利を持つ人々の数以外の要素は、道徳的観点からは無視される。とはいえ、別の形態の十分主義のいくつかはフランクファートの十分主義ほど極端ではない。そのような形態の十分主義を二つほど、手短に見ておこう。

第一はデイヴィッド・ウィギンズの十分主義である (Wiggins 1998)。ウィギンズはまず、絶対的なニーズ解釈を確立する。そのうえで彼は制限原理なるものを提示するのだが、それによれば、公共的主体は、死活的ニーズが単なる欲求の犠牲となるようなかたちで、あるいは、より強い死活的ニーズがより弱い死活的ニーズの犠牲となるようなかたちで、民生問題に介入してはならない。彼の考えでは、死活的ニーズの充足はうまく機能するあらゆる社会理論にとっての前提条件である。二つの理由から、ウィギンズの十分主義はフランクファートのそれとは異なっており、より穏健である。第一に、ウィギンズの十分主義のほうが十分性水準を下回る福利の水準により関心を寄せている。ウィギンズによれば、より強い死活的ニーズはより弱い死活的ニーズの犠牲となってはならない。$X = (1, 10, 10, 10)$ と $Y = (9, 9, 30, 30)$ との比較を再度考えてみよう。もし X が Y より厳密に善いと(フランクファートの十分主義が主張するように)判断されるのだとしたら、個人2の福利を——福利1単位を加えることによって——十分性水準にまで引き上げるために、個人1の死活的ニーズが犠牲にされるのだ、とウィギンズは主張することだろう。彼の十分主義は、Y が X よ

第5章　十分主義

り厳密に善いと主張するだろう。というのも、それは十分性水準からの不足分の大きさに感応的だからだ。

　第二の理由は、ウィギンズの十分主義は強い消極テーゼにコミットしないというものだ。フランクファートの十分主義における強い消極テーゼは、十分性水準を上回る福利を道徳的に無意味であると見なす。対照的に、ウィギンズの十分主義がそのような主張をすることはない。十分性水準を上回る福利の分配に関するかぎり、それは多様な分配原理の間で端的に中立である。うまく機能するあらゆる社会理論にとって、死活的ニーズの充足は必須の前提条件である。だが、ひとたびすべての人の死活的ニーズが充足されたなら、どの分配原理が他の分配原理より望ましいのかについてウィギンズの十分主義は何も語らない。ひとたび全員のニーズが充足されれば、分配原理は功利主義でも、リバタリアニズムでも、それ以外の何かでも構わないのである。ウィギンズの十分主義は、十分性水準を上回る分配原理の選択には無関心である。とはいえ少なくとも、十分性水準を上回る福利は道徳的に無意味であるなどと主張することはない。ウィギンズは強い消極テーゼと弱い消極テーゼのいずれにもコミットすることはない。私はウィギンズの十分主義を中立的な消極テーゼと呼ぶことにする。

　フランクファートの員数説よりも穏健な十分主義の二つ目は、デイヴィッド・ブレイブルック（Braybrooke 1987）によるものである。ブレイブルックはまず、彼がニーズ要素と呼ぶもののリストと、それらニーズ要素の最低供給基準とを特定する。しかる後に彼は先行性原理なるものを提示するのだが、それによれば、その最低供給基準を満たすことは他の政治的課題よりも辞書順序式に優先する。すなわち、その最低供給基準がすべての人について同じ程度で満たされた場合にかつその場合にのみ、我々はそれ以外の政治的諸課題を考えることを許されるのである。ブレイブルックの先行性原理によれば、十分性水準を下回る人々の福利に対する配慮は、たとえば十分性水準を上回る福利の総量といった他のあらゆる関心事に対して、ほぼ完全な優先性を持つのである。

　以上の十分主義はすべて、消極テーゼと積極テーゼの両方にコミットしている。だが、下限付きの功利主義――これは実験経済学の結果によれば広範な直観的支持を得ている――とは大いに異なる。消極テーゼおよび積極テーゼは下

限付き功利主義と整合するのだろうか？　次節ではこの問題を考えることにしよう。

5.3　下限付きの功利主義——ある哲学的アプローチ

　我々が検討してきた各種の十分主義は、消極テーゼよりも積極テーゼを強調しているように思われる。言い換えればこれらの十分主義は、十分性水準を下回る人々を益することは、その水準を上回る人々を益することに対して、多かれ少なかれ完全な優先性を持つという点を強調するのだ。だが、「十分性水準を上回る人々には何らの優先性も与えられない」という表現が何を意味するのかは明確ではない。消極テーゼを功利主義的に捉える十分主義論者も存在する。すなわち、「十分性水準を上回る人々には何らの優先性も与えられない」が真に意味するのは、十分性水準を上回る人々の福利に対して平等なウェイトが与えられるということなのである。これは弱い消極テーゼとは整合するが、強い消極テーゼとは整合しない。

　ジョン・スコルプスキは、弱い消極テーゼに基づいたある種の十分主義を提唱する (Skorupski 1999)。彼は自らの十分主義を閾値の正義と呼ぶ。スコルプスキによると、閾値の正義は、「いかなる個人もそれより下に落ちることが許されないある閾値を条件に、平均効用を最大化するべき」だと主張する (Skorupski 1999: 90)。彼の信ずるところでは、「社会正義という我々の社会的理念は、功利主義や格差原理よりもはるかにこの閾値構想に近いし、前者よりも後者によってより容易に正当化される」のであり、その理由は、「閾値の正義では、レキシミンと違って、誰かの立場にとっての改善——それがどれだけ大きかろうと——は比較的境遇の良くない誰かの福利の悪化——それがどれだけ小さかろうと——によって相殺されるのだとしても、その改善が禁じられることは決してない。また、総効用の原理とも違って、ある個人の立場の無限定な悪化が他の人々にとっての福利増加によって償われるかぎりは許容される、ということもない」(Skorupski 1999: 91) からである。

　スコルプスキの閾値の正義はある種の十分主義である。それは積極テーゼにコミットしている。というのも、すべての人を十分性水準へと押し上げること

第5章　十分主義

が、その閾値水準を上回る総効用を最大化することの制約となっているからだ。それは弱い消極テーゼにもコミットしている。というのも、閾値を上回る各人を益することに対しては平等なウェイトが付与されるから、つまりは、閾値を上回る人々には何ら優先性が与えられていないからである。実験結果からも示唆されるように、閾値の正義ないしそれに類するもののほうが、社会正義に関する人々の直観を格差原理や下限制約なしの功利主義よりも良く捉えている、とスコルプスキが述べているのは正しい。スコルプスキによる閾値の正義に相対的に満足のいかない点があるとすれば、閾値水準を下回る福利の分布をどのように評価すべきかが明らかにされていないことである。

　弱い消極テーゼに基づくより新しい十分主義として、ロジャー・クリスプの同情原理がある（Crisp 2003）。本節の残りの部分では彼の同情原理に焦点を当てるが、それは彼が自らの十分主義を目的論的平等主義および優先主義と対照させているからである。

　妥当な分配原理を探求するなかで、クリスプはまず目的論的平等主義を考える。だが彼は、目的論的平等主義が水準低下批判に対して脆弱であることから、それを支持することはできないと判断する。次に彼は優先主義を考える。だが優先主義もやはり支持できないと判断する。彼はビバリーヒルズ・ケースについて我々に考えさせる。そこでは、二つの非常に境遇の良い集団「スーパーリッチ」と「リッチ」のどちらかに高級ワインを与えることになっている。クリスプによれば、優先主義はそのワインをスーパーリッチではなくリッチに提供するべきだと主張する。だがクリスプは、優先主義のその主張は不適切であると考える。彼の考えでは、「人々がある一定の水準に達しているのなら、たとえ彼らが他の人々より境遇が悪いとしても、彼らに便益を与えることそれ自体がより大きな重要性を持つことはない」のである（Crisp 2003: 13）。このように、クリスプは目的論的平等主義にも優先主義にも満足しない。

　そのうえでクリスプは、真に有徳な不偏的観察者であれば人々の福利をどのように分配するであろうかを考える。不偏的観察者という考え方は、通常、古典的功利主義を正当化するために使われている（Rawls 1971: 26-27を見よ）。不偏的観察者の仕事内容は、すべての人の偏ったパースペクティブに共感すること、異なる諸個人の自己利益に関して中立であること、すべての人の利益を平

5.3　下限付きの功利主義——ある哲学的アプローチ

等に扱うこと、である。結果的に、不偏的観察者は古典的功利主義を正当化することになる、あるいは、そうなると古典的功利主義者は主張する。言うまでもないことだが、不偏的観察者なるものはこれまでに実在したこともなければこれから実在することもない。それは功利主義を正当化するための分析ツールとされている。

　クリスプは、その観察者が不偏的かつ共感的であるだけでなく真に有徳でもあると想像する。すべての人が十分性水準を上回る場合、普通の不偏的観察者と真に有徳な不偏的観察者との間で違いはないだろう。そのようなケースでは、真に有徳な不偏的観察者は、端的に、様々な個人的利益に関して中立であるだろう。だが、一部の人々が十分性水準を下回るなら、クリスプの考えによれば、真に有徳な不偏的観察者は普通の普遍的観察者とは異なる判断をするだろう。真に有徳な不偏的観察者は、十分性水準を下回る人々に同情を示し、中立を保ちつつも、十分性水準を上回る人々よりも彼らに便益を与えることを優先するだろう、とクリスプは主張するのだ。

　そのうえでクリスプは、自らの十分主義——同情原理——を次のように提示する。

>　閾値——同情はここで生じる——を下回る人々の便益には絶対的な優先性が与えられる。その閾値より下では、それらの人々がより境遇が悪いほど、そのような人々が多ければ多いほど、問題となっている便益のサイズが大きければ大きいほど、人々に便益を与えることの重要性が大きくなる。その閾値より上では、あるいは閾値より下での些細な便益に関するケースでは、何らの優先性も与えられない。(Crisp 2003: 16)

十分主義は、このように定義される場合、(1)十分性水準を下回る人々にそれを上回る人々に対しての完全な優先性を与え、(2)十分性水準を下回る人々の間で、より境遇の悪い人にとっての便益に相対的な優先性を与え、(3)その水準を上回る人々にはまったく優先性を与えない。

　三つほど注記しておくのが良いだろう。第一に、不偏的観察者の歴史的役割を考えれば、十分性水準を下回る人が一人もいない場合、クリスプの十分主義

は——スコルプスキの閾値の正義と同様に——古典的功利主義になってしまうと考えるのが妥当である。歴史的に、不偏的観察者というアイデアは、古典的功利主義を支持する人々によって使用され必要とされてきた。異なる人々の効用に関して完璧な不偏性を担保するために、古典的功利主義を擁護する人々は、それぞれの個人に対して理想的な共感を示しつつも完璧に中立的な、想像上のパースペクティブを想定する。不偏的観察者というアイデアは、このパースペクティブを担保するとされている。それゆえ、クリスプの十分主義は十分性水準より上では古典的功利主義であると考えるのが妥当なのである。

　第二に、クリスプの十分主義は、十分性水準を下回る人々にとっての便益をその閾値を上回る人々にとっての便益よりも——他の多くの十分主義と同じように——辞書式に優先させる。クリスプは、十分性水準を上回る福利とそれを下回る福利との間でのトレードオフを排除するのだ。すなわち、十分性水準を下回る人々にとっての些細でない利得——それがどれだけ小さくても——は、その水準を上回る人々にとっての損失——それがどれだけ大きくても——を、常に凌駕するのである（Crisp 2003: 16-17）。十分性水準を上回る人々にとっての利得が分配判断において効果を発揮するのは、その閾値を下回る人々の福利が同じである場合に限られる。このようにしてクリスプの十分主義は、十分性水準を下回る人々の福利に、それを上回る人々の福利に対して辞書式の優先性を与えるのである。

　第三に、クリスプの十分主義は、十分性水準を下回るより境遇の悪い人への便益に相対的優先性を与える。これは他の十分主義には明示的に含まれていない特徴である。そして私は、これに関して彼は正しいと思う。閾値水準を下回る個人が二人いる状況を想像してみよう。我々には一人の福利を1単位増加させることしかできない。一方の個人は他方よりも境遇が悪くないが、しかし、その1単位の増加ではどちらの個人をも十分性水準まで到達させるには不十分であると仮定しよう。クリスプの十分主義は、真に有徳な不偏的観察者であれば比較的境遇の悪い人の福利ではなく、より深刻に境遇の悪い人の福利を増大させることを選ぶだろう、と主張する。フランクファートによる十分主義の員数説は、誰がその便益を受け取ろうが二人とも十分性水準より下に留まるのだから、我々は無差別であるべきだと主張する。だがクリスプの十分主義は、十

分性水準のはるか下にいる個人にとっての便益を、同水準のすぐ下にいる人にとっての便益より、優先するのだ。

　十分性水準より下での優先性は完全なものではない。上述の定義で明確に述べられているように、クリスプの十分主義は、便益を受け取る十分性水準を下回る人々の数も考慮する。それは、十分性水準を下回る少数の人々にとっての大きな損失が、この水準を下回る十分に多数の人々にとっての小さな利得によって凌駕されうるという可能性を残すことになる。例として、十分性水準を10とした場合に、$X = (5, 8, 8, 8, 8, 20, \ldots, 20)$ と $Y = (2, 9, 9, 9, 9, 20, \ldots, 20)$ を比較しよう。X を選択すると最も境遇の悪い人に比較的大きな便益を与えることになる一方、Y を選択すると十分性水準を下回る四人に小さな便益を与えることになる。クリスプの十分主義は、このケースでは、Y が X より善いと判断する余地を残している。このように、クリスプの十分主義は最も境遇の悪い人の便益に相対的な（完全あるいは辞書式のではなく）優先性を与えるのだ。

　この第三の特徴が、クリスプの十分主義に特有の部分である。それは消極テーゼや積極テーゼでは捉えられない。これを十分性未満優先テーゼと呼ぶことにしよう。

　　十分性未満優先テーゼ：十分性水準を下回る、より境遇の悪い人への便益に
　　　相対的な優先性が与えられる。

このテーゼは新たな問題を生じさせる。十分性水準より下に二人ないしそれ以上の人がいる場合、様々な選択肢をどのように評価すべきなのだろうか？　この問いに答えるためには、十分性未満の福利に伴う悪さの総計をどう見積もるべきなのかを考えなければならない。

5.4　十分性未満の福利に伴う悪

　十分主義は、十分性水準を下回る場合に何を目指すのだろうか？　それは、その水準を下回る福利に伴う悪さを削減することを目指すのである。ここで注

第 5 章 十分主義

意しなければならないのは、十分主義は、我々は十分性を下回る福利の量を最大化すべきである、とは言うべきでないということだ。その理由は、十分性水準を上回る個人を十分性未満の水準に引き下げるという手法でも、十分性水準より下の総福利を増加させることは可能だからだ。また、十分主義は、我々は十分性水準を下回る福利を最小化すべきである、とも言うべきではない。その理由は、十分性を下回る個人が一人しかいないケースで、彼ないし彼女の福利をさらに低下させるべきであり、それによって十分性水準を下回る福利を最小化する、と述べることは不適切であるからだ。どんな量であれ、その水準を下回る福利もやはり善なのであり、より高い福利水準は——たとえその水準が十分性水準より下に留まるとしても——より低い福利水準よりも善いのである。だが、その水準を下回る福利には何らかの悪さがある。それこそ、十分主義が最小化しようとする、十分性未満の福利に伴う悪なのである。

我々は、十分性未満の福利に伴う悪をどう測定するのだろうか？　この問いに答えるには、貧困測定に関する経済学の研究が有益であり洞察に満ちている。言うまでもなく、それが関心を寄せているのは金銭的価値を基準とした貧困であるが、福利の観点で解釈することは可能である。本節では、貧困測定に関するアマルティア・センの有力な分析を紹介しよう（Sen 1976）。

まず、十分性水準を下回る福利に伴う悪の測定の候補として、員数法に立ち返ることにしよう。センおよび他の経済学者によれば、員数法には二つの反直観的な含意がある。十分性水準が 10 に設定されているとして、$A = (3, 10, 10, 10, 10)$ と $B = (9, 9, 10, 10, 10)$ を比較しよう。員数法は、A における十分性未満の福利に伴う悪（ここでは十分性水準を下回る個人は一人だけである）は B におけるそれ（ここでは十分性水準を下回る人が二人いる）よりも小さい、ゆえに、A は B より善い、と判断する。

この判断の反直観的な含意は二つある。第一に、員数説は閾値未満の福利の総不足量を評価しない。十分性水準からの総不足量は、A において（7 単位）のほうが B において（2 単位）よりも大きい。第二に、そしてもっと重要なこととして、一人の個人を十分性水準のすぐ下からその水準まで引き上げるために、員数法は非常に境遇の悪い個人（すなわち個人 1）にとっての大きな損失を正当化してしまう。もし B がもたらされるとしたら、個人 1 は顕著に境遇

5.4 十分性未満の福利に伴う悪

がより良くなる。もし A が選択されるのであれば、個人 2 は個人 1 の福利を犠牲にして十分性まで引き上げられたように映る。このように、員数法は境遇の悪い人の悪化に対して非感応的なのである。

ここで、総不足量法（total shortfall method）を考えよう。総不足量法は、単純に、十分性水準からの不足量を、その水準を下回る人々すべてについて足し合わせて、その単純合計を十分性未満の福利に伴う悪と定義する。そのうえで、総不足量法は、不足分の合計を最小化するべきであると主張するのである。$A = (3, 10, 10, 10, 10)$ と $C = (8, 8, 8, 8, 10)$ を比較しよう。A における総不足量（7 単位）は C におけるそれ（8 単位）より小さい。総不足量法の判断（A は C より善い）は反直観的である。A における個人 1 の福利が著しく低いからだ。それはあたかも、十分性水準のすぐ下にいた三人が、ある境遇の悪い人（すなわち個人 1）の境遇をもっと悪くすることによって、十分性水準まで引き上げられたかのように映る。やはり、これは反直観的であるように思われる。員数法と同じように、総不足量法はより境遇の悪い人の状態悪化に対して非感応的である。

そのようなわけで、以上に考察された測定法はいずれも反直観的である。総不足量法は非常に境遇の悪い人の状態について非感応的である。員数法には二つ問題がある。すなわち、(a)それは十分性未満の福利の総不足量を捉えられない、および、(b)それは非常に境遇の悪い状態に非感応的である、というものだ。たとえこれら二つの方法を組み合わせて平均不足量を十分性未満の福利に伴う悪の測度にするとしても、「非常に境遇の悪い人に対して非感応的」という問題は依然として残る。この反直観的含意に対処しないかぎり、我々は、十分性水準のはるか下にいる個人から便益を取り上げ、その便益を十分性水準のすぐ下にいる個人に移転することによって、十分性水準を下回る個人の員数を減らすという事態を受け容れなければならなくなる。だがこれは、十分主義を擁護する者にとっては受け容れられないことであるように思える。十分性のはるか下にいる人々の状態は、そのすぐ下にいる人々の状態よりもいっそう大きな道徳的関心を惹起するはずなのだから。

非常に境遇の悪い人に対して非感応的であるという問題を、十分主義はいかにして解決できるのだろうか？　クリスプの十分主義がすでに一つの解法──

第 5 章 十分主義

十分性未満優先テーゼ——を提示している。十分主義は、十分性水準のはるか下にいる人々の便益に、その水準のすぐ下にいる人々の便益に対しての、優先性を与えるべきなのである。いくらかの便益を最も境遇の悪い個人から十分性水準のすぐ下にいる個人へと移転する場合、総不足量法と員数法のいずれにおいても、十分性未満の福利に伴う悪は——たとえ、その最も境遇の悪い人がさらに境遇を悪くされたとしても——変わらないと記録されるだろう。もしこれが受け容れられない、あるいは反直観的であるとするなら、十分主義は、十分性水準より下にいるより境遇の悪い人の便益に対して、それほど境遇の悪くない個人の便益に対してよりも、大きな道徳的ウェイトを付与するべきである。このように、十分性未満の福利に伴う悪についての妥当な測度であるなら、より境遇の悪い人の便益に優先性を与えなければ——すなわち、十分性未満の福利についてピグー‐ドールトン条件を満たさなければ——ならないのである。これこそ、クリスプの十分主義が十分性水準の下にいる、より境遇の悪い人に優先性を与える理由である。

　貧困測定についての影響力ある論文において、セン（Sen 1976）は妥当な貧困尺度が満たすべき六つの性質を提示した。彼の提言は、十分性未満の福利に伴う悪に関する一つの測度をもたらすものと解釈することもできる。その六つの性質とは、(1)対称性、(2)単調性、(3)スケール不変性、(4)焦点公理、(5)複製不変性、(6)弱移転性条件である。これらをごく手短に説明しておこう。

　対称性は私が第 1 章で不偏性と呼んだものに相当する。これは、人格的同一性を置換しても貧困の測定に影響はない、という主張である。たとえば、十分性水準が 10 に設定された二つの二個人ケースを比較する場合、(8, 9) と (9, 8) とで貧困の測定結果は同じである。単調性が主張するのは、貧困水準を下回るある個人の福利が増加すれば、集計的貧困は減少する、ということだ。スケール不変性が主張するのは、貧困水準とすべての福利水準に同じ正の数を掛けても集計的貧困には影響がないということである。これにより、貧困の大きさは選択された測定単位に依存しないことが担保される[1]。貧困閾値が 10 のときに (8, 15) という状況を想像してみよう。すべての数値を 2 倍にして同じ状況を貧困閾値 20 で (16, 30) と表現する場合、集計的貧困には何の変化もないだろう。焦点公理が主張するのは、貧困水準を上回る福利における変化は——

5.4 十分性未満の福利に伴う悪

新たに貧困水準を下回る個人が一人も生じないかぎりは——集計的貧困に影響しないということである。貧困水準が10のとき、たとえば（8, 15）と（8, 13）とにおいて集計的貧困は同じである。複製不変性とは、ある所与の分配パターンを2倍に複製しても集計的貧困に影響はない、という主張である。たとえば、（8, 15）における集計的貧困と（8, 8, 15, 15）における集計的貧困とは同じである。この条件は多くの人にとっては反直観的と思われるかもしれないが、この点はひとまず措く。最後に弱移転性条件は、より境遇の良い個人からより境遇の悪い個人への一方的な便益移転によって、集計的貧困は——両者がともに貧困水準より下にいる場合には——減少すると主張する。これはピグー–ドールトン条件を弱めたものである。弱移転性条件は貧困水準より下の領域に限定される。

センはある貧困測度を提案するのだが、それは員数法と総不足量法を結合させるとともに、上記六つの性質を満たしてもいる。それはかなりシンプルである。すなわち、貧困測度 S は $S = H \times I + [H \times (1 - I)] \times Gp$ によって与えられるが、この際、H は員数比、I は所得ギャップ比、Gp はジニ係数であり、この貧困測度 S は貧困水準より下の福利分布を測定する。この貧困測度の数学的表現はここでの目的にとってはそれほど重要ではない。ここで重要なのは、閾値未満の福利に伴う悪を測定するためには、(a)どれだけの人が貧困閾値より下にいるのか、(b)貧困閾値からの総不足量はどれくらい大きいのか、を考慮しなければならないうえに、(c)貧困閾値より下においてより境遇の良い人の福利よりもより境遇の悪い人の福利に大きなウェイトが付与されること、が担保されなければならない。この定式は十分性未満の福利に伴う悪——これは十分主義が最小化しようとしているものである——に単純に適用することができる。

十分性未満の福利に伴う悪をどのように測定するのかに関して、私の言うことは以上である。十分主義は、そのような悪さについての何らかの適切な測度を所与として、次のように主張すると思われる。第一に、十分性水準を上回る人々に何が起こるかに関わらず、十分性未満の福利に伴う全体的な悪さを最小化すべきである。第二に、十分性水準を下回る人々の福利が不変に留まる場合にのみ、十分性水準を上回る福利の総計ないし平均を帰結全体の相対的な善さを決定するために使うことができる。

5.5 十分主義に対する四つの批判

本節では、十分主義に対して向けられた四つの批判を検討したい。第一は、十分性水準の選択に関するものである。この批判が指摘するのは、特定の絶対的な十分性水準というものは常に道徳上恣意的であるということだ。十分主義の批判者たちは、我々の選択する十分性水準は（高かろうと低かろうと）どのようなものであれ、多かれ少なかれ道徳上恣意的であらざるを得ず、ゆえに、十分主義は道徳上恣意的な要素に依拠しているのだ、と主張する。

この批判に対して、十分主義を擁護する論者の一部は恣意的でない十分性水準を正当化する論証を提示することによって応えてきた。例えばアンダーソン（Anderson 2007）やサッツ（Satz 2007）は、最近になって、民主的社会に参加する能力と結びついた十分性水準の例を提示した。彼らの議論が十分妥当であるなら、その十分性水準は恣意的ではない。それでも、はっきりとした絶対的な十分性水準を特定するのは困難である。これは十分性水準が常に恣意的であることを含意するのだろうか？　そうではない。十分性水準は曖昧であるかもしれないが、必ずしも恣意的ではない。直観的に、健康保険を持たないホームレスの福利が十分性水準を下回ることは明らかである。また、一部の人々が明らかに十分性水準を上回ることも事実である。明らかに境遇が良いと明らかに境遇が悪いとの間には福利の幅があり、十分性水準はその幅のどこかに位置する。その境界はまさに曖昧である。

この点を明らかにするのに、以下のようなアナロジーが有益だろう。「ケントは背が高い」あるいは「サイモンは背が低い」と述べることは完璧に意味をなす。身長200センチの個人を背が高いと言うこと、および、身長150センチの個人を背が低いと言うことは、間違いでないように思われる。だが、背が高いと背が低いとの間に明確な線を引くことは困難である。だが、それによって、誰かを「背が高い」あるいは「背が低い」と表現することが無意味になるわけではない。背の高い個人というものが正確にはどの程度高くなければならないのかは分からないとしても、それでも「ケントは背が高い」と言うことはやはり意味をなすのである。同様に、境遇が良いと境遇が悪いとの間の明確な線を

5.5 十分主義に対する四つの批判

決定することは困難である。我々が設定する十分性水準はある程度は恣意的であるだろう。だが、その水準は何らかの限定された範囲内では妥当なものであるだろう。このように、十分性水準は完全には恣意的でないのである（Benbaji 2005 を見よ）。

リチャード・アーネソンは、十分性水準は別の理由から恣意的であると指摘する。福利は様々なパーツから構成されている。

> 客人として自分の数学仲間たちの家を転々として暮らしている、ある聡明なホームレスの数学者を想像してみよう。その仲間たちは、研究プロジェクトでその客人と協力する機会を得るために歓待してくれる。スーパーマーケットで何かを購入する手段を持たないからといって、この放浪数学者が社会のアウトサイダーになるわけではない。（Arneson 2002: 190）

私の理解では、アーネソンの考えとは、何らかの恣意的な方法で十分性水準を選択しないかぎり、この数学者がその水準より下にいると考えられるのかどうかは判断できない、というものだ。より一般的に言えば、福利を構成する多様なパーツの相互作用のせいで、恣意的でない方法で十分性水準を選択することが難しくなっているのである。アーネソンの懸念は正当なものであるが、しかしそれによって十分主義が棄損されるわけではない。それは実は、福利の個人間比較という、より一般的な論点に関することである。ガンを患う億万長者はホームレスではあるが完璧な健康状態にある誰かよりも境遇が悪いのだろうか？　これは解答困難な問いである。この問いに答えるためには、所得と健康の間での何らかの関係を選択することを迫られる。これら二人の人々の全体的な福利をどうランク付けしようと、代替率の選択は恣意的である。本書の序章では、福利の個人間比較の難しさを認めたうえで、ある個人の福利は別の個人のそれと比較することができると単純に想定しておいた。個人間比較を想定することにはある程度の恣意性が含まれる。同様に、十分性水準を選択することには——アーネソンが指摘するように——ある程度の恣意性が含まれる。だが、十分性水準の選択における恣意性がアーネソンの述べているような意味で問題であるのなら、分配的正義に関するあらゆる議論——それは常に何らかの種類

の個人間比較を必要とする——もまた恣意的であり問題含みであるだろう。このように、恣意性は十分主義にかぎった問題ではないのだ。

　第二の批判は、十分性未満の福利と十分性超過の福利との間での不連続性に関するものである（Arneson 2002）。私の知るかぎり、十分主義を擁護する論者はみな十分性水準を下回る福利と上回る福利との間でのトレードオフを排除している。あらゆる十分主義が、十分性未満の福利に伴う悪——これがどのように測定されるにせよ——を最小化することに完全ないし辞書式の優先性を与えている。すなわち、新たに十分性未満に落ちる人が誰もいないかぎりは、十分性水準を下回る人々にとっての些細でない便益は、十分性水準を上回る人々にとっての大きな損失を——それがどれほど大きかろうと——常に凌駕するのだ。クリスプが言うには、「閾値を下回る個人の数がどうであれ彼らにとっての些細でない最小便益」は「十分性水準を上回る個人の数がどうであれ彼らにとってのあらゆる便益——それがどれほど大きかろうと——」を凌駕するのである（Crisp 2003: 758）。クリスプはこの含意が不適切に見えることを認めるが、それはそう見えるほどには不適切でないのだと主張する。なぜだろうか？　十分性水準とは同情がもはや適用されなくなる地点である。クリスプに言わせれば、最も境遇の悪い個人に便益を与えることには特別な何かがあるが、十分性水準を上回る人々に便益を与えることに関してはそうは言えないのである。

　クリスプの主張には二つの問題がある。第一に、クリスプの論証は循環論法である。十分主義を不適切であると思う論者たちが知りたいのは、十分性水準を下回る人々の福利にそれを上回る人々の福利に対する絶対的な優先性を与えるべきなのはなぜか、である。クリスプの回答は「特別な何か」があるからというものだ。おそらく、「特別な何か」こそが真に有徳な不偏的観察者に同情を感じさせるものなのだろう。それならば、十分主義の含意を不適切だと思う論者たちは、今度はなぜ同情が全か無なのかを知りたいと思うだろう。彼らは、福利が十分性水準を上回る人々にはまったく同情が与えられないのはなぜなのか、そして、福利が十分性水準を下回る人々にだけ完全な同情が与えられるのはなぜなのか、を問うだろう。彼らは、十分性水準のすぐ上にいる人々にもいくらかの同情は与えられるべきであり、同情が皆無であるべきではないと考えるだろう。同情は段階的に生じると述べること、つまり同情の水準は十分

5.5 十分主義に対する四つの批判

性水準より上と下の人々の間で不連続ではないと述べることは、完璧に意味をなす。結果として、十分性未満の福利による悪と十分性超過の福利による善との間でトレードオフの存在すべきケースがある、と述べることは完璧に意味をなすのである。この文脈でクリスプが立証しなければならないのは、同情は段階的には生じない、ということなのだ。だが彼にはそれができていない。以上のように、不連続性の適切さに関するクリスプの主張は、単純に、真に有徳な不偏的観察者という彼の概念の直接的な帰結であるように思われる。

第二に、不連続性の適切さに関するクリスプの主張は、彼が絶対的優先性説と呼ぶものを否定する自身の論証と矛盾する。彼はこれを、最も境遇の悪い人の便益に絶対的優先性を与える見解としている。私の解釈では、クリスプの「絶対的優先性説」はマキシミン・ルールないしレキシミンと同じものである。クリスプによれば、絶対的優先性説は「最も境遇の悪い最少数者たちにとっての最小便益が、最も境遇の悪い人以外のあらゆる人——それがたとえ二番目に境遇の悪い人であったとしても——にとってのどんなに大きな便益に対してさえも勝利すること」を許容する。だがこの含意は「水準低下とほぼ同じくらい馬鹿げている」（Crisp 2003: 752）。これと同じ論証が、十分性未満の福利の悪を十分性超過の福利の善に対して絶対的に優先させる彼自身の主張に対しても、なされうるのである。クリスプは、十分主義のケースは絶対的優先性説のケースとは異なると主張するだろう。そうであれば、彼はこれら二つのケースがなぜ異なるのかを示す論証を提示しなければならない。たしかに、絶対的優先性説のこの含意は不適切に見えるが、「それはそう見えるほどには不適切でないかもしれない」のだ。このように、クリスプの十分主義と絶対的優先性説は一蓮托生なのである。クリスプが、不連続的であるという理由で絶対的優先性説を拒絶するのであれば、彼は十分主義において不連続性を支持することはできない。もっと一般的に言うと、十分主義は、十分性水準がそのような道徳的に特権的と言えるほどの切断力を持つのはなぜなのかを、循環論的でないかたちで示さなければならないのである。

十分主義に対する第三の批判はこうだ。クリスプの十分主義は、強い消極テーゼと弱い消極テーゼのいずれへのコミットを迫るものなのか、はっきりしない。もう一度、ビバリーヒルズ・ケースを考えよう。このケースで、ありうるシナ

第5章 十分主義

リオは三つである。

(A) リッチもスーパーリッチもワインを受け取らない（すなわち、ワインは破壊される）。
(B) スーパーリッチがワインを受け取る。
(C) リッチがワインを受け取る。

功利主義は(B)と(C)の間で無差別であるが、(B)および(C)を(A)より上にランク付けする。優先主義は上から順に(C)、(B)、(A)とランク付けする。フランクファートの十分主義——これは強い消極テーゼにコミットする——は三つのシナリオの間で無差別である。クリスプの十分主義はこれら三つのシナリオをどうランク付けするだろうか？　それは、上述の彼による十分主義の定義からは不明である。もし強い消極テーゼにコミットするのであれば、三つのシナリオすべての間で無差別となる。もし弱い消極テーゼにコミットするのであれば、(B)と(C)の間では無差別だが、(B)および(C)を(A)より上にランク付けすることになる。クリスプの言明から我々が知りうるのは、(C)が(B)より上にランク付けされることはない、ということだけである。この点に関して、ラリー・テムキンが以下のような批判をしている。

> 私は、リッチないしスーパーリッチがさらに高級ワインを手に入れるなどという見通しを罵倒する。私の考えは、「どちらの選択肢も糞くらえ！」である。私はむしろ、一方の集団がワインを得るよりは両方が得ないでほしいし、両方が得るよりは一方が得るほうが良い。そして、一方の集団がワインを得なければならないのだとしたら、10,000人のスーパーリッチよりも10人のリッチに得てほしい。さらに言えば、私は最後のケースで10人のリッチがワインを得ることをそれほど望ましい帰結と見なしているわけではなく、二つの悪しき帰結のうちの最善であると見なしている。(Temkin 2003a: 771)

テムキンは(B)および(C)よりも(A)を上にランク付けするが、何らかの理由によって選択が(B)と(C)の間でなされ、かつ、(A)を選択することが不可能である場合に

は、便益がスーパーリッチではなくリッチに行くべきだと考える。だが、リッチに便益を与えるというのは我々にとって望ましい結果ではない。それは絶対水準でより低いところにいる人々に便益を与えるものではないからだ。スーパーリッチに便益を与える（あるいはどちらにも与えない）というのも、同様の理由から、我々にとって望ましくない結果となる。たとえ優先主義がリッチに便益を与えるべきだと判断するのだとしても、そのような判断は、優先主義が絶対水準でより低いところにいる人々に対して関心が薄いことを意味するものではない。優先主義の主張とは、たとえ高級ワインが境遇の良い人にしか便益をもたらさないとしても、何か別の便益がリッチおよびスーパーリッチから移転されるべきであり、それが絶対水準でより低いところにいる人々の福利を真に改善するであろう、ということなのだ。このように、他の選択肢が存在しない場合には、スーパーリッチではなくリッチに便益が供与されるべきであるという優先主義の主張には、当惑すべきことなどまったくない。

第四の批判は、第三のそれと直接に関係している。それは消極テーゼに対するより直接的な批判である。この批判は、たとえ十分性水準を上回っていてもより境遇の悪い人の便益に優先性を与えるべきである、と主張する。いくばくかの便益を、十分性水準を上回るある個人からそれを下回る別の個人へと移転することのできる状況を想像してみよう。もし十分性水準を上回るすべての人の福利に同じ道徳的ウェイトが与えられるとしたら、十分主義は、十分性水準のすぐ上にいる個人から便益を取り上げることと、十分性水準のはるか上にいる別の個人から同じ大きさの便益を取り上げることとの間で無差別である——その移転の結果として十分性を上回っていた人が下に転落しないかぎりは。だが、これは十分主義の擁護論者たちが進んでコミットするものではないだろう。

この点を分かりやすく示すために、現在の分配が（5, 15, 100）であり、十分性水準は 10 に設定されていると仮定しよう。二つのありうる分配 $X = (9, 11, 100)$ と $Y = (9, 15, 96)$ を比較する。X に移行する場合、十分性水準のすぐ上にいる個人から便益 4 単位を取り上げるのである。他方で Y に移行する場合、同じサイズの便益を十分性水準のはるか上にいる人から取り上げるのである。閾値未満の福利の悪さは X と Y において同じであることから、十分主義は X と Y の間で無差別であるはずだ。だが、十分主義を擁護する論者の一部はこ

第5章 十分主義

の判断を受け容れたがらない。彼らは Y が X より厳密に善いと判断するのである。その理由は次のようなシンプルなものである——十分性水準を下回る個人の福利を改善する場合は常に、十分性水準のすぐ上にいる誰かからではなく、はるか上にいる誰かから便益を取り上げるべきである。言い換えれば、十分性水準を下回る人々に対してだけでなく、それを上回るより境遇の悪い人の便益に対しても優先性を与えるべきなのだ。このとき、それは、十分主義が十分性水準の下だけでなく上でもピグー - ドールトン条件を満たすべきことを意味する。

以上のように、十分主義を批判する人々は、たとえ十分性水準の上であってもより境遇の悪い人の便益に優先性を与えるべきだと主張するかもしれないのである。より詳細に言えば、十分主義は、(1)まず、十分性未満の福利に伴う悪を、より境遇の悪い人の便益により大きなウェイトを付与することで最小化し、(2)そのうえで、十分性未満の福利の悪が不変である場合に、十分性水準を上回る福利の善を、より境遇の悪い人の便益により大きなウェイトを付与することで最大化するべきなのだ。つまり、十分主義のこのような改訂は、十分主義に消極テーゼを断念させるとともにあらゆる局面で優先性を与えさせることになる。それは優先主義により近づく。唯一の相違は、十分性未満の福利に伴う悪を最小化することを、十分性超過の福利の善を最大化することよりも、辞書式に優先させる点である。

十分主義の支持者は二つの方法で消極テーゼの擁護を試みることができる。第一は、上述の X と Y のケースをなんとか凌ぐことである。支持者たちは、単純に、十分性水準のはるか上にいる個人から便益を移転するか、そのすぐ上にいる個人から移転するかの間で十分主義は無差別である、と主張することができる。これは消極テーゼを批判する人々にとっては反直観的に映るだろうが、十分主義の支持者たちは、批判者たちが単純に特異な直観を持っているだけなのだ、と言えるのである。

第二の方法は、多重閾値を選択することである。たしかに、あるホームレスの福利とある配管工の福利とは異なるカテゴリーに属するだろう。ホームレスにとってのあらゆる改善——たとえそれがどれだけ小さかろうと——は、配管工にとってのいかなる改善——たとえそれがどれだけ大きかろうと——よりも

重要である。このとき、ある配管工の福利とある億万長者の福利もまた異なるカテゴリーに属することは、同じくらい明白であるように思われる。多段階の閾値が導入される場合、十分主義の支持者たちは次のように主張することができる。すなわち、最低の閾値を下回る人々に便益を与えることは、二番目に低い閾値は下回るが最低の閾値は上回る人々に便益を与えることよりも重要であるし、また、二番目に低い閾値を下回る人々に便益を与えることは、その二番目に低い閾値を上回る人々に便益を与えることよりも重要であり……といった具合に。彼らは、ある個人を最低閾値の水準まで引き上げるためには、最低閾値のすぐ上にいる個人からでなくそれよりはるか上にいる個人から便益を移転すべきである、と主張できるのだ。それゆえ、福利の多重カテゴリーと多重閾値水準を設定することは魅力的である。これにより十分主義はより複雑になる。多重水準の十分性は簡潔さを代償とする。とはいえ、簡潔さにおける損失は深刻な理論的問題ではない。

十分主義を小細工仕掛けの疑似優先主義とすることのために、どれくらい多くの十分主義の支持者が多重閾値の複雑さを進んで受け容れるのかは、分からない。十分主義を改訂するこの第二の方法はそれを優先主義に近づける。おそらくは、各閾値カテゴリーの内部でより境遇の悪い人に便益を与えることが、より境遇の良い人に便益を与えることよりも重要になる。これは、最上位の閾値を上回る人々を例外としたあらゆるところで、より境遇の悪い人に便益を与えることがより境遇の良い人に便益を与えることよりも重要となることを意味する。

十分主義に対する四つの批判を検討し、それに対するありうる応答を考えてきた。私が思うに、十分主義はこれらの批判のうち三つからは擁護できる。だが、第二の批判は依然として深刻な脅威である。十分主義の支持者たちは、道徳上特権的な福利の絶対水準がなぜそれほどに強力な切断力を持つのかを——単にそう仮定するだけでなく——証明しなければならないのだ。

本章のまとめ

十分主義は、十分性水準を上回る人よりも下回る人を益することに優先性が

与えられるべきこと（積極テーゼ）、および、十分性水準を上回る人々の便益には優先性がまったく与えられるべきでないこと（消極テーゼ）、を主張する。積極テーゼに関しては、十分主義を提唱するすべての論者が、十分性未満の福利と十分性超過の福利の間でのトレードオフを許容しない完全優先性を支持している。消極テーゼには様々な解釈がある。一部の人々——たとえばフランクファート——が十分性水準を上回る福利は道徳的に無関連であるとするのに対して、他の人々——たとえばスコルプスキとクリスプ——は、十分性水準を上回る福利に平等なウェイトを認める。十分性未満の福利に伴う悪を適切に測定するには、以下の三つの要素を組み合わせなければならない。(a)十分性水準を下回る人々の数、(b)十分性水準からの総不足量、(c)十分性水準より下においても、より境遇の良い個人の福利よりもより境遇の悪い個人の福利に大きなウェイトを与えること、の三つである。十分主義の理論的問題とは、どのように十分性水準が決定されるかではなく、なぜその十分性水準が、十分性未満の福利と十分性超過の福利との間でのトレードオフを排除するほどに道徳上の特権を有するのか、ということである。

文献案内

Frankfurt（1987, 1997, 2000）および Crisp（2003）は十分主義を提唱する最も重要な文献である。十分主義に関する最も哲学的に洗練された分析は、Benbaji（2005, 2006）および Brown（2005）だろう。クリスプの同情原理に対する批判としては、Arneson（2002, 2006）, Casal（2007）, Holtug（2007）, Temkin（2003a, 2003b）を見よ。Huseby（2010）および Shields（2012）はこの論争に関する有益なサーベイである。民主的平等論のいくつかは十分主義を根拠づけるように思われる（Anderson 1999, 2007; Nussbaum 2009; Satz 2007）。十分性未満の福利に伴う悪をどのように測定するかを理解するためには、経済学の貧困研究が直接に参考になる。貧困測定については、Sen（1976, 1982）を見よ。

注

1 もし十分性水準より下での優先主義を選択するなら、スケール不変性条件は侵害されるだろう。これは、センが自らの提案している貧困測度でジニ係数を使う理由の一部である。

第 6 章

健康およびヘルスケアにおける平等

　第 1 章から第 5 章にかけて[†1]、平等主義を非常に抽象的なレベルで検討してきた。分配的正義に関する研究は、差し迫った実践的で政策的な諸問題に哲学が直接的な影響を与えることのできる分野の一つである。とはいえ、抽象的な分配的正義の諸理論を、実生活の事柄をどうすべきかということと結びつけるのは容易ではない。この最終章では、分配的正義の諸理論に関する抽象的な分析と、個別具体的な文脈での分配判断という実践的分析とのギャップを架橋することを試みる。私が選んだのは健康という文脈である。健康およびヘルスケアの分配というのは近年になって多くの哲学者が重大な貢献をなした分野である。本章はそういった研究の網羅的なサーベイとなることは意図しておらず、そうした文献のなかのいくつかの議論を選んで概観するものである。

　私が健康およびヘルスケアを選んだ理由はごくシンプルである。我々のすべてにとって健康が重要であることを否定する者などいないだろう。実際のところ、各国は膨大な量の資源を健康およびヘルスケアに注ぎ込んでいる。2009 年、ドイツは GDP の 11.7% を、日本は 9.5% を、イギリスは 9.8% を、アメリカは 17.6% を、健康に支出した（World Health Organization 2012）。健康は人間生活の最も重要なパーツの一つであるから、多くの国はその国民の健康とヘルスケアを保障するために進んで――あるいはやむを得ず――多大な資源を投じかつ分配しているのである。健康およびヘルスケアの問題は、政治的・公共的な議論の主要トピックであり続けてきたし、そうあり続けるだろう。それは、分配的正義に関わる哲学的諸理論が貢献できなければならない分野の一つであり、哲学者はこの重大問題について何事かを言う用意がなければならないと私は思

第6章　健康およびヘルスケアにおける平等

う。ヘア（Hare 1996: 1）はその著作を、「［も］し道徳哲学者が医療倫理の問題の役に立てないとしたら、彼は店をたたむべきだ」という言明から始めている。同じように、平等主義の研究者が健康およびヘルスケアの分配という問題の役に立てないのであれば、彼は店をたたむべきなのだ。

　6.1 節から 6.3 節では健康の分配を扱い、6.4 節から 6.7 節では希少なヘルスケア資源の分配を扱う。6.1 節では、ロールズ的な正義論が健康の分配をどのようなかたちで考慮するのかを考察する。6.2 節では、ロールズ的な健康分配論に対する運平等主義の批判に着目する。6.3 節では、平等主義的な分配的正義論が健康の社会的勾配（social gradient in health）という問題にどのようにアプローチすべきかを考察する。6.4 節および 6.5 節では、平等主義的な分配的正義論がヘルスケアの分配という分野でどのように用いられうるかに焦点を当てる。6.6 節と 6.7 節では、ヘルスケア資源の分配における分配判断の時間単位について検討する。

　本章では、二つの前提を置くことにした。第一に、健康という概念を病理上の問題がない状態を指すものとして理解する[†2]。すなわち、健康とは人類の成員にとっての正常な機能水準である。言うまでもなく、健康という概念はそれ自体が純粋に科学的なものではなく、哲学的分析の対象である。かなり最近になるまで、一部の国では、ホモセクシュアリティはある種の精神疾患であり、医療的介入が必要であると考えられていた。だが、今やそれは性的指向の問題であり、健康の問題ではないと考えられている。哲学的思考が求められるのは、「正常（normal）」な機能水準を決定するためであるとともに、「正常」な水準という考え方がそもそも意味をなすかどうかを決定するためでもある。とは言ったものの、ここではこの問題は措くこととする。

　第二に、健康とヘルスケアは区別しなくてはならない。ヘルスケアは健康に貢献するものである。だが健康に貢献するものはそれだけではない。治安や清潔な水、ワクチン接種、栄養改善、教育、所得、富、住宅事情、職場の安全、ストレスの程度といったそれ以外の要因も人々の健康に影響する。また、健康の平等とヘルスケアへの平等なアクセスも区別しなくてはならない。6.3 節で見るように、ヘルスケアへの平等なアクセスは健康の平等を必ずしも意味しない。普遍的なヘルスケア・システムを持つ国々（たとえば、カナダ、イギリス、

日本）にも、様々な社会集団の間で健康格差が見られるのである。

6.1 健康へのロールズ的アプローチ

　ジョン・ロールズ（Rawls 1971）は健康についてまったく語っていないが、彼が分配的正義一般について何を語ったかを思い出してみよう。彼の正義論は、財の分配について考慮する前に、第一原理（自由の優先）および第二原理の一部（公正な機会の平等）を満たすことを要求する。ひとたび、これら二つの原理の要請が満たされれば、格差原理を分配原理として適用することが許されるようになる。ロールズの格差原理は、社会経済的格差が正当化されるのは、その不平等が社会における最も不利な集団を代表するメンバーの期待を最大化する場合にのみ、そしてそれのみを理由としてであると主張する。様々な社会集団の相対的位置は彼らの持つ社会的基本財——すべての合理的個人が欲するとされる財——の束で決まる。社会的基本財には諸自由、所得と富、自尊の社会的基盤などが含まれる。このリストは網羅的であることを意図したものではないが、ロールズはそこに健康を含めていない。ロールズ（Rawls 1971: 62）の主張では、健康は社会的基本財の一つではなく、自然的基本財である。その他の自然的基本財には、活力や知能、想像力が含まれる。ロールズによれば、健康は社会の基本構造に影響されるが、その直接的な統制下にあるわけではない。これが、ロールズが健康を社会的基本財リストから除外し、健康およびヘルスケアを分配判断にとっての考慮事項とは見なさない理由である。

　『正義論』刊行の直後に、ケネス J. アロー（Arrow 1973）が、ロールズは健康を社会的基本財のリストに加えるべきだと指摘した。アローは、血友病を患う諸個人——彼らは血液凝固治療に多額のお金を必要とする——の集団を想像せよと述べる。この集団を代表する個人を、まったく健康問題のない諸個人からなる集団を代表する個人と比較した場合、社会的基本財の平等は、これら二つの集団の間での平等を保障しない。明らかに、血友病の諸個人は完璧に健康な諸個人よりも境遇が悪くなると思われる。だが、ロールズによる格差原理という考え方は、これら二つの集団は平等な境遇にあると述べるのだ。以上のようにアローは、ロールズは健康を社会的基本財のリストに加えなければならな

くなるはずだと判断したのである。この例の背後にあるアローの動機は、二つないしそれ以上の種類の社会的基本財が存在する場合、指数問題（すなわち、様々な基本財の相対的重要性を決定することの困難さ）が生じるのであり、したがって、個人間比較可能性問題はそのまま残る——社会的基本財という概念はこの問題を解決するためのものだったというのに——という点を示すことにあった。とはいえ本節では、アローの指摘を、ロールズおよび彼の信奉者たちは健康を社会的基本財のリストに含めるべきである、との主張として理解しておく。

アローのこのシンプルな指摘は、私にはもっともであるように思われる。本章の冒頭で述べたように、健康は人間の生活にとっての根幹部分の一つであり、これこそ、多くの国が毎年その膨大な量の資源を自国民の健康とヘルスケアに支出する理由である。もちろん、健康をある個人から別の個人に移転することなどできない。それでも、特定の集団の健康状態を改善して健康格差を縮減することは、健康的なライフスタイルや食事を促進すること、ワクチンを供給すること、衛生事情や住宅事情を改善すること、ヘルスケアへのアクセスを改善すること、さらには、より論争的ではあるが、人々の遺伝的体質を変更すること、これらに資源を投資することによって可能である（Buchanan *et al.* 2001）。ロールズが考えたこととは裏腹に、人々の健康は社会の基本構造によって統制されうるのであり、つまりは分配的正義の問題なのだ。社会的基本財に関するアローの判断も完璧に理にかなっている。健康およびヘルスケアは理性的な個人であれば誰もが欲するものであり、それゆえに、社会的基本財の一つと見なされるべきだと考えるのはもっともなことである。社会的基本財リストに健康を加えることは、ロールズ的正義論の枠組に健康を組み込むための一つの方法であり、最も直接的な方法なのである。

ノーマン・ダニエルズ（Daniels 2008a）は、別の方法でロールズ的正義論に健康を含めることを提案する。ダニエルズは健康を社会的基本財リストに加えることはしない。彼は、健康には社会的基本財に欠けている特別な道徳的重要性がある、と考えている。彼によれば、良い健康状態は人々が自らの人生プランを追求する機会を保護するものであり、ヘルスケアのニーズを満たすことはそのような機会の分配に重要な影響を及ぼす。一部の人々が、自分にはほとん

ど制御できない要因のせいで、人生プランを追求する機会を他の人々より少なくしか持てないとしたら、明らかに不正である。この不平等を除去しすべての人の公正な取扱いを担保するために、人々の健康は格差原理によってではなく公正な機会の平等原理によって統制されるべきである、とダニエルズは主張するのだ。

ロールズ正義論の標準的な解釈では、公正な機会の平等原理は、分配的というよりは、社会階級・人種・民族・性別・宗教・性的指向にかかわりなくすべての人の機会を保障する、手続き的な原理であると見なされる。通常、それは無差別の原理と解釈される。だが、ダニエルズは健康を人々の機会を保護するセーフガードと解釈し、公正な機会の平等原理のほうが格差原理よりも健康の重要性をよりよく説明するのだと主張する。要するに、健康には社会的基本財にはない特別な道徳的重要性があるのだ。ダニエルズの主張は、今では、健康に関する・特・別・性・テ・ー・ゼと呼ばれている。

ダニエルズによるロールズ正義論の解釈では、公正な健康の平等は公正な機会の平等の一部として要求されている。これは、ダニエルズが完全な健康の平等を目指しているわけではないことを意味する。彼が目指すのは・公・正・な健康の平等である。どのような種類の状況が公正な健康の平等への関心を惹起するのだろうか？　一つの事例がある。出生時の平均余命――これは通常、主要な健康指標の一つとされている――における格差を考えてみよう。2008年のアメリカでは、出生時の平均余命が非ヒスパニックの白人男性では76.2年、非ヒスパニックの黒人男性では70.2年であり、非ヒスパニックの白人女性では81.2年、非ヒスパニックの黒人女性では77.5年であった（Harper *et al.* 2012）。白人と黒人の間では、出生時平均余命に、つまりは彼らの人生における機会に、大きな格差があるのだ。ダニエルズは、そのような健康格差は雇用や昇進における差別と同じように不正であり、ゆえに公正な機会の平等原理によって規制されるべきだと考えるのである。

シュロミ・セガル（Segall 2007, 2010）はダニエルズの特別性テーゼに反対している。セガルによれば、健康における公正な機会の平等は、社会的基本財――なかでも所得と富――と切り離しては達成できないものである。公正な機会の平等原理は格差原理に辞書式に優先する。人々の健康は、ある個人から別

第6章　健康およびヘルスケアにおける平等

の個人へと分割して移転することができない。所得、富、住宅、雇用等々といった他の要素も人々の健康状態に影響するのだから、ヘルスケアのみで健康における公正な機会の平等の要請を満たすことはできない。健康における公正な機会の平等を達成するためには、社会的に制御可能な健康決定要因を再分配する必要があるが、これら社会的に制御可能な健康決定要因の少なくともいくつかは、社会的基本財でもある。公正な機会の平等原理——これは格差原理に辞書式に優先する——の要請を満たすために社会的基本財の分配を要求する、などということがいかにして可能なのだろうか？　セガルに言わせれば、健康はダニエルズの言う意味で特別なものではありえない。というのも、健康における公正な機会の平等は格差原理を通じた社会的基本財の一部の再分配を要求するが、格差原理は公正な機会の平等が満たされてはじめて登場するはずなのだから。

　このような理路での批判に対して、ダニエルズは次のように応答することができる（Daniels 2008a: 53）。ロールズが公正な機会の平等原理を格差原理よりも辞書式に優先しているのは事実である。だがそれは、公正な機会の平等がすべて満たされる前に格差原理が登場できないことを意味するものではない。辞書式優先性によってロールズが真に言わんとしているのは、二つの原理が互いに衝突する際には、格差原理が公正な機会の平等原理によって制約される、ということである。第1章で見たように、ロールズの格差原理は、代替的な諸制度の比較において、社会的基本財における不平等が最も境遇の悪い人々の境遇をできるだけ良くする場合に限って、そのような不平等を容認することができる。だがダニエルズの解釈によれば、ロールズが言わんとしているのは「格差原理によって許容される不平等が公正な機会の平等を弱めてはならない」ということだ（Daniels 2008a: 53）。ダニエルズの解釈では、公正な機会の平等の要請が満たされる前であっても、格差原理が公正な機会の平等を弱めないかぎりは、格差原理が登場することは可能なのである。それゆえ、ダニエルズに言わせれば、公正な機会の平等が社会的基本財の一部の再分配を要求するというケースには、何ら間違いはないのである。

6.2 健康における運平等主義

　運平等主義の動機は、運という概念、および、負うべき責任という概念を分配判断に持ち込むことである。すなわち、運平等主義は、所与運のもたらす影響の違いは中立化し、諸個人の選択を反映する悪しき影響については彼らに責任を負わせようとするのである。健康の分配は、運平等主義が自らの理論をテストするのに理想的な分野であるように思われる。選択して病気になる、あるいは怪我をする、障害を負うという人はいない。だが一部の人は病気になる、あるいは怪我をする、障害を負うのに対して、他の人々はそうではない。病気になるのは所与運の悪しき影響である。とはいえ、ある種の病気や怪我のリスクは個人の選択によって影響されうる。ヘビースモーカーは心血管系疾患やガンを発症するリスクが高い。だが、一部のヘビースモーカーは決して心血管系疾患やガンにならない。これは明らかな選択運のケースである。直観的に言って、喫煙しない心臓病患者を心臓病のヘビースモーカーと比べたとき、この二人の患者に同程度の同情を感じる人間はほとんどいないだろう。多くの人々が、公的ヘルスケア・システムないし民間保険は、ヘビースモーカーの心臓病患者ではなく喫煙しない心臓病患者を治療することに、必要なヘルスケア資源を全額支給すべきだ、と考えるだろう。運平等主義はこの直観をうまく表しており、とりわけ健康およびヘルスケア資源の分配という文脈において見込みのある理論であると思われる。

　健康における運平等主義が主張しているのは、健康格差が悪ないし不正義であるのはそれが所与運による影響の違いを反映している場合であるということ、および、健康格差が悪ないし不正義でないのはそれが選択運による影響の違いを反映している場合であるということだ。もしあなたがヘビースモーカーで肺ガンを発症するなら、健康における運平等主義は、他の人々より悪い健康状態になったことについてあなたに責任を負わせる。あなたの比較的悪い健康状態が正義への関心を惹起することはない。だが、完全な所与運による影響の違いのせいであなたが他の人々より悪い健康状態にあるとしたら、運平等主義はそのような影響の違いに対する何らかの補償を要求する。これが、健康とい

う文脈への運平等主義の直接的含意である。

　ロールズ的な分配的正義論と運平等主義の主要な対比は、健康における運平等主義が責任感応的であるのに対して、ロールズ的な理論はそうでない、ということだ。前節で見たように、ロールズ的正義論が健康の分配を考慮するとしたら二つの方法がありうる。健康が（アローの考えたように）社会的基本財リストに加えられる場合、格差原理は彼らの選択とは無関係に最も境遇の悪い集団を代表する個人の期待を最大化するよう要求するのであり、つまりは責任非感応的である。健康が（ダニエルズの主張するように）公正な機会の平等原理によって規制される場合、人生プランを追求するための標準的な範囲の機会が、公正な機会の平等の一部として——人々が軽率ないし無謀であったかどうかとは無関係に——保障されるのであり、つまりは責任非感応的である。いずれの方法であれ、健康におけるロールズ的な分配的正義論は責任非感応的なのだ。だが、運平等主義は責任感応的である。運平等主義の支持者にとって、この事実はロールズ的な分配的正義論に対する健康における運平等主義の利点を示しているように思われる。この主張は驚くべきものではない。というのも、それこそが、ロールズの分配的正義論一般に対する運平等主義一般の利点とされているものだからだ。それは論争の余地のあることでもない。というのも、多くの人々が、責任という概念は健康およびヘルスケアの分配において重要であるべきだと直観的に考えているのだから。

　第2章で論じた運平等主義一般に対する批判が健康における運平等主義にも提起されることは想像に難くないだろう。2.4節で論じたエリザベス・アンダーソンの遺棄批判がそれである。彼女の無謀なドライバーのケースを思い出してみよう。それは、無謀なドライバーが看護されることなく放置され、結果として慎重なドライバー——彼は救急救命チームによって救助される——より境遇が悪くなる、というケースだ。運平等主義に言わせれば、そのような状況に何ら不正義はない。それは、その無謀なドライバーが十分慎重に運転し保険を購入するよう期待することは理にかなっており、それゆえ、その無謀なドライバーは彼ないし彼女の選択による悪しき帰結について責任を負うべきだからである。これに対する批判とされるものが主張するのは、この無謀なドライバーを手当てすることなく放置するのは正当化できないほど苛酷である、というこ

とだ。驚くべきことではないが、同じ遺棄批判が健康における運平等主義にも当てはまる。この批判によれば、健康における運平等主義は喜々としてこの無謀なドライバーを手当てしないまま放置できるが、それは正当化できないほど苛酷なことなのだ。

2.4 節で見たように、セガル（Segall 2010）は分配原理の多元主義に訴えることで遺棄批判に反論を試みる。彼は、運平等主義それ自体がこの無謀なドライバーを見捨てることは認める。だが彼は、二つないしそれ以上の分配原理を同時に支持することができるという意味で、運平等主義者たちは多元主義者でありうると主張する。すなわち、彼らには、運平等主義と、人々のベーシック・ニーズの満足といったその他の分配原理とを支持することができるのだ。人々のベーシック・ニーズ満足の原理は、あの無謀なドライバーに治療を施す根拠となりうる。言い換えれば、健康における運平等主義は人々のベーシック・ニーズ満足の原理を要求するし、それとともに在らねばならない。以上のように、運平等主義の支持者は必ずしも無謀なドライバーの遺棄を要求するものではない、とセガルは結論するのである。このとき、2.4 節で考察されたセガルの反論に対する二つの批判が健康における運平等主義のケースにも当てはまることは、容易に想像できよう。遺棄批判は健康における運平等主義にとっても深刻な難問なのである。

運平等主義のなかでも全運説と出直し説は、2.4 節で見たように、遺棄批判を回避する。全運説は、運による影響の違いはほとんどすべて、当の境遇が悪い人々の制御を超える運がもたらした結果である、と主張する。全運説によるなら、その無謀なドライバーが意図して怪我を負ったのでもないかぎり、彼ないし彼女に責任を負わせることはできない。その無謀なドライバーが怪我を負うことを意図したのでない以上、彼ないし彼女は無謀運転がもたらした悪しき結果について補償を要求することができる。とはいえ、2.3 節で述べたように、全運説が妥当であるかどうかは大いに疑問である。

出直し説もまた、その無謀なドライバーが彼ないし彼女の無謀な運転を真に悔やんでこの事故より後は慎重な運転にコミットするかぎりは、遺棄批判を回避する。その無謀なドライバーが、彼ないし彼女がどう運転するかについての彼ないし彼女の選好を変更するのであれば、出直し説はそのような変化を尊重

するとともに、必要な治療を施すことによってその個人にとっての出直しを保障することを支持するのである。

さて、ここで別の興味深い提案があるのだが、それは健康における運平等主義の範囲に関するものである。カペレンとノルハイム（Cappelen and Norheim 2005）は次のように主張する。分配原理は責任感応的であるべきだが、その責任がヘルスケアの提供という局面で重要な役割を演じる必要は——どこか別の局面で重要な役割を演じるのであれば——ない。たとえば、ヘビースモーカーはタバコ製品に課される高い税金を払っている。ヘビースモーカーはたまに喫煙する人より多くの税を払っている。彼らの税の支払いが十分多額であるかぎり、喫煙者たちは税を通じてヘルスケア費用の増分を償っているのであり、ヘルスケア供給の局面で非喫煙者と別様に扱われるべきではない。かくしてカペレンとノルハイムは、ヘルスケア供給の局面では喫煙者と非喫煙者を平等に扱うべきこと、しかし、喫煙者たちが自らの無責任な行いのコストを——より高い税を支払うといった——別のかたちで支払うべきこと、これらを提案するのである。彼らの提案は、遺棄批判を回避しつつ非喫煙者たちに責任を負わせるものである。

6.3　健康の社会的勾配

多くの人々が、ヘビースモーカーは自らの行いの悪しき影響について何らかのかたちで責任を負うべきだ、という直観を共有している。彼らは本当に責任を負うべきだろうか？　もっと大局的に見れば、状況はもう少し複雑である。次のような事実に気づくことは容易である——社会経済的な地位がより低い（たとえば、所得がより低い、教育水準がより低い、近隣がより貧しい、職業上の地位がより低い）人々は、社会経済的な地位がより高い人々よりも、喫煙する——ゆえにより不健康になる——公算が高い。同じことは、肥満やアルコール乱用、健康状態を左右するその他のリスキーな行動についても言える。社会経済的地位とリスキーな行動の間には一定の相関があるのだ。

一般的に、疫学者は社会経済的要因を上流因子、リスキーな行動およびライフスタイルを下流因子と呼ぶ。下流と上流の区別は、二つの因子群の間での相

6.3 健康の社会的勾配

対的な位置を指すにすぎない。毎日チーズバーガーを食べるというライフスタイルは、高レベルのコレステロールと比べて、より上流である。相対的に低い社会経済的な地位は、毎日チーズバーガーを食べるというライフスタイルと比べて、より上流である。下流／上流の区別は相対的なのである。それは、その健康決定因子がある所与の健康状態にどれくらい近いかを把握するために用いられる。下流因子と上流因子との間に絶対的な線を引くことは不可能である。ここでは、社会経済的地位を上流因子、人々の行動を下流因子としよう。

　上流因子が下流因子を予測し、さらに下流因子が健康状態を予測する。つまり、大まかに言えば、社会経済的地位のより低い諸個人は、社会経済的地位のより高い諸個人よりも、不健康になる公算が大きいのだ。この事実を深刻に受け止めた場合、喫煙者たちは自らの行動の悪しき影響について責任を負うべきなのだろうか？　ヘビースモーカーたちは社会経済的地位が相対的に低い傾向にある。彼らは、より低い社会経済的地位へと生まれ落ちることを選択してなどいない。にもかかわらず、まったくの所与運によって、より低い社会経済的階級へとたまたま生まれ落ちたのである。結果として、彼らはより低い健康状態になる可能性が高くなっているのだ。

　喫煙は本当に選択の問題なのだろうか？　これは、運平等主義のなかでも素朴選択説と真正選択説にかかわる問いである。この問いに対する答えは、部分的には、長年にわたる自由意志問題に対する答えに依存する。決定論を支持する人々は、ヘビースモーカーに責任を負わせることはできないと主張するだろう。両立主義を支持する人々は、彼らは責任を負うべきだと主張できる。その答えはまた、素朴選択説を採るのか、それとも真正選択説を採るのかにも依存する。これらの説が高価な嗜好問題について何を主張していたかを思い出しておこう。素朴選択説（たとえばロナルド・ドゥオーキン）は、高価な嗜好を持つことから生じる悪影響について個人は責任を負うべきである、と主張する。対して真正選択説（たとえばG. A. コーエン）は、彼ないし彼女は高価な嗜好を発達させるという選択をしたわけではないのだから、高価な嗜好を持つことから生じる悪影響について個人は責任を負うべきではない、と主張する。もし高価な嗜好と喫煙習慣との間に十分強い類似性[†3]があるなら、素朴選択説がヘビースモーカーたちは喫煙の悪影響について責任を負うべきだと主張するこ

第6章　健康およびヘルスケアにおける平等

とになるのに対して、真正選択説は負うべきではないと主張することになるだろう。

　別の問い方もある。社会経済的地位の低い人たちに、喫煙を始めないよう、あるいは喫煙をやめるよう期待するのは理にかなっているのだろうか？　言うまでもなく、これは理性的回避可能性説（たとえば、ピーター・バレンタインやシュロミ・セガル）にとっての問いである。この説は次のように主張するだろう。ヘビースモーカーたちは喫煙習慣を身につけるという選択をしたわけではない。だが、喫煙に伴う健康リスクが広く報じられ認識されていることを踏まえるなら、すべての人──社会経済的な地位が低い人々も含めて──に喫煙を控えるよう期待するのは理にかなっているだろう。それゆえ、喫煙者たちは喫煙の悪影響について責任を負うべきである。以上のように、運平等主義のうちでも理性的回避可能性説は、自由意思論争に踏み込むことなしに、社会経済的地位の低い個人に喫煙の悪影響について責任を負わせることができるのである。

　だが、社会経済的地位という問題はもっと一般的な規範的問いへと我々を導くのであり、この問いは平等に関心を寄せるすべての人にとってのものである。その問いとはこうだ──我々は健康の社会的勾配をどのように扱うべきなのだろうか？　健康の社会的勾配についてごく簡単に説明しておこう。健康の社会的勾配とは、健康格差と社会経済的格差との間に相関が存在することを言う。すなわち、社会の内部での様々な社会経済的集団の間で健康格差が存在するということだ。前節で述べたように、白人のアメリカ人と黒人のアメリカ人の間には出生時平均余命に顕著な格差が存在する。だが健康格差は、黒人と白人の間、あるいは富裕層と貧困層の間だけに限られるものではない。同様の不平等は、それ以外の多くの社会集団──たとえば所得水準や教育水準、居住エリア、性別などによって定義される集団──の間でも見られるのである。

　健康の社会的勾配は以上にとどまらない。健康格差は、社会経済的地位の頂点から最底辺まで見事なまでのグラデーションをなすのである。つまり、最も高い社会経済的集団は二番目に高い社会経済的集団より健康であり、二番目に高い集団は三番目に高い集団より健康であり……ということである。このような勾配は、出生時の平均余命だけでなく、肥満や高血圧、高コレステロール、

心臓疾患といった主要な死因の多くでも見られる。より高い所得、あるいは、より多くの富、より高い教育、それ以外のより高い社会的地位、これらを有する個人は、より長くそしてより健康な人生を送るのである。これが健康の社会的勾配である。健康の社会的勾配の含意とは、統計的に言って、社会経済的地位が健康状態を予言する、ということだ。

この関係についての最も有名な研究群の一つがホワイトホール研究（Marmot et al. 1984）である。ホワイトホール研究は、イギリスの公務員集団における主要な死因を分析した観察調査に由来するものだ[1]。ホワイトホール研究より前には、より地位の高い公務員はより地位の低い公務員よりも、たとえば心臓発作のリスクがより高いのだろう、と多くの人が思っていた。だがこの研究は、より地位の低い公務員のほうがより地位の高い公務員よりもリスクが高いことを発見したのである。イングランドでは、すべての人に普遍的なヘルスケア・システムを使う資格が与えられているうえ、公務員たちは全員が非工業的なオフィスワークに従事している。だがホワイトホール研究は、イギリスの公務員ヒエラルキーにおける顕著なまでの健康勾配を発見した。すなわち、疾病率および死亡率は職務等級が下がるにともなって累進的に上昇しているのである。第1回ホワイトホール研究（1967年以降、18,000人の男性公務員を調査）の報告では、最低等級にいる男性（たとえば郵便配達員や門衛など）は最高等級にいる男性（たとえば局長）の4倍死亡リスクが高かった。より低い地位の個人は喫煙する可能性が、ゆえに心血管系疾患になる可能性が、より高かった。だが、このリスク因子をコントロールした場合でさえ、この勾配はなお存在する。喫煙や血圧、コレステロール、高体重といった下流因子は死亡率における勾配の一部を説明するにすぎない。これが意味するのは、より地位の低い喫煙者はより地位の高い喫煙者よりも病気になりやすいということだ。

多くの人が、健康の社会的勾配には倫理的に問題があると考える。6.1節で見たように、ダニエルズ（Daniels 2008a）は、健康とは人々が自らの人生プランを追求する機会を直接に保護するものであり、それゆえに健康の公正な平等が人種・性別・所得水準・社会階級などに関わりなく保障されるべきだ、と考えている。各国政府やWHOを含む各国際機関もこの問題を非常に重視し、健康の社会的勾配、すなわち健康格差は正義の問題であると主張している（World

Health Organization 2008)。健康の社会的勾配に関心を寄せる人々は、健康の平等はそれ自体で望ましいし、社会的にコントロール可能な健康決定要因を操作することによって達成できる、と主張する傾向がある。すなわち、社会経済的格差を縮減することによって、健康格差の縮減を目指すことが我々には可能なのだ。

はっきりさせておくべき二つの論点がある。第一は、健康の平等は社会的に制御可能な健康決定要因の再分配によって達成されるべき（されうる）かどうか、という点。第二は、我々は本当に健康の平等を目指すべきなのかどうか、という点である。

第一の論点から始めよう。ノーマン・ダニエルズやWHOにおける健康の社会的決定要因委員会も含めて、多くの人が、健康の平等は社会的に制御可能な健康決定要因の再分配によって達成されるべきであり、されうると暗に述べている。この見解は暗に以下のことを想定している——すなわち、健康格差と社会経済的格差との関係は因果的である、と。より限定して言えば、社会経済的格差が健康格差の原因であり、よって社会経済的格差を小さくすれば健康格差も小さくなる、という考え方である。この因果的主張は公衆衛生研究における一つの論争点である。つまり、社会経済的地位から健康状態へという一方的な因果関係についての合意は存在しないのである。たとえばディートン（Deaton 2002）は、より低い健康状態がより低い経済状態の原因となりうると主張している（病気で引退し、所得がないのに医療費を払わなければならない50代を想像されたい）。この意見が正しいなら、少なくとも一部のケースでは、因果の方向は健康状態から社会経済的地位へというものでもあるということだ。

原因は、社会経済的地位や健康状態とは別の何かでもありうる。たとえば、薬物乱用はより低い社会経済的地位（すなわち貧困）およびより低い健康状態（感染症や栄養不良）の両方の原因となる傾向がある。健康格差を縮減するためにどのように介入すべきかを明らかにするのは、絶望的なまでに困難である。そのうえ、何が社会経済的地位にあたるのかが不明確である。所得なのか、住宅、教育、人種、ジェンダーなのか、それともこれら全部なのだろうか？　これらの要因は解きがたく相互連関しているし、何が本当に平等化されるべきなのかは明らかではない。社会集団間で健康を平等化するために社会経済的諸条

件を平等化すべきである、と言うのは易しい。だが、社会経済的諸条件を平等化するために何を再分配するべきかを明らかにするのは容易ではない。

第二の論点に移ろう。我々が目指すべきは健康の平等なのだろうか？　社会集団間での健康格差は問題であると述べることと、健康の平等を目指すべきであると述べることとは、まったく別のことである。少なくとも、健康の平等は我々が目指すべきものであると立証する哲学的な議論がなくてはならない。幸運なことに、我々はそのような論証の一つをすでに検討している。ノーマン・ダニエルズの特別性テーゼがそれである。だが、特別性テーゼでは説得されない人もいるだろう。全体的な福利に関心を寄せる人々（たとえば目的論的平等主義を支持する人々）は、健康は全体的な福利の一部に過ぎず、健康の平等は必ずしも福利の平等を捉えはしないと考えるだろう。彼らにとっては、我々が目指すべきものは全体的な福利の平等であって、健康の平等ではないのだ。この主張の含意は、全体的な福利において不平等が存在しないのであれば、健康格差は許容されてよい、というものだ。ダニエルズがこれに反対することは明らかだろう。公正な機会の平等の要請を侵害しているからだ。それでもやはり、特別性テーゼにコミットしない人々にとって、健康の平等は目的としなくてもよいのだ。

これら二つの論点は、次のような根源的問いへと帰着する——我々は健康と全体的な福利との関係をどのように理解しているのだろうか？　もし健康が特別に重要であるなら、健康の平等を目指し、健康を平等化する手段として社会経済的諸条件を平等化することは理にかなっている。もし健康が全体的な福利のうちの一つの側面にすぎず、我々が目指すべきものが福利の平等であるのなら、健康の平等それ自体は目的ではない。

6.4　ヘルスケアの分配——QALYの最大化

以下では、ヘルスケアの分配に焦点を当てることにしよう。ヘルスケアは健康に資する多くの要因の一つにすぎないが、重要な要因ではある。さらに、ヘルスケアはほとんどの国において最も大きな支出項目である。ヘルスケアはまた、分配的正義の問題でもある。ヘルスケア資源は常に希少である。ヘルスケ

第6章　健康およびヘルスケアにおける平等

アを必要とする患者は多数存在しているが、予算、時間、病床、医師、臓器提供者、その他の資源は常に限られている。すべての患者を治療することはできないのであり、つまりは、誰が治療を受けて誰が受けないのかを決定しなければならない。ヘルスケアの希少性は、将来もっと深刻なものになると予想される。新しい医療技術は古いものより高コストであるし、多くの国が高齢社会へと移行しているからだ。そんなわけで、ヘルスケア分配の問題はいっそう緊要になっていくだろう。

　希少なヘルスケア資源をどのように分配するかを、どのように決定すべきだろうか？　これは残酷な問いである。どうしても、誰が治療を受けて誰が受けないかを決めなければならないのだ。多くの人はそのような問いに答えることから逃げたいだろう。それは官僚や政治家、あるいは民間健康保険会社の経営者に委ねるべきなのだろうか？　私には分からない。少なくとも、倫理学は公共的な議論のために何らかの論証を提示しなければならない。結果として、倫理学者は困難な問題に向き合い、正当化可能な諸原理を提示しなければならないのだ。

　イギリスやニュージーランド、オレゴン州など、いくつかの政府によってすでに採用されている一つの原理がある。それは保健的介入による健康上の利益を最大化するものである。その基本的な考え方は、「最善のVFM（value for money，支払いに対する価値）」を生み出す資源配分を選択する、というものだ。だが、健康上の利益の価値とはどのように見積もられるのだろうか？　多くの場合、それは質調整生存年（QALY）によって測定される。

　QALYというアイデアは、二つの要因——健康関連QOL（quality of life, 生活の質）と余命——を考慮し組み合わせている。健康関連QOLには0から1の値が与えられる。この際、1は完全な健康状態を、0は死の状態を意味する。完全な健康を伴う1年間は1QALYである。ある個人が病気ないし怪我の状態になるとしたら、彼ないし彼女の健康関連QOLは1より厳密に小さくなる。そのうえで、ある個人が生き続ける寿命期間が健康関連QOLに掛けられる。それゆえ、1QALYとは、完全な健康状態にある1年間の人生を表しているのかもしれないし、健康関連QOL水準が0.5の2年間の人生を、あるいは水準0.25での4年間を表しているのかもしれない。たとえば、ガン患者に対するある治

6.4 ヘルスケアの分配——QALY の最大化

療は水準 0.4 での 5 年間の寛解をもたらすのに対して、別の治療は水準 0.7 での 3 年間の寛解をもたらすとしよう。前者の治療によるアウトカムは 2QALY であるのに対して、後者の治療のそれは 2.1QALY である。後者の治療が——健康関連 QOL と寿命期間の両方を考慮するなら——より大きな健康上の利益をもたらす。つまり、より大きな QALY を帰結するのだ。QALY によって、ヘルスケアにおけるあらゆる種類の資源の使用が比較可能になる。それは、様々な治療および介入がもたらす健康アウトカムの価値を表現することができるのだ。

資源の量が固定されているとするなら、資源に対する最善の価値をもたらす資源配分、すなわち最もコスト効果的な資源配分を特定することができる。とはいえ、ある特定の状態にある患者たちにヘルスケアが提供されるかどうかは、往々にして生死にかかわる問題である。我々はコストと利益に基づいて決定すべきなのだろうか？　それでは、一部の人々の命は他の人々の命よりも軽いと言っているようなものである。たとえば、イングランドおよびウェールズにおいて、英国国立保健医療評価機構 (the National Institute for Health and Care Excellence) (その前身は英国国立医療技術評価機構 (the National Institute for Health and Clinical Excellence) であり、皮肉にも NICE と略称されていた) は、新しい医療技術は国民保健サービス (NHS) を通じて費用効果分析に基づいて提供されるべきだと勧告している。その当初の方針は、1QALY あたりの費用が 30,000 ポンドを超える新技術は承認しないというものであったが、この基準は後にいくらか緩和された。これは恐ろしいことのように思われる。患者の命に値札が付いているかのように感じられるからだ。だが、QALY 最大化に基づくヘルスケア資源の分配は、個人の命に値札が付いていることを意味するわけではない。もっと言えば、すべての人の命が同じ道徳的価値を有しているのである。それでも、ヘルスケアのための資源に値札が付いていると述べることは完璧に理にかなっている。

QALY 最大化という原理が、その精神において功利主義的であることは明らかだ。それは異なる人々の善を足し合わせるとともに、全体的な善を最大化する資源配分を選択すべきだと主張する。ヘルスケア資源の配分という文脈において、善とは QALY であり、これによって健康上の利益が測定される。異

なる帰結の善さを評価するためにQALYが個人をまたいで足し合わされる。そのうえで、帰結の善さを最大化する選択肢が選ばれるのである。QALY最大化の観点からすれば、QALYが諸個人の間でどのように分配されているかは重要でない、ということは驚くに値しない。言うまでもなく、功利主義に対してなされたあらゆる種類の批判がQALY最大化に対しても提起されるのだ。

　QALYを最大化するという原理が反直観的に思える例がある。オレゴンヘルスサービス委員会は、オレゴンヘルスプラン[†4]の一部として、費用便益計算によってランク付けされた治療と病状の組み合わせリストを公表した。だが、そのランキングの一部は反直観的と映るものだった。あるいは少なくとも、それらを倫理的な見地からどう正当化できるのか、定かでないものだった。たとえば、歯冠修復が虫垂切除より高くランク付けされていた。多くの人が、虫垂切除の方がはるかに緊急かつ重要であり、ゆえにより高くランク付けされるべきだと考えるので、これは反直観的である。虫垂切除は生死にかかわる問題であるのに対して、歯冠修復は痛みと歯の機能の問題であるにすぎない。QALY最大化という観点からは、この反直観的ランキングの背後にある理由はきわめて単純である。虫垂切除は歯冠修復の何倍も費用がかかるものであり、虫垂切除一回の費用があればもっと多くの人に歯冠修復を提供できる。たとえ一度の虫垂切除が一度の歯冠修復より緊急かつ重要であるとしても、歯冠修復による健康上の純便益の総計は虫垂切除のそれより厳密に大きいのである。これこそ、虫垂切除が歯冠修復より低くランク付けされる理由である。

　とはいえ、多くの人はこれを反直観的であると考える。私には二つの理由が考えられる。第一は集計についての懸念である。虫垂切除は非常に重要であり、その重要さは、どれだけ多くの人がそれを必要としているとしても歯冠修復が虫垂切除を凌ぐことはあり得ないと思われるほどに大きいのだ。これが健康上の利益の集計を拒絶する理由である。この第一の推論に同意する人々は、マキシミン・ルールやレキシミン、ネーゲルのペア比較といった原理を支持することだろう。第1章で見たように、これらの原理は非集計的である。つまり、これらの原理によれば、多数の人々にとっての小さな福利増加が、少数の人々にとっての大きな福利減少を凌ぐことはないのだ。これらの原理がヘルスケア資源の分配に適用されるとしたら、どれだけ多くの人が歯冠修復から便益を受け

6.4 ヘルスケアの分配——QALY の最大化

るのであろうと、虫垂切除が歯冠修復より高くランク付けされるだろう。虫垂切除と歯冠修復に関するオレゴン州のランキングが不適切であるとされるなら、その場合に非集計的な原理を採用することは理にかなっている。

しかしながら、非集計的な諸原理は集計的な諸原理に対してなされたのと同じ種類の批判に直面するだろう。その批判は集計を拒絶することから直接に帰結する。それは底なし穴の批判として知られている。マキシミン・ルールとレキシミンは、最も境遇の悪い人にそれ以外の人々に対する完全な優先性を与える。これらの原理は、最も境遇の悪い人にとってのあらゆる利得は——それがどんなに小さかろうと——、他の人々にとってのあらゆる損失を——それがどれだけ大きかろうと——凌駕する、と暗に述べているのだ。たとえば、深刻な慢性閉塞性肺疾患や慢性の統合失調症を抱えている患者は、一般的に、通常の薬理学的治療に耐性がある。彼らそれぞれに特有の不調のつらさが彼らの境遇を非常に悪化させる。それでも、最も境遇の悪い患者にとっての小さな改善をもたらすために、ヘルスケア資源のほとんどを彼らのために使ってそれ以外の患者にはわずかな資源しか残されないというのであれば、これを受容可能な資源配分方法だと思う人は多くないだろう。

歯冠修復を虫垂切除に優先させることを反直観的と思わせる第二の理由は、我々はより境遇の悪い人に便益を与えることを優先すべきだ、という主張に基づくものだ。これは集計に反対した理由とは異なる。とはいえその主張は、より境遇の悪い人を益することにより大きな道徳的ウェイトを与えるというかたちで QALY を集計すべきだ、というものである。虫垂切除を必要としている患者は、歯冠修復しか必要としていない患者よりも境遇が悪い。それゆえ、彼らの状態は歯冠修復を必要とする患者よりも大きなウェイトが与えられるべきだ。この主張は集計を排除するものではない。最終的に、虫垂切除がなおも歯冠修復より下にランク付けされることはありうる。とはいえ、より境遇の悪い人の便益により大きな道徳的ウェイトを与えることによって、物事はより難解になるだろう。アラン・ウィリアムズ（Williams 1997）が QALY 最大化は衡平性（equity）という概念を考慮に入れるべきだと主張して以来、ヘルスケアの分配においてより境遇の悪い人の状態に一般的な配慮をすることが、医療経済学者の間で広く認識されている。

第6章　健康およびヘルスケアにおける平等

4.3 節で見たように、より境遇の悪い人に優先性を与えるというアイデアはPD主義によって捉えられる。PD主義とは、ピグー－ドールトン条件を満たす分配原理群である。ピグー－ドールトン条件の主張とは、全体の福利が不変であるとしたら、より境遇の良い人からより境遇の悪い人への便益の移転によってその帰結は厳密により善くなる、というものだ。この主張は、より境遇の悪い人の便益に厳密により大きなウェイトを与えることによって定式化される。目的論的平等主義と優先主義のいずれもがこのピグー－ドールトン条件を満たす。つまり、これらの原理はより境遇の悪い人を益することに優先性を与えるのだ。ヘルスケア資源の配分という文脈では、目的論的平等主義と優先主義はいずれも、より深刻な健康状態で苦しむ患者の便益により大きなウェイトを与える。違うのは、目的論的平等主義は各患者の状態が深刻さ水準のランキングにおいて占める順位によってウェイトを決定するのに対して、優先主義は深刻さの絶対水準によってウェイトを決定するという点である。医療経済学者や医療政策担当者たちの間では、より境遇の悪い人のウェイトをどのように決定するべきかという問題は衡平ウェイト（equity weights）問題として知られるようになってきている。

　一部の論者はすでに、ピグー－ドールトン条件を満たす集計方法を使うことを提案している。たとえば、ブライヒロットら（Bleichrodt *et al.* 2004）やノルハイム（Norheim 2009）はそれぞれ、QALY 集計化のためのある種の目的論的平等主義を提案している。彼らのモデルは QALY に順位依存的な衡平ウェイトを割り当てるものであり、つまり、深刻さ水準のランキングにおける疾患の順位によってウェイトが決定される。同様に、ノードら（Nord *et al.* 1999）はある種の優先主義を提案している。彼らのモデルでは QALY の絶対水準が衡平ウェイトを決定する。

　通常、QALY 最大化は各人の QALY をウェイト付けせずに合計したものと理解されている。だが、そうである必要はない。それを何らかの加重和として、より境遇の悪い人に優先性を与えてもよいのだ。より境遇の悪い人に優先性を与えるなら、そのとき、ヘルスケア資源の配分に平等主義的配慮を向けることが可能になる。

6.5 より境遇が悪いとはどういうことか？

　より境遇の悪い人を益することを優先すべきだと述べるのは容易である。だが、より境遇が悪いとはどういうことなのかを決定するのは容易ではない。二つの困難な問題がある。第一は、「より境遇が悪い」とは健康状態の深刻さという観点で理解されるべきなのか、それともQALYの観点で理解されるべきなのか、ということである。虫垂切除と歯冠修復の比較において、他の事情が同じであれば、虫垂切除を必要としている患者のほうが歯冠修復を必要としている患者より境遇が悪いことは明らかである。このケースで我々は、より境遇が悪いという表現によって、健康関連QOLの水準がより低い患者を指している。だが、QALYという概念は二つの考慮事項——健康関連QOLと生存年数——を組み合わせている。より境遇が悪いという表現によって、我々は通常、QALYのより小さい患者を指しているのだろうか、それとも、健康関連QOLのより低い患者を指しているのだろうか？　おそらくだが、より境遇が悪いという表現によって我々が指しているのは、より低い健康関連QOLを抱える患者であって、QALYがより小さい患者ではない。

　次のようなケースを想像してみよう。同じタイプの疾患を抱えた患者が二人いる。彼らの健康関連QOLは0.5であると仮定しよう。何らかの保健的介入によって、二人の患者のうち一人[†5]を完全な健康状態にまで回復させることが可能である（これは、二人の患者のうち一人を0.5から1.0に改善できるという意味である）。これら二人の患者の間に道徳上有意な違いはまったく存在しない。唯一の違いは治療後の生存年数である。患者Aは20年間、患者Bは10年間生き続ける。疾病の深刻さは同じであり、違うのは生存年数だけである。より深刻に健康関連QOLが棄損されている患者に優先性を与えるというのであれば、AとBは同程度により境遇が悪い。だが、QALYがより小さい患者に優先性を与えるのであれば、BのほうがAより境遇が悪い。このように、より境遇の悪い患者をどのように特定するかに関しては、少なくとも二つの観点がありうるのだ。

　第二の問題は、非健康関連QOLをどのように考慮するかに関するものだ。

第6章 健康およびヘルスケアにおける平等

　QALY 最大化の魅力的な特徴の一つが、分配判断に際して非健康関連 QOL の諸側面を無視するという点である。健康状態が同じで、かつ、同一の保健的介入からの期待 QALY が同じである二人の患者を想像しよう。この二人の患者の間には道徳上有意な違いはまったく存在しない。唯一の違いは、一方の患者が億万長者で他方はホームレスであるという点だ。だが治療できるのは一人の患者だけである。もし治療による健康上の利益に焦点を当ててそれ以外の側面を無視するのであれば、彼らの経済的地位や国民経済への貢献とは無関係に、我々はこれら二人の患者の間で無差別であることだろう。ヘルスケア・システムの第一義的な課題は、患者の健康を回復させることおよび住民の健康を保護することであって、国民経済を向上させることではない。そうだとすれば、希少なヘルスケア資源をどう分配すべきかを決定するという目的のために非健康関連 QOL の諸側面を無視するというのは完璧に理にかなっている。QALY 最大化にはこのような肯定的属性があるのだ。

　とはいえ、非健康関連 QOL の諸側面を無視することが本当に望ましい属性なのかは自明ではない。たとえば、指を負傷したプロのピアニストを想像してみよう。指の怪我は深刻な健康状態ではないし、このピアニストが健康という観点でことさらより境遇が悪いことを含意するものでもない。だが、彼ないし彼女の全体的 QOL に対するその打撃は甚大なものである。彼ないし彼女のプロのピアニストとしてのキャリアはそれによって終わるかもしれない。希少なヘルスケア資源をどう分配するかを決定するに際しては、健康関連 QOL に加えて、全体的 QOL に対する打撃も考慮に入れるべきだと主張する向きもあるだろう。だが、QALY 最大化が否定しているのはまさにこの主張なのである。つまり、QALY 最大化が魅力的なものに見えるのは、この主張を否定しているからこそなのである。このように、非健康関連 QOL を無視することには利点と難点の両方がある。この論点は、6.3 節[†6]で論じた問題へと我々を立ち戻らせる。すなわち、健康と全体的な福利をどのように関係付けるべきか、という問題である。この問題に対する回答をここで提示しようとは思わない。だが、この問題は根源的なものである。

　十分主義に理があるのは健康関連 QOL と非健康関連 QOL の両方が考慮される場合に限られるように思われる。もし十分主義が健康関連 QOL に焦点を

当てるとしたら、もはやそれ独自の役割を演じることはなく、PD 主義と変わらなくなる。十分性水準は正常な機能水準となるだろう。この機能水準を下回る者はすべて十分性水準を下回ることになる。もし人々が正常な機能水準以上のところにいるのなら、その場合には、ヘルスケア・システムが彼らに関心を寄せる必要はない。ヘルスケア資源の分配においては、すべての患者が正常な機能水準より下に、つまりは十分性水準より下にいる。第5章で見たように、十分主義は十分性水準を下回るより境遇の悪い人に優先性を与える。正常な機能水準より上にいる人々の状態が我々の分配判断に影響することはない。このように、健康関連 QOL のみが問題になる場合には、十分主義は PD 主義へと堕する公算が大きい。とはいえ、特定のタイプの疾患や怪我は主要な生活活動の一つないしそれ以上を制限するが、それらの活動は全体的 QOL についての十分性水準を達成するのに必要とされるものである。たとえば、ある病気が患者に麻痺を起こさせるとしよう。可動性というものは基礎的な生活活動の多くに必要とされる。それゆえ、全体的 QOL が問題になる際には麻痺がその患者を十分性水準より下に引き下げることになるだろう。これが正しいとしたら、ヘルスケアにおける十分主義は、患者たちが麻痺で苦しむのを予防するための治療に特別な道徳的重要性を割り当てる。だが、それ以外の軽度な病気や怪我は、全体的 QOL に関して患者たちを十分性水準より下に押し下げるものではないので、特別な道徳的関心を正当化するものではまったくない。このように、ヘルスケアにおける十分主義がそれ独自の特徴的な役割を演じるのは、健康関連 QOL が全体的 QOL と一緒に考慮される場合に限られるのである。

6.6　年齢とヘルスケアの分配

　原書の第6章では分配判断の時間単位を検討した。より詳細に言えば、時間断片説と生涯全体説の対照を検討した[†7]。適切な時間単位という論点は、ヘルスケアの分配という文脈における中心的な話題の一つである。
　さて、QALY 最大化に対する主要な批判の一つ（とされているもの）を説明することから始めよう。心臓病を抱えた二人の患者が心臓移植を必要としているとしよう。彼らは新しい心臓を移植されないかぎり死んでしまうが、新しい

第6章　健康およびヘルスケアにおける平等

心臓を移植された場合には完全な健康を回復する。例にもれず、この二人の患者の間には道徳上有意な違いはまったく存在しない。今回、唯一の違いは、一方の患者が20歳であり、他方は60歳だという点である。臓器提供者は一人であるとしよう。我々は20歳の患者か60歳の患者かどちらかを選ばなければならない。どちらを選ぶべきだろうか？　このケースでは、QALY最大化は新しい心臓を20歳の患者に与えるべきだと主張する。なぜだろうか？　心臓移植による健康関連QOLの改善は両者の間で同じであると仮定しよう。唯一の違いは、移植によって伸ばすことのできる人生の年数である。出生時の平均余命は80年であると仮定しよう。20歳の患者が追加で60年間生き続けられるのに対して、60歳の患者が生き続けられるのは20年間にすぎない。20歳の患者に新しい心臓を与えることで、より大きなQALYが得られるのである。これが、QALY最大化が20歳の患者に新しい心臓を与えることを推奨する理由である。

　ここで、QALY最大化に対する批判が生じる。QALY最大化は高齢者に対する差別であり、ゆえに不正義である。この例では、誰が心臓を受け取るかが年齢によって決まっている。生活関連QOLの改善幅が同じであることを考えるなら、年齢という考慮事項が天秤の針を20歳の患者に有利なように傾けているのであり、より高齢な患者にはより若年の患者よりも相対的に小さい優先性しか与えられていないのである。この批判によれば、これは高齢者に対する差別であり、ゆえに間違っている。この批判を、QALY最大化に対する反エイジズム批判と呼ぶことにしよう。このエイジズム批判の含意は、高齢者と若年者は平等に扱われなければならず、この例において誰が心臓を受け取るかを決めるためには公正なコイントスをすべきである、というものになる。

　このエイジズム批判に対しては即座に反論することができる。すべての人が年を取るという現実がある。QALY最大化における高齢者と若年者の不平等な取扱いが意味しているのは、すべての人が、年を取れば相対的に低い優先性しか与えられないということなのだ。すべての人が年を取ることを考えれば、すべての人が平等に扱われている。それゆえ、若年者と高齢者を別様に扱うというのは正当化できない不平等な取扱いにはあたらない。この反論は効果的であるように思われる。

それでも、ヘルスケアの分配における適切な時間単位という根源的問題は依然として残っている。我々は生涯全体説を採用すべきだろうか、それとも時間断片説だろうか？　ヘルスケアにおいて時間断片説を採るのであれば、二人の心臓病患者という件のケースにおいてどちらを救うかを決定するためにコイントスをすることになる。つまりはQALY最大化に反対することになる。年齢差別を論拠としたQALY最大化への批判は望み薄であるが、時間断片説に依拠した批判はなお有効である。

　さて、心臓の悪い二人の患者の例に戻ることにしよう。QALY最大化の主張では、60歳の患者ではなく20歳の患者に心臓を与えるべきである。直観的には、多くの人がそのような主張を支持する。なぜだろうか？　その理由は、そうすることがQALYで測定される健康上の利益をより多く生じさせるから、というものにはとどまらない。少なくとももう一つ別の理由がある。60歳の患者は彼ないし彼女の人生の大部分をすでに完遂しているし、彼ないし彼女の人生計画を追求する機会をすでにたくさん得ている。敢えて言わせてもらえば、たとえ彼ないし彼女が新しい心臓を移植されたとしても、60歳の患者にはそれほど多くの時間は残されていない。対照的に、20歳の患者は彼ないし彼女の人生の初期段階にあって、自らの人生計画を追求する機会を多く与えられてはいない。人生計画を追求する機会という観点では、20歳の患者に新しい心臓を与えることが公正であるように思われる。

　その理由付けがいかなるものであるにせよ、多くの人々は若年者と高齢者の不平等な取扱いを支持する。だが、それはQALY最大化を根拠に支持されるべきものなのだろうか？　ここで、若年者を優遇するためのQALY最大化を根拠とした理由が反直観的なものと映る、ジョン・ハリスによる反例を示そう（Harris 1985: 89-90）。大人数の生徒たちが火事になった講義室に閉じ込められているとしよう。例のごとく、この生徒たちの間に道徳上有意な違いはまったく存在しないが、年齢だけは別である。救助が間に合うのは20人だけであると仮定しよう。救助隊員たちは——もし彼らがQALY最大化に動機づけられているのであれば——「若い者からだ！」と叫ぶだろう。このケースにおいて、年齢が誰を救助すべきかを決定する基準になるとは思えない。少なくとも、QALY最大化を厳密に適用することが説得的であるとは——この例において

第6章　健康およびヘルスケアにおける平等

は——思えないのだ。

　ヘルスケア分配における年齢という観点の妥当性には、二つの相反する直観が関わっている。年齢はいくつかのケースでは妥当と映り、他のケースではそうではない。QALY最大化はどんな場合でも年齢という観点を妥当と見なす。これら二つの相反する直観の妥協策を見つける方法はないものだろうか？　一つ存在する。それが十・分・期・間・説・（fair innings argument）である（Harris 1985; Alan Williams 1997）。十分期間説とは、すべての人が、何らかの妥当な年数を生きるために、必要な資源の公正な取り分を保障されるべきだ、とする見解である。たとえば、多くの人が、70年は妥当な人生の年数であると見なすだろう。各人がこの十分な期間に達するまでは、彼ないし彼女は、同様にこの十分な期間にまだ達していない他の人々と平等に扱われるべきである。この十分な期間に達したとき、彼ないし彼女はヘルスケア資源の公正な取り分をすでに受け取っているのであり、彼ないし彼女の残りの人生は、他の人々の人生を十分な期間にまで伸ばすために必要である場合にはキャンセルすることの許されるボーナスなのである。どれだけの年数が十分期間の年数と考えられるべきかは自明でない。とはいえ、議論の便宜上、70年を我々が妥当と考える人生の期間であると仮定しよう。十分期間説によれば、70歳未満の患者はすべて、その健康関連QOLが同じであるかぎり、ヘルスケア資源を受け取る平等なチャンスを与えられるべきである。他方、70歳を超えた患者たちは、70歳未満の患者たちよりも弱いクレイムしか持たない。このように、十分期間説は年齢を一つの閾値と見なすのである。だが、その閾値にいまだ達していない患者たちの間でヘルスケア資源を分配するに際しては、年齢を適切な考慮事項であるとは見なさないのだ。

　とはいえ、十分期間説はいくつかの批判にぶつかる。そのうちの一つである、ジョン・ハリスによる批判を考えることとしよう。患者が二人いて、直ちに治療が施されなければ死んでしまうとしよう。彼らの唯一の違いは、一方の患者が30歳であり、他方が40歳であるという点だ。この例において、十分期間説は、これら二人の患者はともに閾値より下にいるので平等に扱われるべきであり、その閾値に到達する平等なチャンスを保障されるべきであると主張する。

とはいえ、30歳の患者には、十分期間説を支えているその考慮事項こそが、その機会は自分に与えられるべきことを要求するのだ、と主張することができる。結局のところ、十分期間説の公正さとは、まさに、各個人は妥当な人生の期間という便益を享受する平等なチャンスを持つべきだ、とする点にある。より若年の患者には、自分の立っているところから、40という年齢は30という年齢よりもはるかに妥当であるように見えると、そして、自分はその余分の10年から便益を受けるチャンスを与えられるべきだと、主張しうるのである。……いったいどのくらいの期間が十分な期間と見なされるにせよ、自らの期間をより年長の患者のそれより十分でないと見なす相対的に若年の患者からの圧力によって、その十分な期間がゼロに向かって消滅していくのを止めることは困難である。(Harris 1985: 92-93)

ハリスの主張の要点は、十分な期間がどの程度の長さであるべきかを決定する、すべての人にとって公正な方法は存在しないということだ。十分期間説はすべての人にとって完璧に公正ではありえないのである。

6.7　ヘルスケア分配の生涯全体説？

QALY最大化は、正確に言えば、生涯全体説に属するものではない。それは治療の時点以降の健康上の利益についてのみ考えるものであり、過去の健康状態をまったく考慮に入れない。これを理解するために、表6.1にあるシンプルな二個人二期間ケースを考えることとしよう。

結果欄の数字は、各年における両患者の健康関連QOLを表している。過去40年間に、患者1は完璧に健康であったのに対して患者2は何らかの病気を患っていた。言うまでもなく、彼らの過去の健康状態を変えることはできな

表6.1

	過去40年間	今後40年間		過去40年間	今後40年間
患者1	1.0	0.8	患者1	1.0	1.0
患者2	0.8	1.0	患者2	0.8	0.8
選択肢1			選択肢2		

い。現時点において、患者1と患者2は同じ病気を患っており、ある特定の治療を受けなければ次の40年間の彼らの健康関連QOLは0.8になる。いくつかの理由から、一人の患者にしかその治療は提供できない。QALY最大化——これは現時点以降の視点で健康上の利益を考える——は、期待される健康上の利益が同じであるため、選択肢1と選択肢2の間で無差別である。だが、PD主義の生涯全体説であれば、目的論的平等主義であれ優先主義であれ、選択肢1が選択肢2より厳密に善いと判断するだろう。このように、生涯全体説とQALY最大化の間には明確な違いがある。QALY最大化は、時間断片説と生涯全体説のいずれかにコミットするものではないのだ。

　ヘルスケアの分配に生涯全体説を適用する試みはほとんどなされていない。この研究分野における最も精緻な業績は、まずノーマン・ダニエルズ（Daniels 1988, 2008a）によって、ついでロナルド・ドゥオーキン（Dworkin 2000）とダン・ブロック（Brock 1993）によってなされた。以下では、ダニエルズの主張——彼が深慮的ライフスパン説（prudential lifespan account）と呼んでいるもの——のみを取り上げるとしよう。深慮的ライフスパン説は、ヘルスケアの分配に生涯全体説を直接適用するものではない。むしろそれは、若年者と高齢者との間でのヘルスケアの公正な分配を根拠付けるために、ある種の生涯全体説に訴えるのである。ダニエルズは、若年者と高齢者の間のヘルスケア分配を世代間の（それゆえ個人間の）対立とは見なさず、一つの人生の内部にある様々な時間段階の間でヘルスケア資源を分配する問題と見なす。

　　我々はこの問題を、互いに競合している別々の集団、たとえば高い保険料を払っている社会人たちと多くの医療サービスを消費する虚弱な老人たちの間での公正さの問題と理解すべきではない。むしろ我々は、その集団それぞれが自分たちの人生の一つの段階を代表しているものと理解しなければならない。人生の各ステージを通して資源を深い思慮のうえで配分することが集団間の公正さにつながるのだという見解が必要である。（Daniels 1988: 45）

このように、基本的な方針は、若年者と高齢者との個人間問題を一人の合理的なプランナーにとっての個人内問題に還元する、というものだ。それはどのよ

6.7　ヘルスケア分配の生涯全体説？

うに機能するのだろうか？　深慮的ライフスパン説はまず、各個人に同じだけの一生涯分の資源持ち分を配分する。これは、深慮的ライフスパン説が生涯資源の平等から出発することを意味する。そのうえでダニエルズは、合理的かつ思慮深いプランナーが社会一般のために行動する場合、どのように一生涯分の資源持ち分を一つの人生内の様々な時間段階に配分するであろうかと想像させるのである。

　その際、合理的かつ思慮深いプランナーに関して重要な想定が一つある。そのプランナーは彼ないし彼女の実際の年齢についての情報を奪われているのである。もし私が自分の実際の年齢を知っており、人生のその時点において自らが重要であると見なすものの観点のみで資源を配分するとしたら、私はバイアスのかかった配分をすることになるだろう。彼ないし彼女が様々な年齢集団の間で不偏的であることを担保するために、そのプランナーは、自らの実際の年齢集団や出生コホート、遺伝的体質、ジェンダー、社会経済的集団、自分の家族の既往歴、その他、自らの人生全般にわたるヘルスケア資源配分に関する不偏的判断に影響するあらゆる要因について、無知であると想定されるのだ。そのような合理的かつ思慮深いプランナーは、一つの人生の様々な段階に、資源をどのように配分するだろうか？

　この問題をより身近に感じられるよう、次のような状況を想像してみよう。あなたは自分が何歳であるかを知らないと仮定する。あなたは10万ドルと封筒10枚を与えられるが、この封筒にはそれぞれあなたの人生における10年ごとの段階（たとえば、「0〜10」、「10〜20」、「20〜30」、…、「90〜100」）を示すラベルが貼られている。あなたは、その封筒が示す人生の段階において必要となるであろうヘルスケア費用に充てるために、各封筒にお金を入れるよう指示される。たとえば、あなたが24歳で何らかの病気になるとしたら、あなたは自分のヘルスケア費用を「20〜30」というラベルが貼られた封筒から賄うことになる。その目的は、人生全般にわたってありうる最善の結果を達成する公算の大きい配分を決定することである。あなたはそれぞれの封筒にいくら入れるだろうか？　あなたはおそらく「90〜100」とラベルされた封筒にはほとんどお金を入れないだろう。あなたがそれほど長く生きる可能性は非常に低いからだ。あなたは自分の人生のごく早い段階（たとえば「0〜10」と「10〜

20」)をことさら選んで封筒にお金を入れたくなるかもしれない。人生のごく初期段階での健康不良は、残りの人生に長期的かつ重大な影響を及ぼすからだ。だがあなたは、若年段階では心血管系の病気やガンといった主要な重大疾患に罹る可能性は低いという一般的事実についても考えるだろう。その場合あなたは、こういった疾病のヘルスケア費用をカバーするために、「50〜60」および「60〜70」の段階に多くのお金を取っておくべきだと考えるだろう。

　合理的かつ思慮深いプランナーが様々な人生の段階にどのように配分するか、正確には定かではない。だが、そのプランナーは「40〜50」や「50〜60」に「90〜100」よりも多くのお金を入れるものと思われる。深慮的ライフスパン説の主な主張とは、老齢の人々が、思慮深いプランナーが人生のその時間段階に割り当てるよりも少なくしか受け取れないのであれば、そのヘルスケア資源の分配は不公正だ、ということである。この主張はある重要な含意を伴っている。そのプランナーがごく後期の人生段階にはお金をほとんど残しておかないことを考えれば、若年者と高齢者との間での不平等な分配は——思慮深いプランナーが割り当てるであろう分を老齢の人々が受け取るかぎりにおいては——正当化できるのだ。

　深慮的ライフスパン説——これは生涯全体説に基づいている——は、いくつかの批判に直面する。一つの批判は、深慮に訴えるのは、様々な年齢集団の間でヘルスケア資源を分配するという問題に取り組むための正しい方法ではない、というものだ。たとえば、デニス・マッカーリー（McKerlie 2001b, 2013）は、深慮的ライフスパン説の結論は老齢の人々にとって受け容れられるものではないと考える。マッカーリーは、合理的かつ思慮深いプランナーがごく高齢の年代にほとんど資源を割かないであろうという点について指摘する。たとえそうした結論がプランナーの立場にある誰かにとっては合理的かつ思慮深いものであるとしても、老齢の人々の境遇はとても悪いものとなるだろうし、その状況は彼らにとっては受け容れがたいだろう。マッカーリーが深慮的ライフスパン説を拒絶する理由は、それが若年者と高齢者の不平等を許容するからではなく、それが極端な不平等および高齢者にとっての極端に悪い状況を正当化するかもしれないからだ。マッカーリーは、深慮的ライフスパン説は若年者と高齢者の対立を解消する助けにはならないと、したがって、深慮に訴えること（お

よび個人間問題を個人内問題に還元すること) はその問題に対処する正しい方法ではないと、考えるのである。

本章のまとめ

本章では、第1章から第5章にかけて[*8]検討してきた平等主義の諸原理が、健康およびヘルスケアの分配について何を言うかを考察した。健康はQOLを構成する重要な部分であるとともに、公共政策の主要な領域である。それゆえ、平等主義の諸原理にはそれについて実体的な何かを述べることが期待されている。健康の分配という文脈には三つの重要な問いが存在し、どの原理を採用するかは、おそらく我々がこれらの問いにどのように答えるかに依存する。その三つの問いとは、(1)責任概念は中心的な役割を演じるべきか、(2)健康は福利の一部に過ぎないのか、それとも特別な何かなのか、(3)健康格差とその他の社会経済的条件の格差との関係はどう理解されるべきか、というものである。ヘルスケアの分配という文脈では、QALY最大化という標準的な功利主義的方法論を、目的論的平等主義や優先主義とも折り合うように修正することが可能である。しかし、分配判断に関する適切な時間単位という論点については、倫理学者たちの間に明確な意見の一致は存在しない。

文献案内

健康およびヘルスケアにおける分配的正義の研究は、人口集団レベルの生命倫理学として知られるようになったものの一部である。人口集団レベルの生命倫理学は比較的新しい研究分野であるが、網羅的な著作がいくつかある。影響力の大きかったDaniels (1985, 2008a) の著作を読むことから始めるべきだろう。Segall (2010) は健康およびヘルスケアにおいて運平等主義を推進している。健康の社会的決定要因に関する文献は膨大である。Hausman (2009) およびHausman et al. (2002) や、Marmot (2004), Pickett and Wilkinson (2009), Deaton (2013) から始めることを勧める。Harris (1985) とBognar and Hirose (2014) はヘルスケアの割り当てに関する倫理学を学ぶにはよい出発点かも

第 6 章 健康およびヘルスケアにおける平等

しれない。Nord（1999）は QALY に関する標準的な教科書である。Norheim（2009）は、健康アウトカムの評価に際して目的論的平等主義と優先主義がどのように機能するかを検討している。反エイジズム批判は Broome（1988），Harris（1985），Kappel and Sandøe（1992）で論じられている。深慮的ライフスパン説については、Daniels（1988, 2008a, 2008b），Lazenby（2011），McKerlie（2001b, 2013）を見よ。

注

1　観察調査は、現象をその自然な状態で直接的に観察することを基礎とする。それは定量的研究や実験的研究とは区別される。健康の社会的勾配に関する観察調査とは裏腹に、いくつかの定量的研究では、所得格差と健康格差の間に重大な相関はないと報告されている（Leigh *et al.* 2009 を見よ）。

訳注

†1　原書の第 6 章を割愛したのに伴い、原書では「第 1 章から第 6 章にかけて」とあるのを変更した。
†2　この二つの文章は原著にはないが原著者からの指定により挿入。
†3　原書では similarly となっているが、原著者に確認して similarity に訂正。
†4　アメリカにはメディケイドという低所得者向けの公的保険医療制度があるが、オレゴン州ではこのメディケイドによって支払われる医療サービスに優先順位をつける独自の取り組みを行った。その方針を示したのがオレゴンヘルスプランである。
†5　原書では「二人の患者を」となっているが、原著者に確認のうえ訂正。
†6　原書では「7.3 節」とあるのを本邦訳での節番号に合わせて変更した。
†7　原書の第 6 章は本邦訳では割愛した。用語についてのみ簡単に紹介すると、時間断片説とは、福利分布の評価は一つの期間について、それ以外の期間の分布とは無関係になされるべきであるとする見解のことである。生涯全体説とは、人々の生涯全体にわたる福利分布を評価すべきであるとする見解のことである。
†8　原書では「第 1 章から第 6 章にかけて」とあるのを変更した。

結　語

　ここでは本書で提示された論証を要約することはせず、議論をより大局的に考えるための一般的見解を四つほど述べることにしよう。

より境遇の悪い人に優先性を与える

　本書で吟味されたすべての平等主義的分配原理が、ある特徴を共有していることは明らかである。それは「より境遇の悪い人に優先性を与える」というものだ。もちろん、功利主義はことさら誰かに優先性を与えるようなことはない。だがそれ以外の諸原理は、より境遇の悪い人に何らかのかたちで優先性を与えている。ロールズの格差原理は社会の最も境遇の悪い集団を益することに完全な優先性を与える。ネーゲルのペア比較は、その潜在損失が最大となる個人を益することに完全な優先性を与える。目的論的平等主義は、他より境遇の悪い人々を益することに優先性を与える。優先主義は、福利の絶対水準がより低い人々を益することに相対的な優先性を与える。同じく、運平等主義は、彼ないし彼女が自分の立場に責任を負わされえない場合に、より境遇の悪い人を益することに相対的な優先性を与える。十分主義は、境遇の悪い人の便益および十分性水準を下回るより境遇の悪い人々に優先性を与える。このように、「より境遇の悪い人への優先性」は平等主義的な分配的正義論のすべてに共通する分母である、と述べて大過ないのである。

　それでも、この共通の分母に注目するだけで、平等主義的な分配的正義論に関する今日の議論の完全な理解につながるわけではない。「より境遇の悪い人

結　語

に優先性を与えること」というフレーズは、単にそれがパーフィットの「平等か優先性か」（Parfit 1995）——これは出版の数年前にはすでに広く回覧されていた——の初期草稿のタイトルであったという理由から、優先主義と結びつけられている。ある倫理的原理が「X に優先性を与える」と表現できる場合——この際、X は何らかの意味でより境遇が悪い／最も境遇が悪いと解釈できる個人を指す——、その原理はある種の優先主義と受け取られることがある。だが、これは不正確であり誤解を招くものである。ノージックの横からの制約理論は「個人的権利に優先性を与える」と表現されうるが、まったくもって優先主義ではない。また、優先主義と目的論的平等主義とはいつも対照されているため、目的論的平等主義は最も境遇の悪い人に優先性を与えるものではない、と断定されるのが常であるが、第3章で見たように、そんなことはない。優先主義と目的論的平等主義の真の対照は、より境遇が悪いとはどういうことかに関する、それぞれの解釈の違いにある。このように、「より境遇の悪い人に優先性を与えること」に焦点化すると、様々な分配原理のもっている多くの要点が曖昧になってしまう可能性がある。「より境遇の悪い人に優先性を与えること」という表現が意味を持つのは、様々な分配原理の理論的構造における相違が適切に検討される場合にかぎられる。これこそ、私が本書において議論の大部分を各原理の理論的構造の解明に充てた理由である。

　分配原理の理論的構造を検討しはじめると、経済理論の成果が非常に重要となってくる。序論で述べたように、分配的正義は、哲学および政治理論とならんで、経済学の領域でもある。分配原理の構造を分析しようとする際、経済学における成果の多くは非常に有益である。とはいえ、経済学の成果はまだ哲学者たちから十分に認知されていない。この不幸な事実は、部分的には数学と形式的な方法論にアレルギーのある一部哲学者たちのせいであり、また部分的には、その仮定・公理・定理がもつ規範的含意や、その成果が哲学にとって持つ規範的重大さを説明しない一部経済学者たちのせいでもある。もちろん、十分に多くの経済学者が経済学と哲学のギャップを架橋する努力を続けてきているし、そのギャップも経済学と哲学の重複領域を研究する学者が着実に増えるにしたがって埋まってきている。平等主義的な分配的正義論の研究は、こうやって増大してきた経済学と哲学の相互作用から恩恵を受けることになるだろう。

基本構造か、個別のケースか

　私が本書では論じなかったが、将来の研究において取り組みが求められる論点がいくつかある。ここでは、そのような論点の二つに言及しよう。
　第一の論点は、平等主義的な分配的正義の目的に関わるものだ。より具体的には次のような問いに関わる。平等主義的な分配的正義論は、社会経済的な基本構造についてのものであるべきなのだろうか、それとも、個別的なケースにおける評価判断についてのものであるべきだろうか？　この問いが研究において議論されることは稀である。だが私の考えでは、ある分配原理が妥当であるかどうかはこの問いにどう答えるかに依存する。私が今まさに提起しているこの問題について、説明させてほしい。
　1.1 節で論じたように、社会の基本構造という語によってロールズが指しているのは、基本的な権利・義務を分配し、協働事業によって生じる利益の分割を決定する、主要な社会的・経済的・政治的な諸制度のことである。ロールズ格差原理は社会の基本構造に対して適用されるのであって、個別のケースでなされる分配判断に対してではない。一部の人々が格差原理を妥当でないと思うのは、部分的には、マキシミン・ルール——これが格差原理の基礎をなしている——が個別的な分配判断において反直観的に映るからだ。しかしながら、ロールズが明言しているように、格差原理はマキシミン・ルールとはかなり違ったものである。マキシミン・ルールは決定理論的かつ価値論的な原理であるのに対して、格差原理は社会における様々な集団間での社会経済的不平等が許容されてよい場合を明らかにするものである。たとえマキシミン・ルールが個別の分配判断においては反直観的に映ろうとも、社会の基本構造を統制する原理としては、格差原理は十分に妥当なものでありうるのだ。
　同様の指摘は十分主義に対しても可能である。十分主義が個別の分配判断に適用されるとしたら反直観的かもしれない。たとえばクリスプの十分主義は、十分性水準を上回る大多数の人々にとってのあらゆる損失——それがどれだけ大きくとも——が十分性水準を下回る一人の個人にとっての小さな利得のために正当化されうる、と暗に述べている。この結論は反直観的と思われることだ

ろう。だが、もし十分主義が経済的・社会的・政治的な基本的諸制度をデザインするための理論的枠組として理解されるならば、さほど反直観的ではなくなるだろう。5.1節†1で報告したように、実験における被験者の圧倒的多数派が、個別の分配局面に適用される分配原理ではなく社会の基本構造を選択するよう問われた際に、下限付きの功利主義に賛成している。

　目的論的平等主義と優先主義はそれぞれ個別の場面で適用される分配原理として機能するとされているが、社会の基本構造のための原理として機能するよう一般化されても、おそらく、おかしくはない。自分の人生全般についての私の計画が土曜の夜についての私の計画とかなり異なるように、社会の基本構造のための分配原理が個別の分配判断に適用される分配原理とかなり異なるのは、もっともなことである。私の考えでは、それらが日常的な分配の文脈では機能しないという理由で格差原理や十分主義を拒絶するのは、不公正である。

　社会の基本構造のための原理と個別ケースのための原理との区別こそ、政治哲学と倫理学が袂を分かつ点である、という指摘があるかもしれない。一方において、政治哲学が第一義的に関心を寄せるのは、経済システムや社会組織、政治的諸制度といった社会の基本構造をデザインしたり改良したりするための規範的根拠である。他方において、倫理学が第一義的に関心を寄せるのは、諸事態の相対的な善さを判断するための規範的根拠である。そのような指摘は正しいのかもしれないし正しくないのかもしれない。だが、そのような指摘には少なくとも一つの危険がある。平等主義的な分配的正義論に関する探究を二つの領域に分断することは、政治哲学と倫理学の間に無益な分断をもたらすことにしかならないだろう。それは我々が避けるべき、望ましからざる帰結である。

福利、測定、分配原理

　私が本書で論じなかった第二の論点は、被平等化項（equalisandum）、測定、分配原理の間の関係である。本書の大部分において私が検討したのは福利の分配についてであり、福利という概念については不特定なままにしておいた。さらに、被平等化項全般が、とりわけ福利が、個人間比較可能であることを単純に仮定してきた。私が提起したい論点とは、被平等化項、測定、分配原理の間

福利、測定、分配原理

の関係である。この論点は様々なかたちで表現することができる。もし私が特定の被平等化項概念にとりわけコミットするとしたら、私は特定の測定理論および特定の分配原理のいずれかまたは両方にコミットしなくてはならないのだろうか？　もし私が特定の測定理論にコミットするなら、私は特定の分配原理および特定の被平等化項概念のいずれかまたは両方にコミットしなければならないのだろうか？　もし私が特定の分配原理にコミットするなら、私は特定の被平等化項概念および特定の測定理論のいずれかまたは両方にコミットしなければならないのだろうか？　本書での分配原理に関する私の分析は、あらゆる特定の被平等化項概念から独立である。たとえば、私が目的論的平等主義にコミットするとしても、私はなお、自分好みの福利概念を選ぶことができる。つまり、目的論的平等主義を想定する場合、福利の概念は、快楽、資源、社会的基本財、機能へのケイパビリティ、所得、等々でありうるのだ。

　一部の哲学者は、それでもやはり強い結びつきがあるのだと主張する。たとえばロールズの主張では、格差原理が比較するのは社会的基本財の序数測度である。無知のヴェールの背後にいる当事者たちによる社会の基本構造の選択に関して言えば、快楽やその他の精神状態といった一部の福利概念は格差原理の基礎とはなりえない、というのが彼の主張だろう。対照的にパーフィットは、優先主義は──正確に定義された福利の基数測度を必要とするものの──福利に関する特定の考え方を強いることはないと信じているようだ。言い換えれば、優先主義は人々の福利の絶対水準を測定できなければならないが、福利に関するあらゆる説明を容れることができるのだ。もし優先主義の支持者が福利に関する特定の説明を正当化する論証をしようとする場合、その論証は優先主義の基本的な理論的特徴とは無関係である。

　とはいえ、被平等化項、測定、分配原理の間の関係については、まだほとんど研究がされていない。それは部分的には、第1章で言及したように、分配的正義の完全な研究は四つの連続的な段階を踏むものだ、と考えられているからである。第一段階は、被平等化項についての最も妥当な説明を特定することである。第二段階は、その被平等化項の測定可能性を立証することである。第三段階が被平等化項の個人間比較可能性を立証すること。第四の最終段階は、最も妥当な分配原理を特定することである。通常、分析は第一段階から始めたう

えで残り三つの段階を順番に遂行しなければならないと信じられている。これは、第一段階での議論を決着させないかぎり、分配原理を分析することはできないことを意味する。完全な分配的正義の理論が四つの段階すべてをパスしなければならないというのは正しい。だが私は、分析が第一段階から始まって第四段階で終わらなければならないとは思わない。たとえば、第四段階から始めたうえで、ある特定の分配原理が被平等化項の概念や測定、個人間比較可能性にどのような種類の条件を課すのかを考察することは、可能なのである。伝統的な段階を踏む研究からこのように逸脱することによって、平等主義的な分配的正義論の分析を完遂させるための新しい視点が得られる、そんな確信に近いものを、私は持っている。

最後の考察

　これまで私は自らの見解を表明してこなかった。本書が目指したのは、平等主義的な分配的正義論についてのバランスのとれた概観を提供することだからだ。もちろん、本書のいくつかの部分にはその研究に関する私独自の解釈と理解が含まれており、一部の人はそれらに同意しないことだろう。それでも私はできるだけ中立であろうとしてきた。
　ここでは、私自身の見解を表明しようと思う。私にとって好ましい分配原理は目的論的平等主義の集計説である。ロールズの格差原理は実践において最も境遇が悪い集団以外にとっての便益を無視してしまうので、社会の基本構造の安定性を担保しえないとするハーサニ（Harsanyi 1975）の見解に同意しているので、格差原理を支持する気にはなれない。これは、格差原理は——その他の正義の原理と相俟って——満足のいくミニマムを保証することで基本構造の安定性を担保する、というロールズの主張とは対立するものである。
　私は運平等主義についてはかなり中立的であり、強い反対論を持ち合わせていないが、同時にそれを是認する気にもなれない。運平等主義は応報的な分配理論へと堕し、それによってあまりに道徳主義的なものになるのではないかと危惧するからだ。私が思うに、責任というものは全か無か、イエスかノーか、1か0か、白か黒かといった問題ではない。責任には程度がある。ある個人は

別の個人より有責であるということが――両者ともに自らの選択がもたらす影響の違いの結果としてより境遇が悪いのだとしても――あってよいのである。たとえば、毎日40本のタバコを吸っていたガン患者は、毎日10本のタバコを吸っていた別のガン患者よりも、自らの疾病についてより有責であるように思われる。もし責任の程度を重視してこれら二人のガン患者を別様に扱うのであれば、運平等主義は彼らの福利をその責任の水準と見合ったものにするよう努めなければならない。以上がすべて正しいとしたら、運平等主義は過剰に責任感応的なものとなる可能性がある。

私は十分主義についても中立的である。それは十分主義がどのように定式化されるか次第である。十分性水準があまりに高く設定され、分配判断の範囲から除外される人がほとんど存在しない場合、十分主義は目的論的平等主義か優先主義に近くなるだろう。そういうことであれば、私は十分主義にまったく反対しない。だが、十分性水準がとても低く設定されるなら十分主義には同意しないだろう。私は、十分性水準のすぐ上にいる人々とはるか上にいる人々との間の不平等を気に掛けるからだ。

私は、優先主義より目的論的平等主義のほうが良いと考える。3.3節で論じた理由から、水準低下批判は――多くの哲学者が重視しているが――私にとっては問題にならない。私が目的論的平等主義を好む理由は抽象的かつ形式的である。私の考えでは、事態の善さとは人々の福利の線形結合であるべきだ。優先主義に言わせれば、事態の善さは人々の福利の厳密凹関数――つまり人々の福利の非線形結合――によって与えられる。他方で、目的論的平等主義に言わせれば、諸事態の善さとは人々の福利の線形結合である。線形か非線形かの区別で何をそんなに大騒ぎしているのだろうか？ この区別は4.4節で論じた点に密接に関係している。その節で私は、福利水準の数値表示上での変化が優先主義の分配判断には影響するが、目的論的平等主義の分配判断には影響しないことを指摘した。4.4節で検討した二つの二項比較をもう一度考えてみよう。我々は、二人の個人の同じ状態について数値表示を変えているだけであったことを思い出そう。

$$X = (5, 20) \quad X' = (105, 120)$$

結 語

$Y = (12, 12) \quad Y' = (112, 112)$

この際の優先主義関数が平方根関数であるとしたら、優先主義は Y が厳密に X より善いと判断する。だが、数値表示を変更して各人の数値に 100 を加えたとしたら、平方根関数の優先主義は、その二個人の状態は変化していないのに、X' が厳密に Y' より善いと判断する。これが意味するのは、目的論的平等主義は一貫しており、人々の福利水準の数値表示の変更によっては影響されないということだ。この対比が提起する究極的な問いはこういうものだ。福利とは、体重や身長のように何らかの絶対的尺度によって測定することのできるものなのだろうか？ それとも、福利とは、気温や可愛らしさのように、その相対水準を表現するための何らかの数値尺度をあてがうことしかできないものなのだろうか？

優先主義者たちは、福利は体重や身長のように絶対的に測定することができる、と言うだろう。もし福利が絶対的に測定可能であるとしたら、優先主義は福利についてのいくつかの説明、たとえば福利とは快楽ないし幸福であるとする説明を否定しなければならない。そういった精神状態は絶対的観点で測定することが困難だからだ。他方、目的論的平等主義は福利についての様々な説明に関して中立でいられる。福利が絶対的観点と相対的観点のいずれで測定可能なのかは問題でないからだ。重要な点は、優先主義はより厳格な福利測度と、それゆえより狭い福利概念を必要とするのに対して、目的論的平等主義はそうではない、ということだ。私の考えでは、福利とは絶対的観点では測定できないものである。これが、私が優先主義より目的論的平等主義を良いと思う理由である。とはいえ私は、自分の指摘が優先主義を否定する決定的な論証でないことも分かっている。優先主義が、より厳格な福利測度と特定の福利概念を正当化する論証を見つけることは、十分ありうるのだ。

訳注
†1 原書で「6.1 節で」となっているのを修正。

用語集

遺棄批判（abandonment objection）　運平等主義に対する批判の一つ。不注意な選択運の犠牲者を——その状態に関わりなく——救助しないことを運平等主義が容認するというのは、正当化不可能なまでに苛酷であると主張する。

厭わしき結論（repugnant conclusion）　ありうるいかなる人口集団——そこでは全員が非常に高い QOL を持っている——についても、それよりいくらか大きい想像上の人口集団が存在するはずである。この際——他の事情が同じであれば——、その想像上の人口集団が実在することは、たとえその成員の人生がほとんど生きるに値しないものであったとしても、より善いことである。

員数法（head-count method）　十分主義において、十分性未満の福利に伴う悪を評価するための一つの基準。これによれば、十分性未満の福利の発生率がより高いほどその帰結はより悪いと判断される。

運平等主義（luck egalitarianism）　それが所与運のもたらす影響の違いを反映している場合には不平等は悪ないし不正義である、および、それが選択運のもたらす影響の違いを反映している場合には不平等は悪ないし不正義ではない、とする見解。

格差原理（difference principle）　ジョン・ロールズの正義論における原理の一つ。社会経済的不平等が許容されるのは、そういった不平等が、社会的基本財の観点で最も境遇の悪い集団の成員による社会的基本財の長期的な保有を最大化する場合のみであり、またそれのみを理由とする、と主張する。

苛酷性批判（harshness objection）　遺棄批判を見よ。

価値論（axiology）　価値に関する哲学的研究。

帰結主義（consequentialism）　ある行為の正ないし不正は、その行為の帰結の善さのみによって決定される、とする主張。

義務論（deontology）　正および不正という概念は善および悪という概念とは独立に決定されうる、とする主張。

義務論的平等主義（deontic egalitarianism）　帰結をより善くするためではなく、何か別の道徳的理由から、福利の平等を目指すべきだとする見解。

用語集

強分離可能性(strong separability) 各事態の相対的な善さは、帰結の選択によって影響を受ける人々の福利の相対的な善さによって決まる。

健康の社会的勾配(social gradient in health) 人口集団の内部で社会経済的格差と健康格差との間に相関がある、とする一連の疫学的発見。社会経済的な地位が低いほど健康アウトカムが悪くなる。

公正な機会の平等(fair equality of opportunity) ジョン・ロールズの正義論における原理の一つ。同じ天賦の才能と企図をもつ二人の個人は、社会的基本財の分配に影響するポジションをめぐる競争において例外なく同じだけの成功の見通しを持つように、社会の基本構造が組織されるべきことを主張する。

効用原理(principle of utility) 人々がより境遇が良いのであれば、それはそれ自体でより善いことである。

功利主義(utilitarianism) ある行為が正しいのは、それが人々の福利の総計(ないし平均)を最大化する場合でありその場合のみである、とする見解。

時間断片説(time-slice view) 福利分布の評価は一つの期間について、それ以外の期間の分布とは無関係になされるべきであるとする見解。

質調整生存年(QALY)(quality-adjusted life year (QALY)) 健康アウトカムの価値についての一つの測度。ある健康アウトカムに伴う健康関連QOLと、その健康アウトカムによって個人が生存する年数を組み合わせたもの。

社会的基本財(social primary goods) ロールズの格差原理における集団間比較のための基礎。社会的基本財とは、社会の基本構造の選択に際してあらゆる合理的個人が欲するとされる事物のことであり、自由、所得と富、自尊の社会的基盤などが含まれる。

射程問題(scope problem) 目的論的平等主義にとっての問題の一つ。その問題とは、目的論的平等主義において、(1)お互いに他方の存在に気づいていない人口集団間で不平等が存在するとしたら、あるいは、(2)すでに存在しないインカの農民たちと現代の人々との間に不平等が存在するとしたら、それはそれ自体で悪である、というもの。

集計説(aggregate view) 目的論的平等主義に関する一つの解釈。ある事態の善さは人々の福利水準の加重和によって与えられるが、その際に各個人の福利に付与されるウェイトは、福利水準ランキングにおけるその個人の順位によって決定される。

十分期間説(fair innings argument) ある妥当な期間を良い健康状態で暮らす機会が彼ないし彼女に与えられるよう、あらゆる個人が十分なヘルスケア資源への資格を与えられるべきである、とする主張。

十分主義(sufficientarianism) 十分性水準を下回る人々の便益には十分性水準を上回る人々に対して優先性が与えられるべきである一方、十分性水準を上回る人々の便益にはまったく優先性が与えられるべきでない、という見解。

用語集

十分性未満優先テーゼ（sub-sufficiency priority thesis）　十分性水準を下回るより境遇の悪い人の便益に相対的優先性が与えられるべきである。

生涯全体説（lifetime view）　人々の生涯全体にわたる福利分布を評価すべきとする見解。

消極テーゼ（negative thesis）　十分主義に関する本質的な主張の一つ。これによれば、十分性水準を上回る人々にはその便益にまったく優先性を与える必要がない。

条件付き平等主義（conditional egalitarianism）　目的論的平等主義の一種。これによれば、平等がそれ自体を目的として価値があるのは、平等が誰かを益する場合にかぎられる。

所与運（brute luck）　個人の制御下になく、彼ないし彼女の選択によっては回避できない運。

人格影響制約（person-affecting restriction）　その事態がその人にとってより良い（あるいはより悪い）ような個人が存在しない場合には、ある事態が別の事態より善い（あるいはより悪い）ことはありえない。

真正選択説（genuine choice view）　運平等主義における責任に関する見解の一つ。ある個人は彼ないし彼女の選択がもたらす悪影響について責任を負うべきだが、その選択が選びようのない環境によって形成された嗜好や選好に基づいている場合にはそのかぎりではない、と主張する。

深慮的ライフスパン説（prudential lifespan account）　年齢集団間での公正さの問題は、年齢相応の標準的な機会を保護することを目的とした一人の思慮深いプランナーが、ヘルスケアの公正な取り分を自らの人生全般に割り当てる問題として理解すべき、とする見解。

水準低下批判（levelling down objection）　目的論的平等主義に対する批判の一つ。誰を益することもなく、より境遇の良い個人の福利がより境遇の悪い個人の水準へと減らされた場合に、それは少なくとも一つの側面においてより善い、と目的論的平等主義が判断するのは馬鹿げていると主張する。

積極テーゼ（positive thesis）　十分主義に関する本質的な主張の一つ。これによれば、十分性水準を下回る人々の便益には、十分性水準を上回る人々の便益に対して、優先性が与えられる。

全員一致原理（principle of unanimity）　非集計的な原理の一つ。個々人の観点で最大損失が最小化される帰結を選択する。

選択運（option luck）　ある個人の制御下にあり、かつ、彼ないし彼女の選択によって回避できた運。

総不足量法（total shortfall method）　十分主義において十分性未満の福利に伴う悪を評価するための基準の一つ。十分性水準からの各個人の不足量の合計が大きいほど、より悪いと判断される。

用語集

素朴選択説（crude choice view）　運平等主義における責任に関する見解の一つ。ある個人は彼ないし彼女の選択の悪影響について責任を負うべきであり、それは、たとえその選択が選びようのない環境によって形成された嗜好や選好に基づくものであるとしてもである、と主張する。

道徳善逓減法則（law of diminishing moral goodness）　優先主義の本質的特性の一つ。これによれば、福利の限界的な道徳的重要性はその福利の絶対水準が高くなるにつれて逓減する。

特別性テーゼ（specialness thesis）　健康は個人に開かれる機会の幅を保護するがゆえに特別な道徳的重要性を持つ、という主張。

内在説（intrinsic view）　目的論的平等主義に関する一つの解釈。福利の平等はそれ自体で——平等に外在的な他のあらゆる特性とは独立に——価値がある、と主張する。

パレート原理（Pareto principle）　ある選択肢が別の選択肢よりも誰かにとってより良いとしたら、かつ、その選択肢が誰にとってもより悪くはないとしたら、その選択肢は他方の選択肢より善い。

ピグー・ドールトン条件（Pigou-Dalton condition）　より境遇の良い個人からより境遇の悪い個人への便益移転は、(1)この移転に福利の純損失が伴わず、(2)他のすべての人々の福利は不変のままであり、(3)当のより境遇の良い個人とより境遇の悪い個人の相対的位置が変わらない場合には、その帰結を厳密により善くする。

被平等化項（equalisandum）　異なる諸個人の間で平等化されるべき道徳上重要な要素についての、望ましいとされる概念。

平等原理（principle of equality）　一部の人々が他の人々より境遇が悪いとしたら、それはそれ自体で悪である。

平等主義（egalitarianism）　分配原理の一種。人々は平等な量の、福利ないし自らの人生に影響する道徳上重要な要素を持つべきである、と主張する。

不偏性（impartiality）　二つの状態が人々の人格的同一性についてのみ異なる場合、それらの状態は同程度に善い。

マキシミン・ルール（maximin rule）　非集計的な原理の一つ。これによれば、最善の帰結とは、最も境遇の悪い人の福利（ないし人々の人生に影響を与える道徳上重要な要素）を最大化する帰結のことである。

目的論（teleology）　正および不正という概念は、善および悪という概念によって決定される、という命題。

目的論的平等主義（telic egalitarianism）　福利の平等は帰結をより善くする、という見解。

優先主義（prioritarianism）　ある事態の善さはウェイト付けされた福利の合計によって与えられるとする見解。この際、そのウェイトは増加的かつ厳密凹な関数によって決定される。すなわち、福利のウェイトはその福利の絶対水準が高くなるにつれ

て逓減する。

理性的回避可能性説(reasonable avoidability view) 運平等主義における責任解釈の一つ。ある個人が彼ないし彼女の行為の悪影響について責任を負うべきであるとしたら、それは、彼ないし彼女がその行為を選択することを控えるよう期待することが理にかなっている場合であり、それを理由としてである、と主張する。

レキシミン(マキシミン・ルールの辞書式拡張)(leximin (the lexicographic extension of maximin rule)) 非集計的な原理の一つ。これによれば、最善の帰結とは、最も境遇の悪い人の福利を、あるいは、最も境遇の悪い人の福利がすべての帰結で同じである場合には二番目に境遇の悪い人の福利を、あるいは、最も境遇の悪い人の福利水準と二番目に境遇の悪い人の福利水準がすべての帰結で同じである場合には三番目に境遇の悪い人の福利を、……、最大化する帰結である。

文献一覧

Adler, Matthew D. (2011). *Well-Being and Fair Distribution: Beyond Cost-Benefit Analysis*. New York: Oxford University Press.
Anderson, Elizabeth (1999). "What Is the Point of Equality?," *Ethics*, 109: 287-337.
—— (2007). "Fair Opportunity in Education: A Democratic Equality Perspective," *Ethics*, 117: 595-622.
—— (2010). "The Fundamental Disagreement between Luck Egalitarians and Relational Egalitarians," *Canadian Journal of Philosophy, Supplementary Volume*, 36: 1-23.
Arneson, Richard J. (1989). "Equality and Equal Opportunity for Welfare," *Philosophical Studies*, 56: 77-93.
—— (2000). "Luck Egalitarianism and Prioritarianism," *Ethics*, 110: 339-49.
—— (2002). "Why Justice Requires Transfers to Offset Income and Wealth Inequalities," *Social Philosophy and Policy*, 19: 172-200.
—— (2004). "Luck Egalitarianism Interpreted and Defended," *Philosophical Topics*, 32: 1-20.
—— (2006). "Distributive Justice and Basic Capability Equality: 'Good Enough' Is Not Good Enough," in Alexander Kaufman (ed.) *Capabilities Equality: Basic Issues and Problems*. London: Routledge, 17-43.
—— (2007). "Equality," in Robert E. Goodin, Philip Pettit, and Thomas W. Pogge (eds.) *A Companion to Contemporary Political Philosophy*, 2nd ed., vol. 2. Oxford: Blackwell, 593-611.
Arrhenius, Gustaf (2000). "An Impossibility Theorem for Welfarist Axiologies," *Economics and Philosophy*, 16: 247-66.
—— (2008). "Life Extension versus Replacement," *Journal of Applied Philosophy*, 25: 211-27.
—— (2009). "Egalitarianism and Population Change," in Axel Gosseries and Lukas H.

Meyer (eds.) *Intergenerational Justice*. Oxford: Oxford University Press, 323-46.

Arrow, Kenneth J. (1973). "Some Ordinalist-Utilitarian Notes on Rawls's Theory of Justice," *Journal of Philosophy*, 70: 245-63.

Atkinson, Anthony B. (1970). "On the Measurement of Inequality," *Journal of Economic Theory*, 2: 244-63.

Barry, Brian M. (1973). *The Liberal Theory of Justice: A Critical Examination of the Principal Doctrines in "A Theory of Justice" by John Rawls*. Oxford: Clarendon Press.

Barry Nicholas (2006). "Defending Luck Egalitarianism," *Journal of Applied Philosophy*, 23: 89-107.

—— (2008). "Reassessing Luck Egalitarianism," *Journal of Politics*, 70: 136-50.

Benbaji, Yitzhak (2005). "The Doctrine of Sufficiency: A Defence," *Utilitas*, 17: 310-32.

—— (2006). "Sufficiency or Priority?," *European Journal of Philosophy*, 14: 327-48.

Blackorby, Charles, Walter Bossert, and David Donaldson (1995). "Intertemporal Population Ethics: Critical-level Utilitarian Principles," *Econometrica*, 63: 1303-20.

—— (2005). *Population Issues in Social Choice Theory, Welfare Economics, and Ethics*. Cambridge: Cambridge University Press.

Bleichrodt, Han, Enrico Diecidue, and John Quiggin (2004). "Equity Weights in the Allocation of Health Care: The Rank-Dependent QALY Model," *Journal of Health Economics*, 23: 157-72.

Bognar, Greg, and Iwao Hirose (2014). *The Ethics of Health Care Rationing*. London: Routledge.

Bradley, Ben (2009). *Well-Being and Death*. Oxford: Oxford University Press.

Braybrooke, David (1987). *Meeting Needs*. Princeton: Princeton University Press.

Brink, David O. (1993). "The Separateness of Persons, Distributive Norms, and Moral Theory," in Christopher W. Morris and Raymond G. Frey (eds.) *Value, Welfare, and Morality*. New York: Cambridge University Press, 252-89.

Brock, Dan W. (1993). *Life and Death: Philosophical Essays in Biomedical Ethics*. Cambridge: Cambridge University Press.

Broome, John (1988). "Good, Fairness and QALYs," in John Martin Bell and Susan Mendus (eds.) *Philosophy and Medical Welfare*. Cambridge: Cambridge University Press, 57-73.

—— (1991). *Weighing Goods: Equality, Uncertainty and Time*. Oxford: Blackwell.

—— (2002). "Respects and Levelling Down," Oxford University website, available online at http://users.ox.ac.uk/~sfop0060/pdf/respects%20and%20levelling%20down.pdf

—— (2004). *Weighing Lives*. Oxford: Oxford University Press.

Brown, Campbell (2003). "Giving Up Levelling Down," *Economics and Philosophy*, 19: 111-34.
—— (2005). "Priority or Sufficiency, or Both?," *Economics and Philosophy*, 21: 199-220.
—— (2007). "Prioritarianism for Variable Populations," *Philosophical Studies*, 134: 325-61.
Buchanan, Allen, Dan W. Brock, Norman Daniels, and Daniel Wikler (2001). *From Chance to Choice: Genetics and Justice*. Cambridge: Cambridge University Press.
Caney, Simon (2005). *Justice beyond Borders: A Global Political Theory*. Oxford: Oxford University Press.
Cappelen, Alexander W., and Olle F. Norheim (2005). "Responsibility in Health Care: A Liberal Egalitarian Approach," *Journal of Medical Ethics*, 31: 476-80.
Casal, Paula (2007). "Why Sufficiency Is Not Enough," *Ethics*, 117: 296-326.
Christiano, Thomas (1996). *The Rule of the Many: Fundamental Issues in Democratic Theory*. Boulder, CO: Westview Press.
Christiano, Thomas, and Will Braynen (2008). "Inequality, Injustice and Levelling Down," *Ratio*, 21: 392-420.
Clayton, Matthew (2000). "The Resources of Liberal Egalitarianism," *Imprints*, 5: 63-84.
Cohen, G. A. (1989). "On the Currency of Egalitarian Justice," *Ethics*, 99: 906-44.
—— (1992). "Incentives, Inequality, and Community," in Grethe B. Peterson (ed.) *The Tanner Lectures on Human Values*, vol. 13. Salt Lake City, UT: University of Utah Press, 263-329.
—— (1995). "The Pareto Argument for Inequality," *Social Philosophy and Policy*, 12: 160-85.
—— (2004). "Expensive Taste Rides Again," in Justine Burley (ed.) *Dworkin and His Critics*. Oxford: Blackwell, 3-29.
—— (2006). "Luck and Equality: A Reply to Hurley," *Philosophy and Phenomenological Research*, 72: 439-46.
—— (2008). *Rescuing Justice and Equality*. Cambridge, MA: Harvard University Press.
Cohen, Joshua (2001). "Taking People as They Are?," *Philosophy and Public Affairs*, 30: 363-86.
Cowell, Frank (2011). *Measuring Inequality*, 3rd ed. Oxford: Oxford University Press.
Crisp, Roger (2003). "Equality, Priority, and Compassion," *Ethics*, 113: 745-63.
—— (2011). "In Defence of the Priority View: A Response to Otsuka and Voorhoeve,"

Utilitas, 23: 105-8.

d'Aspremont, Claude, and Louis Gevers (1977). "Equity and the Informational Basis of Collective Choice," *Review of Economic Studies*, 44: 199-209.

Daniels, Norman (1985). *Just Health Care*. Cambridge: Cambridge University Press.

—— (1988). *Am I My Parents' Keeper? An Essay on Justice between the Young and the Old*. New York: Oxford University Press.

—— (2003). "Democratic Equality: Rawls's Complex Egalitarianism," in Samuel Freeman (ed.) *The Cambridge Companion to Rawls*. Cambridge: Cambridge University Press, 241-77.

—— (2008a). *Just Health: Meeting Health Needs Fairly*. Cambridge: Cambridge University Press.

—— (2008b). "Justice between Adjacent Generations: Further Thoughts," *Journal of Political Philosophy*, 16: 476-94.

—— (2012). "Reasonable Disagreement about Identified vs. Statistical Victims," *Hastings Center Report*, 42: 35-45.

Darwall, Stephen (ed.) (2002). *Contractarianism/Contractualism*. Oxford: Blackwell.

Dasgupta, Partha, Amartya K. Sen, and David Starrett (1973). "Notes on the Measurement of Inequality," *Journal of Economic Theory*, 6: 180-87.

Deaton, Angus (2002). "Policy Implications of the Gradient of Health and Wealth," *Health Affairs*, 21: 13-30.

—— (2013). *The Great Escape: Health, Wealth, and the Origin of Inequality*. Princeton: Princeton University Press. 松本裕訳『大脱出――健康, お金, 格差の起原』みすず書房, 2014 年.

Diamond, Peter A. (1967). "Cardinal Welfare, Individualistic Ethics, and Interpersonal Comparison of Utility: Comment," *Journal of Political Economy*, 75: 765-66.

Dworkin, Ronald (1981). "What Is Equality? Part 2: Equality of Resources," *Philosophy and Public Affairs*, 10: 283-345.

—— (2000). *Sovereign Virtue*. Cambridge, MA: Harvard University Press. 小林公ほか訳『平等とは何か』木鐸社, 2002 年.

—— (2002). "Sovereign Virtue Revisited," *Ethics*, 113: 106-43.

Elster, Jon, and John E. Roemer (eds.) (1991). *Interpersonal Comparisons of Well-Being*. Cambridge: Cambridge University Press.

Epstein, Larry G., and Uzi Segal (1992). "Quadratic Social Welfare Functions," *Journal of Political Economy*, 100: 691-712.

Estlund, David (1998). "Debate: Liberalism, Equality, and Fraternity in Cohen's Critique of Rawls," *Journal of Political Philosophy*, 6: 99-112.

Fleurbaey, Marc (1995). "Equal Opportunity or Equal Social Outcome?," *Economics and Philosophy*, 11: 25-55.
—— (2001). "Egalitarian Opportunities," *Law and Philosophy*, 20: 499-530.
—— (2005). "Freedom with Forgiveness," *Politics, Philosophy and Economics*, 4: 29-67.
—— (2008). *Fairness, Responsibility, and Welfare*. New York: Oxford University Press.
Fleurbaey, Marc, and Peter Hammond (2004). "Interpersonally Comparable Utility," in Salvador Barbera, Peter Hammond and Christian Seidl (eds.) *Handbook of Utility Theory*, vol. 2: *Extensions*. Dordrecht: Kluwer, 1179-1285.
Fleurbaey, Marc, Bertil Tungodden, and Peter Vallentyne (2009). "On the Possibility of Nonaggregative Priority for the Worst Off," *Social Philosophy and Policy*, 26: 258-85.
Frankfurt, Harry (1987). "Equality as a Moral Ideal," *Ethics*, 98: 21-43.
—— (1997). "Equality and Respect," *Social Research*, 64: 3-15.
—— (2000). "The Moral Irrelevance of Equality," *Public Affairs Quarterly*, 14: 87-103.
Frohlich, Norman, and Joe A. Oppenheimer (1993). *Choosing Justice: An Experimental Approach to Ethical Theory*. Berkeley: University of California Press.
Gaertner, Wulf, and Erik Schokkaert (2011). *Empirical Social Choice: Questionnaire-Experimental Studies on Distributive Justice*. Cambridge: Cambridge University Press.
Gevers Louis (1979). "On Interpersonal Comparability and Social Welfare Orderings," *Econometrica*, 47: 75-89.
Gibbard, Allan (2008). *Reconciling Our Aims: In Search of Bases for Ethics*. New York: Oxford University Press.
Gilabert, Pablo (2012). *From Global Poverty to Global Equality: A Philosophical Exploration*. Oxford: Oxford University Press.
Griffin, James (1986). *Well-Being: Its Meaning, Measurement, and Moral Importance*. Oxford: Oxford University Press.
Hammond, Peter J. (1976). "Equity, Arrow's Conditions, and Rawls' Difference Principle," *Econometrica*, 44: 793-804.
Hare, R. M. (1973). "Rawls' Theory of Justice I," *Philosophical Quarterly*, 23: 144-55.
—— (1996). *Essays on Bioethics*. Oxford: Clarendon Press.
Harper, S., D. Rushani, and J. S. Kaufman (2012). "Trends in the Black-White Life Expectancy Gap, 2003-8," *JAMA*, 307: 2257-59.
Harris, John (1985). *The Value of Life*. London: Routledge.
Harsanyi, John C. (1953). "Cardinal Utility in Welfare Economics and in the Theory

of Risk-Taking," *Journal of Political Economy*, 61: 434-35.

—— (1955). "Cardinal Welfare, Individualistic Ethics, and Interpersonal Comparisons of Utility," *Journal of Political Economy*, 63: 309-21.

—— (1975). "Can the Maximin Principle Serve as a Basis for Morality? A Critique of John Rawls's Theory," *American Political Science Review*, 69: 594-606.

—— (1977). *Rational Behaviour and Bargaining Equilibrium in Games and Social Situations*. Cambridge: Cambridge University Press.

Hausman, Daniel M. (2009). "Benevolence, Justice, Well-Being and the Health Gradient," *Public Health Ethics*, 2: 235-43.

Hausman, Daniel M., Yukiko Asada, and Thomas Hedemann (2002). "Health Inequalities and Why They Matter," *Health Care Analysis*, 10: 177-91.

Hirose, Iwao (2005). "Intertemporal Distributive Judgment," *Ethical Theory and Moral Practice*, 8: 371-86.

—— (2009). "Reconsidering the Value of Equality," *Australasian Journal of Philosophy*, 87: 301-12.

—— (2014). *Moral Aggregation*. New York: Oxford University Press.

Holtug, Nils (2007). "Prioritarianism," in Nils Holtug and Kasper Lippert-Rasmussen (eds.) *Egalitarianism: New Essays on the Nature and Value of Equality*. Oxford: Oxford University Press, 125-56.

—— (2010). *Persons, Interests, and Justice*. Oxford: Oxford University Press.

Hurley, Susan L. (2003). *Justice, Luck, and Knowledge*. Cambridge, MA: Harvard University Press.

Huseby, Robert (2010). "Sufficiency: Restated and Defended," *Journal of Political Philosophy*, 18: 178-97.

Jensen, Karsten Klint (2003). "What Is the Difference between (Moderate) Egalitarianism and Prioritarianism?," *Economics and Philosophy*, 19: 89-109.

Kappel, Klemens (1997). "Equality, Priority, and Time," *Utilitas*, 9: 203-25.

Kappel, Klemens, and Peter Sandøe (1992). "QALYs, Age and Fairness," *Bioethics*, 6: 297-316.

Karni, Edi, and Zvi Safra (2002). "Individual Sense of Justice: A Utility Representation," *Econometrica*, 70: 263-84.

Knight, Carl, and Zofia Stemplowska (eds.) (2011). *Responsibility and Distributive Justice*. Oxford: Oxford University Press.

Konow, James (2003). "Which Is the Fairest One of All? A Positive Analysis of Justice Theories," *Journal of Economic Literature*, 41: 1188-1239.

Korsgaard, Christine M. (1983). "Two Distinctions in Goodness," *Philosophical*

Review, 92: 169-95.
Krantz, David H., R. Duncan Luce, Patrick Suppes, and Amos Tversky (1971). *Foundations of Measurement*, vol. 1. San Diego and London: Academic Press.
Kymlicka, Will (1988). "Rawls on Teleology and Deontology," *Philosophy and Public Affairs*, 17: 173-90.
Lazenby, Hugh (2011). "Is Age Special? Justice, Complete Lives and the Prudential Lifespan Account," *Journal of Applied Philosophy*, 28: 327-40.
Leigh, Andrew, Christopher Jencks, and Timothy M. Smeeding (2009). "Health and Economic Inequality," in Wiemer Salverda, Brian Nolan, and Timothy M. Smeeding (eds.) *The Oxford Handbook of Economic Inequality*. Oxford: Oxford University Press, 384-405.
Lippert-Rasmussen, Kasper (2001). "Egalitarianism, Option Luck, and Responsibility," *Ethics*, 111: 548-79.
—— (2005). "Hurley on Egalitarianism and the Luck-neutralizing Aim," *Politics, Philosophy and Economics*, 4: 249-65.
—— (2007). "The Insignificance of the Distinction between Telic and Deontic Egalitarianism," in Nils Holtug and Kasper Lippert-Rasmussen (eds.) *Egalitarianism: New Essays on the Nature and Value of Equality*. Oxford: Oxford University Press, 101-24.
—— (2009). "Justice and Bad Luck," in Edward N. Zalta (ed.) *Stanford Encyclopedia of Philosophy*, available online at http://plato.stanford.edu/entries/justice-bad-luck/
—— (2012). "Democratic Egalitarianism versus Luck Egalitarianism: What Is at Stake?," *Philosophical Topics*, 40: 117-34.
Marmot, Michael (2004). *The Status Syndrome: How Social Standing Affects Our Health and Longevity*. New York: Henry Holt & Co. 鏡森定信・橋本英樹監訳『ステータス症候群——社会格差という病』日本評論社, 2007年.
Marmot, M. G., M. J. Shipley, and Geoffrey Rose (1984). "Inequalities in Health-Specific Explanations of a General Pattern?," *Lancet*, 323: 1003-6.
Maskin, Eric (1978). "A Theorem on Utilitarianism," *Review of Economic Studies*, 46: 93-96.
Mason, Andrew (2001). "Egalitarianism and the Levelling Down Objection," *Analysis*, 61: 246-254.
McCarthy, David (2006). "Utilitarianism and Prioritarianism I," *Economics and Philosophy*, 22: 335-63.
—— (2008). "Utilitarianism and Prioritarianism II," *Economics and Philosophy*, 24:

1-33.
—— (2013). "Risk-Free Approaches to the Priority View," *Erkenntnis*, 78: 421-49.
McKerlie, Dennis (1989). "Equality and Time," *Ethics*, 99: 475-91.
—— (1994). "Equality or Priority," *Utilitas*, 6: 25-42.
—— (1997). "Priority and Time," *Canadian Journal of Philosophy*, 27: 287-309.
—— (2001a). "Dimensions of Equality," *Utilitas*, 13: 263-288.
—— (2001b). "Justice between the Young and the Old," *Philosophy and Public Affairs*, 30: 152-77.
—— (2013). *Justice between the Young and the Old*. New York: Oxford University Press.
Moore, G. E. (1922). "The Conception of Intrinsic Value," in *Philosophical Studies*. London: Routledge & Kegan Paul, 253-75.
Nagel, Thomas (1979). "Equality," in *Mortal Questions*. New York: Cambridge University Press. 永井均訳『コウモリであるとはどのようなことか』勁草書房, 1989年, 106-27頁.
—— (1991). *Equality and Partiality*. New York: Oxford University Press.
Nord, Erik (1999). *Cost-Value Analysis in Health Care: Making Sense Out of QALYs*. Cambridge: Cambridge University Press.
Nord, Erik, Jose Luis Pinto, Jeff Richardson, Paul Menzel, and Peter Ubel (1999). "Incorporating Societal Concerns for Fairness in Numerical Valuations of Health Programmes," *Health Economics*, 8: 25-39.
Norheim, Ole F. (2009). "A Note on Brock: Prioritarianism, Egalitarianism and the Distribution of Life Years," *Journal of Medical Ethics*, 35: 565-69.
Nozick, Robert (1974). *Anarchy, State, and Utopia*. Oxford: Basic Books. 嶋津格訳『アナーキー・国家・ユートピア――国家の正当性とその限界』木鐸社, 1992年.
Nussbaum, Martha C. (2009). *Frontiers of Justice: Disability, Nationality, Species Membership*. Cambridge, MA: Harvard University Press. 神島裕子訳『正義のフロンティア――障碍者・外国人・動物という境界を越えて』法政大学出版局, 2012年.
Olson, Jonas (2004). "Intrinsicalism and Conditionalism about Final Value," *Ethical Theory and Moral Practice*, 7: 31-52.
Otsuka, Michael (2000). "Scanlon and the Claims of the Many versus the One," *Analysis*, 60: 288-93.
—— (2001). "Luck, Insurance, and Equality," *Ethics*, 113: 40-54.
Otsuka, Michael, and Alex Voorhoeve (2009). "Why It Matters That Some Are Worse Off Than Others: An Argument against the Priority View," *Philosophy and Public Affairs*, 37: 171-99.

―― (2011). "Reply to Crisp," *Utilitas*, 23: 109-14.

Parfit, Derek (1984). *Reasons and Persons*. Oxford: Clarendon Press. 森村進訳『理由と人格――非人格性の倫理へ』勁草書房, 1998年.

―― (1995). *Equality or Priority?* Lindley Lecture. Lawrence, KS: University of Kansas.

―― (2000). "Equality or Priority?," in Matthew Clayton and Andrew Williams (eds.) *The Ideal of Equality*. Basingstoke: Macmillan, 81-125.

―― (2012) "Another Defence of the Priority View," *Utilitas*, 24: 399-440.

Peterson, Martin, and Sven Ove Hansson (2005). "Equality and Priority," *Utilitas*, 17: 299-309.

Pickett, Kate, and Richard Wilkinson (2009). *The Spirit Level: Why Greater Equality Makes Societies Stronger*. New York: Bloomsbury Publishing. 酒井泰介訳『平等社会――経済成長に代わる, 次の目標』東洋経済新報社, 2010年.

Pogge, Thomas W. (2000). "On the Site of Distributive Justice: Reflections on Cohen and Murphy," *Philosophy and Public Affairs*, 29: 137-69.

―― (2008). *World Poverty and Human Rights*, 2nd ed. Cambridge: Polity Press. 立岩真也監訳『なぜ遠くの貧しい人への義務があるのか――世界的貧困と人権』生活書院, 2010年.

Rabinowicz, Wlodek (2001). "Prioritarianism and Uncertainty: On the Interpersonal Addition Theorem and the Priority View," in Dan Egonsson, Jonas Josefsson, Björn Peterson, and Toni Rønnow-Rasmussen (eds.) *Exploring Practical Philosophy: From Action to Values*. Aldershot: Ashgate, 139-65.

―― (2002). "Prioritarianism for Prospects," *Utilitas*, 14: 2-21.

Rabinowicz, Wlodek, and Toni Rønnow-Rasmussen (2000). "A Distinction in Value: Intrinsic and for Its Own Sake," *Proceedings of the Aristotelian Society*, 100: 33-51.

Rakowski, Eric (1991). *Equal Justice*. Oxford: Oxford University Press.

Rawls, John (1971). *A Theory of Justice*. Cambridge, MA: Harvard University Press. 川本隆史・福間聡・神島裕子訳『正義論〔改訂版〕』紀伊國屋書店, 2010年.

Raz, Joseph (2009). "On the Value of Distributional Equality," in Stephen De Wijze, Matthew H. Kramer, and Ian Carter (eds.) *Hillel Steiner and the Anatomy of Justice: Themes and Challenges*. London: Routledge, 22-33.

Roberts, Fred S. (1985). *Measurement Theory: With Applications to Decisionmaking, Utility, and the Social Sciences*. Cambridge: Cambridge University Press.

Roberts, Kevin W. S. (1980). "Interpersonal Comparability and Social Choice Theory," *Review of Economic Studies*, 47: 421-39.

Roberts, Melinda A., and David T. Wasserman (eds.) (2009). *Harming Future Persons: Ethics, Genetics and the Nonidentity Problem*. Dordrecht: Springer.

Roemer, John E. (1998a). *Equality of Opportunity*. Cambridge, MA: Harvard University Press.

—— (1998b). *Theories of Distributive Justice*. Cambridge, MA: Harvard University Press. 木谷忍・川本隆史訳『分配的正義の理論——経済学と倫理学の対話』木鐸社, 2001年.

Ryberg, Jesper, and Tännsjö Torbjörn (eds.) (2004). *The Repugnant Conclusion: Essays on Population Ethics*. Dordrecht: Springer.

Sandbu, Martin E. (2004). "On Dworkin's Brute-Luck-Option-Luck Distinction and the Consistency of Brute-Luck Egalitarianism," *Politics, Philosophy and Economics*, 3: 283-312.

Satz, Debra (2007). "Equality, Adequacy, and Education for Citizenship," *Ethics*, 117: 623-48.

Savage, Leonard J. (1972). *The Foundations of Statistics*, 2nd rev. ed. New York: Dover Publications.

Scanlon, T. M. (1982). "Contractualism and Utilitarianism," in Amartya K. Sen and Bernard Williams (eds.) *Utilitarianism and Beyond*. Cambridge: Cambridge University Press, 103-28.

—— (1998). *What We Owe to Each Other*. Cambridge, MA: Belknap Press.

Scheffler, Samuel (2003a). "Rawls and Utilitarianism," in Samuel Freedman (ed.) *The Cambridge Companion to Rawls*. Cambridge: Cambridge University Press, 426-59.

—— (2003b). "What Is Egalitarianism?," *Philosophy and Public Affairs*, 31: 5-39.

—— (2005). "Choice, Circumstance, and the Value of Equality," *Politics, Philosophy and Economics*, 4: 5-28.

—— (2006). "Is the Basic Structure Basic?," in Christine Sypnowich and G. A. Cohen (eds.) *The Egalitarian Conscience: Essays in Honour of G. A. Cohen*. New York: Oxford University Press, 102-29.

Segall, Shlomi (2007). "Is Health Care (Still) Special?," *Journal of Political Philosophy*, 15: 342-61.

—— (2010). *Health, Luck, and Justice*. Princeton, NJ: Princeton University Press.

Sen, Amartya K. (1970). *Collective Choice and Social Welfare*. San Francisco, CA: Holden-Day. 志田基与師監訳『集合的選択と社会的厚生』勁草書房, 2000年.

—— (1976). "Poverty: An Ordinal Approach to Measurement," *Econometrica*, 44: 219-31.

—— (1979). "Utilitarianism and Welfarism," *Journal of Philosophy*, 76: 463-89.

―― (1982). *Poverty and Famines: An Essay on Entitlement and Deprivation*. Oxford: Oxford University Press. 黒崎卓・山崎幸治訳『貧困と飢饉』岩波書店，2000 年．

―― (1985). *Commodities and Capabilities*. Amsterdam: North-Holland. 鈴村興太郎訳『福祉の経済学――財と潜在能力』岩波書店，1988 年．

―― (1995). *Inequality Reexamined*. Cambridge, MA: Harvard University Press. 池本幸生・野上裕生・佐藤仁訳『不平等の再検討――潜在能力と自由』岩波書店，1999 年．

―― (1999). *Development as Freedom*. New York: Oxford University Press. 石塚雅彦訳『自由と経済開発』日本経済新聞社，2000 年．

Sen, Amartya K., and James E. Foster (1997). *On Economic Inequality: Enlarged Edition with a Substantial Annexe*. Oxford: Clarendon Press. 鈴村興太郎・須賀晃一訳『不平等の経済学――ジェームズ・フォスター，アマルティア・センによる補論「四半世紀後の『不平等の経済学』」を含む拡大版』東洋経済新報社，2000 年．

Sen, Amartya K., and Bernard Williams (eds.) (1982). *Utilitarianism and Beyond*. Cambridge: Cambridge University Press.

Shields, Liam (2012). "The Prospects for Sufficientarianism," *Utilitas*, 24: 101-17.

Singer, Peter (1972). "Famine, Affluence, and Morality," *Philosophy and Public Affairs*, 1: 229-43.

Skorupski, John (1999). "Value and Distribution," in *Ethical Explorations*. Oxford: Oxford University Press, 85-101.

Strasnick, Steven (1976). "Social Choice and the Derivation of Rawls's Difference Principle," *Journal of Philosophy*, 73: 85-99.

Tan, Kok-Chor (2012). *Justice, Institutions, and Luck: The Site, Ground, and Scope of Equality*. Oxford: Oxford University Press.

Taurek, John (1977). "Should the Numbers Count?," *Philosophy and Public Affairs*, 6: 293-316.

Temkin, Larry S. (1993). *Inequality*. New York: Oxford University Press.

―― (2000). "Equality, Priority, and the Levelling Down Objection," in Matthew Clayton and Andrew Williams (eds.) *The Ideal of Equality*. Basingstoke: Macmillan, 126-61.

―― (2003a). "Egalitarianism Defended," *Ethics*, 113: 764-82.

―― (2003b). "Equality, Priority or What?," *Economics and Philosophy*, 19: 61-87.

―― (2009). "Illuminating Egalitarianism," in Thomas Christiano and John Christman (eds.) *Contemporary Debates in Political Philosophy*. Oxford: Blackwell, 155-78.

Tungodden, Bertil (2003). "The Value of Equality," *Economics and Philosophy*, 19: 1-44.

Vallentyne, Peter (2002). "Brute Luck, Option Luck, and Equality of Initial Opportunities," *Ethics*, 112: 529-57.
—— (2007). "Distributive Justice," in Robert E. Goodin, Philip Pettit, and Thomas W. Pogge (eds.) *A Companion to Contemporary Political Philosophy*, 2nd ed., vol. 2. Oxford: Blackwell, 548-62.
Vallentyne, Peter, and Bertil Tungodden (2007). "Paretian Egalitarianism with Variable Population Size," in John Roemer and Kotaro Suzumura (eds.) *Intergenerational Equity and Sustainability*. Basingstoke: Palgrave Macmillan.
Van Parijs, Philippe (2003). "Difference Principles," in Samuel Freeman (ed.) *The Cambridge Companion to Rawls*. Cambridge: Cambridge University Press, 200-240.
Weirich, Paul (1983). "Utility Tempered with Equality," *Noûs*, 17: 423-39.
Weymark, John A. (1991). "A Reconsideration of the Harsanyi-Sen Debate on Utilitarianism," in Jon Elster and John E. Roemer (eds.) *Interpersonal Comparisons of Well-Being*. Cambridge: Cambridge University Press, 255-320.
White, Stuart (2007). *Equality*. Cambridge: Wiley.
Wiggins, David (1998). *Needs, Values, Truth: Essays in the Philosophy of Value*. Oxford: Oxford University Press. 大庭健・奥田太郎 編・監訳『ニーズ・価値・真理——ウィギンズ倫理学論文集』(抄訳), 勁草書房, 2014 年.
Williams, Alan (1997). "Intergenerational Equity: An Exploration of the 'Fair Innings' Argument," *Health Economics*, 6: 117-32.
Williams, Andrew (1998). "Incentives, Inequality, and Publicity," *Philosophy and Public Affairs*, 27: 225-47.
—— (2002). "Equality for the Ambitious," *Philosophical Quarterly*, 52: 377-89.
Wolff, Jonathan (1998). "Fairness, Respect, and the Egalitarian Ethos," *Philosophy and Public Affairs*, 27: 97-122.
World Health Organization (2008). *Closing the Gap in a Generation: Health Equity through Action on the Social Determinants of Health*. Geneva: World Health Organization.

訳者解説

　本書は Iwao Hirose, *Egalitarianism*, Routledge, 2015 の抄訳である。原書全7章のうち第6章の "Equality and time" を割愛したため、本文中で原書第6章に言及している箇所については若干の変更を施した。該当変更箇所はすべて訳注にて示してある。

　著者である広瀬巌は、早稲田大学政治経済学部を卒業後、セント・アンドリュース大学（イギリス）で博士号（Ph.D.）を取得。オックスフォード大学ユニバーシティ・カレッジ、ハーバード大学、メルボルン大学での研究員を経て、現在はマギル大学（カナダ）の哲学部および環境研究科の准教授である。この間、ルーヴァン・カトリック大学（ベルギー）、ストックホルム大学、東京大学、オックスフォード大学セント・アンズ・カレッジ、ニューヨーク大学、ブロシェ財団（ジュネーブ）、グローバル・スタディーズ大学（パリ）、早稲田大学、オックスフォード大学コープス・クリスティ・カレッジ、ヘブライ大学などの客員ポストを歴任している。

　主な研究業績としては、本書のほか、単著として *Moral Aggregation*（Oxford University Press）、共著として *The Ethics of Health Care Rationing*（Routledge）、共編著として *The Oxford Handbook of Value Theory* および *Weighing and Reasoning*（Oxford University Press）などがある（2016年5月現在）。これらは2014年と2015年に続けざまに出版されており、現在大いに注目を集める新進気鋭の分析哲学者である。主な研究分野は道徳哲学、とくに本書でも中心的に取り上げられている「価値論」であるが、純粋理論にとどまらず、それらが公共政策に適用される場合の含意にも関心を寄せている。

訳者解説

1　本書の意義と現在の分配的正義論

　本書は、現代の英語圏の政治・社会哲学のなかで大きな存在感を示す「分配的正義論」の分野のうち、福利のより平等な分配を主張する「平等主義」に関する包括的な概論である。本書では第1章から第5章において、ロールズ的平等主義、運平等主義、目的論的平等主義、優先主義、十分主義という五つの分配原理が手際よく紹介され、その理論的な特徴と問題点とが平易に概説されている。そして第6章（原書の第7章）では健康の不平等の問題が取り上げられ、こうした理論の現実への応用可能性が示されている。

　分配的正義（distributive justice）はアリストテレス以来の概念であるが、近代までは長きにわたって思想史上から名実ともに姿を消していた。市民革命ごろにようやく現代の分配的正義論が対象としている諸論点が政治思想家たちによって論議されるようになったが、分配的正義論として明示的に語られるようになったのは、やはりジョン・ロールズの『正義論』以降、いわゆるリベラルな平等主義（liberal egalitarianism）に属する論者たちによってである（Fleischacker 2004）。本書はロールズ以降の現代の分配的正義における平等主義的な諸理論について、その錯綜した議論の全体像をすっきりと見通すことを可能にした英語圏においても初めてとなる概説書であり、本書が刊行されたこと、また時を置かずに邦訳が刊行されたことは、政治哲学分野全体にとって非常に大きな意義があると言えよう。

　「結語」において著者も述べているように、完璧な分配的正義論は、被分配項（distribuendum）と分配原理（distributive principle）という、大きく二つの問題に答えなければならない（Cohen 1993b: 2156）。前者は「何が」分配されるべきかに関するものであり、大まかには本書の「被平等化項 equalisandum」に相当する。後者は、被分配項が何であれ、それ（ら）が個人間（および個人内の異時点間）で「どのように」分配されるのがより望ましいのかを判断する基準となる原理であり、本書はまさにこれを主題としている。「正義」と同じく、「分配的正義」の議論においてもまた、何らかの望ましい理想状態としての分配的正義という観念（concept）だけが共有されており、その理想をより

228

具体化した分配的正義の構想（conceptions）は論者ごとに異なっているのが現状である。各論者の分配的正義構想の違いは、その理想状態を表現する尺度や空間（被分配項）、および、それら被分配項の分布はどうあるべきか（分配原理）に関する見解の相違から生じていると考えられる。本書はこのうちの後者、被分配項の分布をどう評価するか、という問題を主に扱うわけだが、これまで明示的に「分配原理」とされてきたものにとどまらない諸議論までその射程に収めている。

　従来、この分野で純粋な分配原理として相互排他的に論じられてきたのは、目的論的平等主義、優先主義、十分主義の三つである。ロールズ的正義論や運平等主義は、多くの場合、平等の根拠ないし基礎付けをもたらすものとして扱われ、被分配項の分布を評価するという意味での分配原理と見なされることは稀であった。だが本書は、「より不遇な者に優先性を与える」ことを主張している諸議論を平等主義として一括してそれらの構造的特徴を浮かび上がらせたうえで、その相対的な利点と難点を明らかにするという、今までになかった試みである。結果として、福利分布を見て諸事態の相対的善さを判断するという狭い意味の分配原理だけでなく、（より）平等な分配がより善いと判断できる前提や条件について語る議論までもが、狭い意味での分配原理と同じ土俵で語れるようになっている。さらに、マキシミン・ルールないしレキシミンとしてのロールズ格差原理は多くの論者によって優先主義の一種と見なされているが、それが実は（本書で形式的に定義されたものとしての優先主義とは）異なることも、これまでなかったほど——数学的な構造的諸特徴に照らして——明確にされている。

　「序論」で示されたように、本書では被分配項（被平等化項）に関する議論を棚上げし、被分配項を最も広い意味での「福利 well-being」としたうえで、福利という語を、あらゆる実体的な被分配項概念を代入することのできるプレイスホルダーとして扱う、という戦術をとる。その意義については後に詳述するが、これにより、分配原理の議論に専心してそれぞれの特徴を的確に捉える視点が確保されたと言える。以下では、現在の分配的正義論においての主要な関心事項を——本書で踏み込んでは論じられていない部分を中心に——概観しつつ、それに照らすことで広瀬の議論の意義を確認することにしよう。さらに、

訳者解説

広瀬をはじめとする分配的正義の議論が、格差や経済成長といった現代の社会的な課題にどのような提言をなしうるのか（なしえないのか）を展望することにしたい。

2　「何の平等か？」論争における三つの立場

　各人は、同じでなくてもよいが対等ではあるべきだろう。各人が互いを対等な存在として（as equal）承認し合っていると判断できるためには、諸個人間での何の分配状態に着目すべきだろうか？　これが、現代の分配的正義論において主潮をなす「何の平等か？」論争で焦点となるテーマである。本書では「序論」において、被平等化項（被分配項）に関する説明のしかたとして精神状態説、客観リスト説、その中間という三つの立場が言及されているが、ここでは「何の平等か？」論争に即して、三つの立場の主張をもう少し詳しく見ておく。
　厚生主義（welfarism）――上記「精神状態説」に相当――は功利主義の伝統を受け継ぐ立場であり、道徳的観点で終局的に参照すべきは個人の厚生であるとする。この際、厚生の解釈には快楽説と欲求充足説がある。前者はベンサム以来の古典的功利主義の厚生解釈であり、厚生とは幸福（happiness）のこと――すなわち当の個人がその人生で経験する快楽と苦痛の収支――であるとする。後者は最近の功利主義者に多い立場であり、その個人が抱く（あるいは抱くであろう）欲求をどれだけ満たすかが即ちその個人の厚生であるとする。
　資源主義（resourcism）――上記「客観リスト説」に相当――は、ロールズやドウォーキンのような立場を批判的に名指した言葉であるが、すべての人が自らの人生計画を（それがどのようなものであれ）追求するために役立てられる汎用的手段（all-purpose means）――典型的には貨幣――について、それへのアクセスを人々の間でできるだけ平等化・優先化・十分化しようとする。
　最後に潜在能力アプローチ（capability approach, 以下 CA と略記）――上記「中間の立場」に相当――は、機能（functionings）ないし潜在能力（capabilities）に注目する。機能とは、ある個人が特定の状況において為したり成ったりすることのできる様々なことがらの記述（センがよく挙げる例として、「良好な栄養状態であること」、「文字が読めること」など）である。これに対して潜在能力とは、

基本的には、ある個人が達成しうる機能ベクトルの集合（a set of functionings）を指し、大まかには、(a)諸財を何らかの諸機能に変換するその個人の特性、(b)その個人の支配する財のベクトル、によって決定されるが、センの定式化では、その個人を取り巻く社会的・環境的な諸条件も勘案されると解釈できる（Sen 1985 = 1988: 42-3）。セン本人は、「一つの諸機能ベクトル集合であり、それは一つまたは別のタイプの人生を送るその個人の自由を反映している」（Sen 1992: 40）と説明しており、潜在能力の自由としての側面をとくに強調する。実証的研究ではどうしても機能（を表現するとされる経験的指標）に注目が集まるが、規範理論的に被分配項とされるべきなのは潜在能力であるとされている。

(1)厚生主義の難点

厚生主義に対しては主要な批判が二つある。一つは「選好に対する責任」という論点であり、次の二つの問題として厚生主義批判の定番となっている。「高価な嗜好 expensive tastes」問題は、同じ水準の厚生（快楽ないし欲求充足）に達するために、ある人は高額な財を必要とするが別の人は安価な財しか必要としない場合、厚生の平等という観点からは、後者から前者に対して何らかの資源（貨幣など）を移転することが規範的に正しい、という反直観的な結論を導いてしまうというものである。「適応的選好 adaptive preference」問題は、虐げられることに慣れてしまった奴隷やメイドが、客観的に見れば非常に劣悪な自分の境遇に満足してしまって、その結果、物質的に贅沢な暮らしをしている人間より厚生の観点では優るような場合、前者から後者への資源移転が規範的に正しいとする反直観的結論を導いてしまう、というものである。つまり、過度に高価な嗜好も不当なまでに安価な嗜好もともに問題があるのである。前者において、その贅沢な嗜好を持ったことについて当人に責任を負わせるべきなのは当然であるし、後者においては、そのような慎ましすぎる嗜好を涵養したことを「当人の問題」で済ませてよいのかという疑問が残るのだ。前者はとくに資源主義からの、後者はCAからの問題提起である[1]。

もう一つの厚生主義批判は、人間の福利ないし善き生（well-being）はもっと多面的なものであり（少なくとも正義論においてはそう捉えるべきであり）、

厚生を得ること以外にも重要な、そして社会正義の観点から無視してはならないことが数多くある、というものである。これはとくに CA からの批判であるが、ロールズの基本財アプローチのような一元的でない資源主義にも共有される問題意識である。

(2)資源主義の難点

資源主義に対する批判は、それが広い意味で「フェティシズム」である、という点にある。資源主義は何らかの財サービスといった資源を各人に平等に分配すべきだと言うが、資源は人間の善き生にとっては明らかに手段に過ぎない。正義の理論は各人の善き生を直接に表現するような諸目的を被分配項としなければならないのであり、貨幣のようにその汎用性がどれだけ高かろうとも、手段に過ぎない諸財（goods）に拘泥するのはフェティシズムでしかない。これは CA にも厚生主義にも共有された資源主義批判である。厚生主義からすれば目的（被分配項）は厚生であるべきであり、資源主義によって被分配項とされた財がどれだけの厚生を生むかは諸個人の選好に左右されるのであり、資源主義は個人間の選好の違いを無視しているということになる（これに対し資源主義は、各人は自分の選好にある程度責任を持つべきであり、あらゆる個人の選好を同じだけ尊重すべきではないと反論する）。

また CA は、様々な財を機能へと変換する諸要因に着目し[2]、これらを無視する資源主義は分配的正義の理論としては不十分であると断じる。図 1 は、CA が厚生主義と資源主義に対して自らがいかに規範的に優れた立場であるかを説明する主張の要点を図式化したものである。CA が重視するのは、個人の単なる主観において経験される厚生ではなく、各人の善き生のために客観的に必要と判断できる様々な機能のベクトル（functionings）であり（図中にはないが、各機能がそれぞれに値を持つ）、さらには、それらの機能を選択的に達成する個人の能力（潜在能力）である[3]。この際、CA は厚生主義を批判しつつも、「厚生を達成する機能（図中の functioning u）」もまた、そのように客観的に重要な機能の一つであることは認める。ただ、それは様々な重要な機能のうちの一つに過ぎないと主張するのである。

図1 潜在能力アプローチから見た財と機能の関係

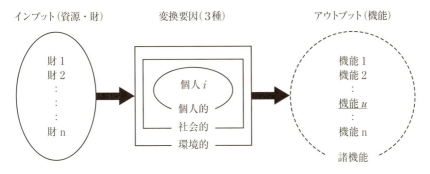

(3)潜在能力アプローチの難点

　CAは厚生主義と資源主義への不満をもとにアマルティア・センが提示し、マーサ・ヌスバウムがさらに精緻化してきた立場であるが、実務的な適用可能性が高い（ように見える）ので、学者だけでなく実務に携わる人々にも好まれるようである。しかし、よく知られるようになった概念だからこそ、その難点を指摘する向きも多い。第一に、潜在能力ないし機能の「リスト問題」である。センは、分配的正義論が財や厚生ではなく機能や潜在能力をこそ被分配項に据えるべきだとは主張したが、機能には、「適切な栄養状態であること、健康であること、予防可能な病気や早世を避けることなど……、幸福であること、自尊心を持つこと、コミュニティの生活に参加することなど」、基礎的なものから複雑なものまで含まれると例示するのみで（Sen 1992: 39）、「どの」機能ないし潜在能力が道徳的に重要であるかを正確にリスト化することはなかった。

　これに対して、ヌスバウムは積極的にリスト化を試み、「人間の中心的な潜在能力」として一〇項目をリストアップしている（Nussbaum 2007=2012: 90-2）。ヌスバウムによれば、それらの潜在能力のどれが欠けていても、その人生は人間の尊厳に見合ったものではないと直観的・推論的に論証しうるのであり、その論証は人生についての想像力に依拠するとされている（id.: 92）。だが、ヌスバウムのこのリストが、理性的（reasonable）な個人であれば異論の余地なく受け容れるはずだと言えるものかは大いに疑問である。CAのリスト問題とは、「どの」機能・潜在能力が選択されるべきかが不明確であり、どんなリス

トが出されても道徳的に恣意的である・偏っていると批判される余地があるということなのだ。

また、およそありえないことだが仮にリスト問題がクリアされたとしても、さらに「指標問題 indexing problem」に直面する。センもそうだが、とくにヌスバウムは、人間の善き生の多面性を反映する複数の機能ないし潜在能力はそれぞれ独立であり、一つの機能・潜在能力が十分性以上であったとしても、それによってその他における十分性未満が償われることは決してない、と主張している。価値の多元性がこのように主張される場合、複数の価値の間で何らかのウェイト付けをして一つの指標にまとめ上げることは原理上不可能になる。どのようなウェイト付けをしようと、それは恣意的なのである。

以上のリスト問題と指標問題は多元的な被分配項を提示する資源主義（典型的にはロールズの基本財アプローチ）にも当てはまる難点であり、一元的な被分配項を標榜する厚生主義のみがそれを免れる。

(4) リベラルな中立性

現代の政治哲学では「リベラルな中立性 liberal neutrality」は堅持されなければならない、という建前が共有されている。現代の分配的正義論は、リバタリアニズム（自由至上主義）をも含む緩い意味での「リベラリズム」（自由主義）の枠内での議論であり、その枠を無視した分配構想は説得力を持ちえない。この際、「リベラリズム」とは、特定の善の構想（conceptions of the good）に依拠して、その善の構想を促進することを目的に政治権力の行使、公的諸制度の整備、公的諸政策の策定を行うことは許されない、とする政治思想のことである。これに対して、特定の善の構想を推進すること、あるいは明らかに当人（および／または社会）のためにならない善の構想を防除することを政治の役割（の少なくとも一つ）であるとする立場を「卓越主義 perfectionism」と呼ぶ。「善の構想」とは、「献身的な追求に値する諸目的や目標に関するそれぞれの捉え方」（Rawls 1993: 104）とか、「何が人生に価値を与えるのかに関する自身の哲学的信念」（Dworkin 1981: 209）などと定義される、市民が銘々に持つ人生プランを導く価値体系のようなもののことである。つまりリベラルな中立性とは、様々であるはずの善の構想の間で政治は中立でなければならない、という国家活動

に対する制約なのである。

　ここでリベラルな中立性が問題となるのは、CA や資源主義（基本財アプローチ）が機能・潜在能力・基本財などのリスト化に際して特定の善の構想に依拠しているのではないかと疑われるからである。ヌスバウムはそのアリストテレス主義に基づいて、人間性の開花（human flourishing）にとって不可欠な機能・潜在能力とは何かという目的論的（teleological）な立論をしていることから、とくにこの中立性からの批判を受ける。彼女は九〇年代後半からその政治理論を一部変更して政治的リベラリズムに転向し、その枠内で CA を前進させるという立場をとっているが、それが整合的であるとは到底思えない（Deneulin 2002）。

　センは、潜在能力リストを民主的熟議に委ねることによってこの中立性批判を回避している（あるいは、回避できていると主張している）。ロールズは、自らの基本財は自由で平等な人格としての市民たちが、十分に協働する社会構成員でありつつ自らの善の構想を追求するのに必要とするものであり、いかなる特定の善の構想も参照していないと説明している。これらによって中立性批判が本当に回避できるかは議論の余地があり、厚生主義者はセンやロールズの説明には納得しない。たとえばアーネソンは、被分配項の決定に関して主観主義と客観主義を区別し、「ある個人の嗜好や利害から独立してその当人の善き生の水準を評価する基盤を提供する基準」としての道徳的客観主義は何らかの卓越主義的概念を前提せざるをえないのであり、厚生主義が奉じる分配的主観主義（distributive subjectivism）でなければリベラルな中立性にもとると論じている（Arneson 1990）。

　リベラルな中立性は理論的にはいまだ議論の余地の大きい概念であるし[4]、それを忠実に実行するなら現在の先進諸国の採用している政策の多くが正当化不可能である。とはいえ、現に存在している様々な善の構想に中立な政治を模索する、あるいは社会的諸制度をそれらにより中立なものとしてゆく、というその気分は多くのリベラリストに共有されている。ここでは、リベラルな中立性というアイデアは、被分配項の議論のように積極的に目的・目標を選定する局面では強く作動しすぎて実用的でない——提示された目的・目標に少しでも卓越主義的な匂いが感じられればそれは排除される——かもしれないが、手段

表1 被分配項を巡る各アプローチの関係

	厚生主義		資源主義		潜在能力アプローチ(CA)	
	快楽説	欲求充足説	J. ロールズ	R. ドウォーキン	A. セン	M. ヌスバウム
被分配項	幸福(快−苦)	欲求の充足水準	基本財	資源	潜在能力・機能	
厚生主義からの批判	×	×	フェティシズム 中立性に悖る(弱)	フェティシズム 中立性に悖る(弱)	中立性に悖る(弱)	中立性に悖る(強)
資源主義からの批判	責任概念の不在(高価な嗜好)	×	×	×	中立性に悖る(弱)	中立性に悖る(強)
CA からの批判	高価な嗜好 適応的選好形成 厚生一元主義		フェティシズム	フェティシズム	抽象的すぎる ※ヌスバウムその他から	中立性に悖る(強) ※センその他から
備考	分配的主観主義：厚生の内容においても程度においても主観主義				熟議による決定	精緻なリスト化 十分主義 アリストテレス的目的論
批判への応答	厚生機会の平等(R. Arneson)		公共的理性	仮想的保険市場	省略	

（制度・政策）を選定する局面においてこそ――諸手段がリベラルな枠（制約）から外れていないかチェックするという消極的なかたちで――効果的に作動することが期待できる、とだけ述べておく[5]。なお、表1は本節で論じた被分配項をめぐる各アプローチの関係である。

3 「何の平等か？」論争に対する現時点での評価

以上、各アプローチの相対的難点を大まかに述べたが、見た通り、それぞれに難点があり、理論的な決定打のないまま三者が鼎立しているのが現状である。このような現状が、分配的正義論全体における広瀬の研究の意義をより大きなものにしているのは明らかだろう。本書の「結語」で述べられているように、分配的正義論は(1)妥当な被分配項の概念を特定し、(2)(3)その測定可能性と個人間比較可能性を立証したうえで、(4)最も妥当な分配原理を特定する、という手順で完成されると考えられている。(1)の議論がこのまま決着を見ないのであれば分配的正義論はまったく進展しないことになる。これに対して広瀬の方針は、いきなり(4)での議論を進めることができるというものである。またそれは、(1)

3 「何の平等か？」論争に対する現時点での評価

での行き詰まりを受けた消極的選択ではなく、むしろそれによって、「特定の分配原理が被平等化項の概念や測定、個人間比較可能性にどのような種類の条件を課すのかを考察する」という新たな視点を得られることにもなる、との洞察に基づくものでもある。

　これはまったく慧眼であり、その方針には大いに見込みがある。それは、同様に「結語」で語られている、特定の被分配項概念へのコミットが特定の分配原理へのコミットを含意するのかという問題意識とも関連している。被分配項を論じている哲学者たちには暗黙に前提されている分配原理があるように思われる。Anderson（1999）やNussbaum（2007）に見られるように、潜在能力は明らかに十分主義と親和的である。資源（とくに基本財）は、複数の構成要素それぞれに別の分配原理が適用される——自由と機会は十分主義的に分配されるのが望ましく、社会経済的利得（所得その他）は優先主義的（正確にはレキシミン）に分配されるのが望ましいとする——多元構造になっている。厚生はあらゆる分配原理——そこには功利主義までもが含まれる——と無理なく馴染むことができるが、これは、そもそも厚生それ自体が、あらゆる文脈に妥当する被分配項を欲した功利主義によって編み出された概念だからである。広瀬が言うように、分配原理に関する知見を豊かにしておくことで、特定の被分配項を推す論証がどのような制約をクリアしなければならないのか、現になされている被分配項の論証が（概念的にだけでなく技術的にも）整合性のあるものなのか、というように、これまでになかったかたちで被分配項の議論に接することが可能になるだろう。

　ここでは被分配項をめぐる三者のいずれが規範的に優れた立場であるかを判定することはしない[6]。むしろそれは不要ではないかと訳者は考える。上に示した三つの立場は、セン（Sen 1979）の提起した「何の平等か？」という問いに基づいて、現代の政治・道徳哲学者たちの所論のうち被分配項に関わる部分を——そこだけ抜き出して——分類したものであるが、その分類は功利主義（厚生主義）とロールズ正義論（資源主義）を批判したうえで自らのCAを提案するというセン自身の立論や、コーエンによる整理（Cohen 1993a）によって大まかなかたちが与えられたものであった。財と厚生との両方に対置されるその中間（midfare）としての潜在能力、というコーエンの整理は多くの論者の腑

に落ちたようで、もはや図式化されて受け止められている。

　だが、各論者の被分配項についての所論はこの三つの立場に必ず分類できるほど単純ではないし、各論者も自分で自らを三つの立場のいずれかに任じているわけではない。この分類はあくまで「何の平等か？」論争の趨勢を整理して理解するための分類であり、この三つの立場のいずれが規範的により妥当かというかたちで問いを立てることや、それに答えを出すことには意味がないように思われる。各論者の――できれば被分配項に限られない全体的な――論証それ自体の妥当性について論じるべきなのであって、これら三分類された被分配項のいずれが妥当かという問いの立て方は、後付けの分類に振り回される倒錯でしかないだろう。

　被分配項をめぐる議論は、「正義に適った社会」は各人の諸属性のうちどこに注目しなければならないか、それを最も端的に表しうる変数は何か、という議論であり、一面では、「正義に適った社会にとっての妥当な評価指標」を求める議論と言える。被分配項が「焦点空間 focal space」とか「焦点変数 focal variables」と呼ばれることもあるのはこのためである。このとき、社会諸科学がよく陥る、指標が独り歩きするという事態に注意する必要がある。焦点空間・変数といった用語は、リベラルな平等主義の哲学者たちの所論のうち「ココだけ抑えておけばよい」とされる注目点のようなものが存在する印象を与える。じっさい、被分配項とはまさにそれに近い目的意識で概念化されたものではあるのだが、残念ながら、現在の社会諸科学が「これさえ見ればその社会の望ましさが分かる」ような指標（群）を開発できていないように、分配的正義の諸理論についても、「ココさえ見ておけば各論者の所論の相対的妥当性を判断できる」と言えるような焦点は存在しない。たとえば、被分配項をめぐる現行の議論ではロールズの社会的基本財が単なる被分配項（評価の指標）として扱われているわけだが、これを評価指標として使うという発想自体、ロールズ正義論への冒瀆であるとも言える。

　広瀬も何度か指摘しているように、ロールズは基本財を正義の二原理の一部として提示した。「形式的諸自由」と「最低限の機会」はそれぞれがいわゆる分配とは別の原理に服するものであり、分配原理としての格差原理が適用されるのは「権威と責任のある職務と地位に伴う諸々の権力と特権」、「所得と富」、

「自尊の社会的基盤」の三つである（さらに便宜上、分かりやすく「所得と富」のみで議論は進められる）。ロールズは、フェティシズム批判で想定されるような所得と富以外の自由や機会にまで格差原理が適用される（べき）とは毛ほども考えていなかった。自由や機会の社会的な「分布」はたしかに気に掛けられるべきだが、それは政府の「分配」政策によって与えられるものでは（少なくとも直接的には）ない。この点、基本財を他と同じ単なる評価指標として比較するのは明らかに誤りなのであるが、現状、どちらがより妥当な社会の評価指標かという枠組みで議論が進んでしまっている（Brighouse and Robeyns 2010 eds.）。

　ロールズ基本財の扱いをめぐるこの一事だけを見ても、被分配項に焦点化することの危うさを認識し、「評価の指標」を手軽に求めることへの戒めとするに十分だろう。たしかに指標化は比較のために便利である。だが指標化してしまうことでどうしてもこぼれ落ちてしまう、規範的に重要な考慮事項が間違いなく存在する。そういった要素は、指標の数値が出てくる前提を見ることで考慮に入れなければならない。たとえば、ジニ係数や相対的貧困率が同じ二つの社会があったとして、財産権や職業選択の自由、就業機会の平等などが保障されたうえでその数値を出している社会と、職種を国家が強制的に割り当ててその数値を実現している社会とでは、その数値の規範的評価がまったく違うはずである――ロールズ正義論は第一原理（基本的諸自由）と第二原理第一項（公正な機会）によってまさにこういった「指標の前提」を語っているのである。被分配項をめぐる各論者の見解の違いは、平等それ自体が持つ多様な側面、平等と関連したりその背後に存在したりする他の諸価値や考慮事項、これらのいずれを強調するかの違いによるところが大きく、それのみを取り出して簡単に優劣をつけることはできないし、それはむしろ慎むべきことだろう[7]。

4　分配的正義論は「役に立つ」か？

　そもそも、被分配項をめぐる議論――「何の平等か？」論争――の出発点は「個人の状態のいずれの（諸）側面が、平等主義者にとって根源的な意味において重要であるべきなのか？――それも、彼らが根源的と見なすものの単なる

原因ないしエビデンスないし近似値としてではなく」というものだった（Cohen 1989: 906, 強調原文）。本書の結語で述べられているように、完璧な分配的正義の理論は、本解説第3節の冒頭で示した(1)から(4)を備えなければならないとされている。「何の平等か？」論争は(1)をめぐるものであるが、コーエンの記述からも分かるように、この議論に決着が付いたからといって自動的に「道徳的に意味のある評価指標 morally relevant indicators」のようなものが得られるわけではない。この抽象的なレベルでの議論に決着が付いても、その近似となる経験的指標（群）がどのようなものであるかは未定なのである。(1)での結論をさらに具体化する(2)や(3)における決着には、道徳哲学的な議論だけでなく技術的問題や正統性（人々の納得）の問題が絡んでくる。例えば、(1)での議論が厚生・資源（基本財）・潜在能力のいずれとして結論が出たとしても、三者はまったく同じ制度・政策体系（手段）を推奨するかもしれないだけでなく、まったく同じ経験的指標（群）によって具体化される可能性さえあるのである。このように、被分配項の議論に決着が付いても（さらに分配原理の論争に決着が付いて完璧な分配的正義論が完成したとしても）、我々には実践的な含意がほとんど得られないだろう[8]。では、分配的正義を論じることにはどのような意味があるのだろうか？　それは我々にとって何の「役に立つ」というのだろうか？　広瀬の研究はこういった問いを考えるうえで非常に示唆的である——というより、こういったことを考えさせずにはおかないものである。

　広瀬が本書でも扱っている価値論（axiology）は、目的論（teleology）的な諸議論とは異なり、福利分布に基づいて事態や帰結の相対的な善さを判断する「だけ」のものである。ここで福利とは、何であれ個人の境遇をより良く（より「善く」ではない[9]）するものを指す。この福利が個人間で（あるいは個人内の異時点間で）どのように分布しているかによって、諸事態をより善い／より悪いと判断するのである。逆に言えば、価値論において行われるのは、諸事態の相対的な善さを判断することのみにとどまる[10]。

　哲学的思考に実践的な含意を期待する人々には、このような議論は無意味なものと映るかもしれない。分配的正義論をめぐる広瀬の基本的なスタンスは Hirose（2014）に伺える。彼はそこで、功利主義に反対する論者たち——その多くは境遇の悪い人々に同情的である——に評判の悪い「集計 aggregation」（と

くに個人間集計）というアイデアを、倫理的思考における有益な分析ツールとして擁護することを試みている。集計批判者の多くが「人格の別個性」を以って集計を拒絶しており、集計こそが功利主義への扉を開く（人格の別個性を侵害する）ものであると考えている。広瀬は、それは集計批判者たちが実体的集計（substantive aggregation）のみを念頭にしているからだと診断する。彼は実体的集計と形式的集計（formal aggregation）とを区別し、後者のみを擁護するのである。

　実体的集計においては、諸個人の道徳上重要な要素〔morally relevant factors〕が事前に決定されたうえで、それらが全体的価値へと統合される。「事前に決定され」によって私が意味するのは、道徳上重要な要素が集計プロセスの外部から同定され、何が道徳上重要な要素であるのかについて特定の主張が——集計プロセスとは独立に——所与とされている、ということだ。……その際、実体的集計は、追求されるべき目標を同定するために、所与の道徳上重要な要素を集計する。実体的集計においては、集計は単なる機械的な一方向のプロセスであり、そこでは、事前に決定された道徳上重要な要素がインプットとして見なされるとともに全体的価値をアウトプットとして算出するのである。(Hirose 2014: 52, 強調引用者)

　形式的集計は、集計より以前には道徳上重要な要素を未決定のままにしておくとともに、集計プロセスのなかで生じてくる要素をもそこに含めるという可能性を許容する。道徳上重要な要素の同定は集計プロセスの内部からなされる。異なる人々との関係性から生じてくる重要な要素〔例として個人間の不平等や不公正〕といったものがいくつか存在するかもしれない。……形式的集計は、ただ単に、異なる人々の道徳上重要な要素がどのように構造化〔structured〕されているかを表現するものである。それは道徳上重要な要素に構造を与えるのだ。(id.: 53, 強調引用者)

　つまり、形式的集計と実体的集計との相違は、(A)集計対象となる善が事前に決定されているのか、それとも集計プロセスから（も）生じるのか、(B)目標を与

訳者解説

えてくれるのか、それとも構造を与えてくれるのか、にある。

　もちろん広瀬は、「形式的集計は倫理における有用な分析ツールとしてはあまりに薄弱〔thin or weak〕である」という批判があることは十分承知している（id.: 222）。だが、そのような批判者と自分とでは、単純に、哲学的思考に期待するものが異なっているだけなのだと述べる。つまり、批判者たちが実体的ガイダンスを期待しているのに対して、広瀬は「我々の倫理的思考の構造」を明らかにすることを期待している、というのだ (ibid.)。彼は以下のように「集計」を一般的に定義する。

　集計によって私が意味しているのは、大まかに、福利や幸福、快楽、欲求満足、クレイム、理由といった道徳上重要な諸要素を組み合わせてある客観的な価値にすることである。客観的価値によって私が意味しているのは、道徳上重要な要素集合間の関係を表現する、何らかの数値尺度上での値のことである。(id.: 23)

そのうえで、彼の定義する集計は、個人間集計と個人内集計のいずれにも共通する四つの基本的な構造的特徴を備えるものとされる。すなわち、(1)個人間比較可能性（個人内集計の場合は、人格内諸時点の比較可能性 Intra-personal comparability）、(2)不偏性（同じく、諸時点の対称性 Temporal symmetry）、(3)パレート原理（同じく、単調性 Monotonicity）、(4)連続性（人格内の連続性 Intra-personal continuity）のすべてを満たすのが、彼の集計である（id.: sec. 2.3）。

　我々の分配判断は往々にして、個人間か個人内か、ミクロかマクロか、現在の分配だけでなく将来をも考慮するか否か、などによって異なってくる。少なくとも、我々の多くの道徳的直観はそのような分配判断をもたらす。Hirose (2014) は、そのように様々な文脈で多様な含意をもたらす我々の分配判断に集計という分析ツールを一貫して適用することによって、我々の倫理的判断に一貫した説明を与える（構造を明らかにする）試みである。このスタンスは分配的正義論においても貫かれており（本書および Bognar and Hirose 2014）、彼の議論は、被分配項の問題（「何の平等か？」）を措いて純粋に「分配」のみに焦点化して「平等な分配」の理念をより一般的・抽象的に把握しようとするも

のである。それは間違いなく真摯でかつ一流の哲学研究であると評価できるだろう。しかし、では、それは我々にとって何の役に立つのだろうか？

　ここで、広瀬が哲学的思考に「実体的ガイダンスを期待」しないと述べる意味を考えるべきだろう。それは、哲学者は実践的な諸問題に関心を持たなくてよいということではない。現に広瀬は、本書の第6章（原書では第7章にあたる）や Bognar and Hirose (2014) において、ヘルスケア資源の配分というこの上なく実用的なテーマを扱っている。Bognar and Hirose (2014) は、「ヘルスケアの割当」を定義し、「明白かつ正当化された道徳原理に沿った一般的なヘルスケアの割当」が存在しなかった場合の不都合に言及したうえで、ヘルスケアの割当は実践的に不可避であるだけでなくむしろ道徳的にも望ましいと主張する。そして、ヘルスケアの割当決定が正統性をもつためには、少なくとも、効率と公正をともに考慮する必要があると指摘する。この二つは往々にして対立するものだが、ここでは「公正を便益最大化（効率）の制約条件として考える」ことが推奨されるのである。

　ヘルスケアの割当は、現象的には、民主的決定やテクノクラート的決定、市場での諸アクターの判断・行動に委ねられることになるのだが、民主的決定や政治的取引、市場原理に基づく決定にすべてを委ねてしまうことの道徳的限界は明らかである。そこで、ヘルスケアの割当そのものではなく、それを統制する道徳原理を考察・提示することこそが（道徳）哲学者に求められるのである。逆に言えば、ヘルスケア資源の配分に関して安易な政策提言を導くことは哲学者の仕事ではない（し、そんなことは不可能である）。人々の道徳上重要な要素に関わる実践的文脈において道徳哲学者は大いに貢献できなければならないが、それは政策（具体的手段）を提言するどころか「目標を与える」ことですらない。道徳哲学の役割は、諸々の政策決定に際してどのような道徳的問題・懸念が生じるのかを明らかにし、それらはどのように考えるべきなのか・考えられるのかをガイドすることにある。これが、「哲学的思考に実体的ガイダンスを期待」しないということなのだろう。

5　分配的正義論のこれから

　この「哲学的思考に実体的ガイダンスを期待」しないという広瀬の言葉は、分配的正義論の現状について考えるヒントにもなっているように思われる。Cohen（1993a）や本書の記述にもあるように、完全無欠の分配的正義論は妥当な被分配項と分配原理の組み合わせによってもたらされる、とされている。これは多くの分配的正義論者の共通見解だろう。だが、被分配項と分配原理に関する議論はもともと別々に発展してきた。本書が被分配項について雄弁でない以上に、被分配項について雄弁な論者たちは分配原理については寡黙である。政治哲学者や政策理論家が被分配項についての比較的新しい論考を寄せているBrighouse and Robeyns（2010 eds.）にしても、本書で大きく取り上げられているパーフィットやフランクファート、クリスプ、テムキンといった分配原理の大家たちの議論が積極的なかたちではほとんど参照されていない。分配的正義論の研究は今でも「被分配項の論者」と「分配原理の論者」とに分岐したままである（R. アーネソンは例外であるが）。この分岐は——論者たちがどう認識しているにせよ——完全無欠の分配的正義論へ向けたあるべき分業なのだろうか？

　訳者にはそうでないように思われる。上述の、「実体的ガイダンスを期待」しないということには少なくとも二つの水準がある。一方は広瀬のように、具体的な行為や手段だけでなく目的や目標の設定さえも哲学者の仕事ではないとする徹底した立場。他方は、主体（個人であれ国家であれ）の追求すべき価値ないし目的を明らかにすることは哲学者の仕事である——が、その目的を実現する手段についてはその限りではない——と考える立場である。被分配項の論者たちは後者に属するだろう。

　広瀬が被分配項の議論を措いて分配原理に専念するのは、本当に、既述のとおり、被分配項に関する議論が決め手を欠くから、あるいはそれによって分配的正義論にとっての新たな視点が得られるから、という意図によるものなのだろうか？　広瀬が求めているのは、個人間か個人内か、ミクロかマクロか、社会の基本構造か個別ケースか、現在の分配だけでなく将来をも考慮するか否か、

5 分配的正義論のこれから

等々を越えたあらゆる文脈での分配判断を横断してなお妥当する、我々の倫理的判断についての一貫した説明であるように思われる。これは恐ろしいまでに野心的な企図であるが、広瀬をはじめとする分配原理の探究者たちには——多かれ少なかれ——共有されているものだろう。彼らは、そのような野心のために、福利を「何であれ個人の境遇を良くするもの」という、物理的にも制度的にも同定しえない、抽象的概念のままにしておきたいのではないだろうか。もっといえば、彼らが分配原理をより純粋に語るためには——あたかも偏微分を解くかのように——被分配項は不確定なものとして固定されておく必要があるのではないか。つまり、この分岐は分配原理の論者たちの(自覚的ではないにせよ)望むところなのであり、ある種の必然なのかもしれない。分配原理の論者と被分配項の論者は実はまったく別方向の関心を持っていて——被分配項の論者たちは少なくとも「正義に適った社会」という文脈を特定しているが、分配原理の論者たちはその縛りさえ拒絶したがっているように思える——、それが福利について明確化するという立場と不明確なままで描く(実は不確定なものとして固定したい)という立場として現れていると見ることもできよう。以上が正しいとしたら、完全無欠の分配的正義論は永遠に完成しないのではないだろうか?

　これが悲観的な見通しだとは思わない。妥当な被分配項と分配原理の組み合わせからなる完全無欠の分配的正義論という目標設定こそがそもそも誤りである可能性もある。少なくとも被分配項をめぐる議論は文脈を必要とする。文脈に関係なく常に目指されるべき個人にとっての善きもの(well-being)について、功利主義はそれを同定したと誇ったわけだが、これに対する強力な反論が存在することは上に見たとおりである。それに対して分配原理の議論は、文脈や被分配項を特定すればするほど分配原理自体を探究する意義が失われるように思われる。それは、特定の文脈と被分配項について人々の倫理的直感がどうなりがちであるかを実証的に示すだけのものになりはしないだろうか。以上を考えれば、分配原理と被分配項の議論が分岐したこの現状は、巧まずして成立した絶妙な知的分業かもしれない。であるならば、拙速な議論で両者を無理に統合するような試みは無用である。本書のような素晴らしい研究成果も、「結語」で指摘された分配的正義論における新たな視座への気付きも、この現状によっ

訳者解説

てこそ、もたらされているのかもしれないのだから。

6 原書第6章「平等と時間」について[11]

最後に、本訳書では割愛された原書第6章について、簡単にその内容を紹介しておくことにしよう。本章が扱うのは、「時間をまたいだ平等主義的な分配判断に関する、最近の二つの理論的問題」、すなわち、「分配判断の時間単位」と「将来の人々の福利分布」という二つの論点である。本書では全般を通して諸事態(人々の福利ベクトル)の相対的善さについて検討(比較)されているが、本章の6.1節から6.3節にかけては、選択肢(*alternatives*)が比較されている。選択肢には、特定の時点での人々の福利分布に関する情報、および、人生全般にわたる福利についての各個人間での分布の情報、の両方が含まれる。

6.1節ではまず、「平等主義者が評価すべきは、生涯福利の分布だろうか(生涯全体説)、それとも、ある所与の時点での福利分布(時間断片説)だろうか?」という問いが立てられる。現代の平等主義者の多く(ジョン・ロールズ、トマス・ネーゲル、ロナルド・ドウォーキンなど)は、生涯全体説を是としている。だが生涯全体説は、生涯福利の平等分配が達成されているかぎりにおいては、時点間の不平等を——たとえそれがどれほど大きなものであっても——許容する。つまり彼らは、個人内集計はすすんで認めるが個人間集計は断固拒絶するのである。広瀬は、その理由を彼らが「人格の別個性」を重視しているからだと推測している。なお Hirose (2014) では、人格の別個性を尊重することは必ずしも個人間集計を否定することにならないと論証している。

6.2節では生涯全体説を批判する時間断片説の主張が検討される。時間断片説を支持する人々は、個人内での時点間不平等を許容することは反直観的であると考える。じっさい、本書で定義された目的論的平等主義と優先主義の定式によれば、個人間だけでなく個人内においてもより平等な分布をもたらす選択肢がより善いと判断される。ゆえに、生涯全体説が個人内不平等を許容する以上、それは目的論的平等主義・優先主義の本意とは相容れないことになる。とはいえ最終的には、生涯全体説のそのような一見したところ反直観的な含意は、それを否定する決定的な論証ではないと結論される。

他方で、時間断片説は暗に時間の分離可能性（separability of time）を主張しているのであり、それにはもっと反直観的な含意（たとえば、長生きの価値を捉えられないといった）が付きまとうことが明らかにされる。時間の分離可能性は、Broome（2004）によって指摘された「あるピリオドの分布の善さはその他のピリオドの分布とは独立に決定される」という考え方であり、それは「個人が人生を通じてどのように福利を得るかはどうでもよい」という結論を導くとされている。ここで広瀬は、十分に長い一つの生と短命な二つの生を比較すれば、一つの長い生のほうが良いのではないかという見解（Broome 2004）と、それに対する、長生きはそれ自体を目的として善いわけではないという反論（Arrhenius 2008）を紹介する。広瀬は、「40年の人生二つと80年の人生一つなら後者のほうが直観的に善いとされるだろう」という見解[12]を示したうえで、100年の人生二つと200年の人生一つという比較であれば、今の我々の直観では判断できないのではないかとして、我々の直観に基づく倫理的判断が存在としての物理的現実に（少なくともある程度は）依存することを指摘している。最終的に、パーフィットの言う還元主義のような、人格の同一性に関する特定の形而上学的立場にコミットしないかぎり、時間の分離可能性に基づく時間断片説を支持するのは難しいと結論されている。

6.3節では、生涯全体説と時間断片説の折衷案（ハイブリッド説）が検討される。これは、我々は生涯福利の分布と特定時点における福利分布の両方を考慮すべきであるという見解だが、その二つの見解を組み合わせるというのは非常に複雑な作業であるし、両者にどのような相対ウェイトを与えるのかについて恣意的にならざるをえない。結局、このハイブリッド説も分配判断の時間単位という第一の論点に完璧な解法をもたらすものではないと結論されている。

最後に6.4節では、第二の論点、平等主義的な分配的正義の諸理論が人口サイズの異なるケース（可変人口ケース）においてどのように作動するであろうか、について考察される。なお、ここで考察されるのはいわゆる非同一性ケースであり、未来の諸々の帰結をまたいで同一のアイデンティティを持つ個人は一人も存在しない、つまり、一方の未来の帰結に存在するある個人は他方の未来の帰結には存在しない、と想定されている。一般的に、非同一性ケースでは特定の個人が得をするか損をするかを述べることが意味をなさなくなるので、

分配判断がより難しくなる。

　可変人口ケースにおける分配原理というこの第二の論点について、平等主義であろうと優先主義であろうと、あらゆる分配原理がParfit（2004）の指摘した厭わしき結論という問題——この難題には今のところ満足のいく解決策が一つも存在しない——に直面するため、やはり最終的な解法は得られない、という結論になっている。それでも、広瀬は最後に「分配原理の性質を理解することにとって重要な二つのポイント」を指摘している。第一は、非同一性ケースにおいては主要なレキシミン批判の一つ——より境遇の悪い者を益するためにより境遇の良い者のあらゆる犠牲を正当化してしまう——が失当するというものである。これは非同一性ケースにおいては各人の得失について語ることができないからである。第二は、可変人口ケースにおいて優先主義はどう考えてもおかしな結論を導くので、優先主義は人数が固定された場合に限定される適用範囲の狭い原理と考えるべきではないか、というものである。

7　おわりに

　本書で論じられている分配的正義の諸原理については、日本ではこれまで森統や安藤馨など、功利主義に詳しい一部の研究者によってある程度は詳しく紹介されてきていたが、学部レベルでも無理なく理解できるよう解説されることはなかったように思われる。多くの読者は、本書が専門書としては非常に明快で理解しやすいと感じるのではないだろうか。だが実はそれ自体が驚くべきことなのである。訳者は本書が出る以前から平等主義・優先主義・十分主義の相対的な利点や難点、それぞれの主張の直観的な訴求力について一通り知っているつもりではあったが、総じて、それぞれの論者が複雑で錯綜した議論を展開している結果、用語が混乱していたり概念が不明瞭になっていたりということもあり、これらを統一的な枠組みのなかで説明しきることは無理なのではないかと考えていた。そのため、本書は少なからぬ衝撃であった。様々な分配原理に関する主張とその関係性がこんなにも簡単に理解できてしまってよいのか、そんなことがありうるのかと思ったほどである。平等主義的な直観を持つ論者たちの複雑で錯綜した主張に数学的な構造を与えることで——むろん、その過

程でこぼれてしまったものもあるのだが——分配原理に関する議論がこれまで考えられなかったほどすっきりと見通せるようになった。このことはそれ自体、世界的に見ても大きな学術的進展なのであるが、日本ではいまだ十分に知られていない分配原理の諸説を幅広い分野の読者に知ってもらううえでも、大きな意義を持つことだろう。

注

1　R. アーネソンは「厚生機会の平等 Equality of Opportunity for Welfare」を主張し、各人の実際に達成した厚生ではなく、各人が達成しうる厚生への機会を評価すべきであるとして、責任という観点での厚生主義批判を回避する。
2　Robeyns（2009: 41）は三種の変換要因を指摘しており、①個人的（personal）変換要因として、メタボリズム、身体的コンディション、性別、読解力、インテリジェンスなどを、②社会的（social）変換要因として、公共政策、社会規範、差別的慣習、ジェンダー役割、社会的ヒエラルキーと権力関係などを、③環境的（environmental）変換要因として、気候、地理的ロケーションなどを、それぞれ挙げている。
3　CA 論者の多くは枕詞のように「機能ではなく潜在能力を」と主張する。というのも、これによって CA は、厚生主義がこうむる「責任」という観点での批判を回避できるうえに、自由や自律を重視しているとアピールできるからだ。何らかの望ましい（諸）機能（これらがどのような経験的指標で表されるにせよ）を全員について達成せよ、と要求するなら、個人の努力や責任を考慮せずその境遇を改善させるのは規範的に誤りだとする厚生主義批判が CA にも妥当する——さらには、特定の機能の充足を公的に保障することは卓越主義的（後述）だと批判されるかもしれない——が、特定の（諸）機能を達成するための条件を整備した（選択可能性を与えた）までである、と主張されればその批判は——さらには卓越主義批判も——失当する。その意味で、この「機能ではなく潜在能力を」という主張は分配的正義の論争においてはこの上ない妙手である。（とはいえ、厚生主義や資源主義においても、保障されるのはそれらへの「リーズナブルなアクセス」であると主張されるのが常であり、自由や責任を重視するとアピールできるのは CA に限らないとも言える。）

　ただし、この手の主張がなされた場合、被分配項の測定可能性は諦めねばならない。特定の個人の潜在能力のなかに、特定のある機能が含まれていた（いる）ことが、実際に達成された機能を見ずしてどうすれば可能なのだろうか？　厚生や資源についても、それへのリーズナブルなアクセスを、特定の個人が持っていた（いる）ことをどう立証するというのだろうか？　結局のところ、属性の似た諸個人がどんな財ベクトルでどんな機能ベクトルを達成したかを統計的に見ることになるだろう。
4　主要な争点としては、リベラルな中立性の適用範囲（立憲構造や社会の基本構造

訳者解説

に限るのか、それとも個別の政策にまで及ぶのか)、何の間での中立性なのか(制度・政策の結果なのか、その目的なのか、その正当化事由なのか)といった問題がある。また、非強制的・社会的・間接的・マイルドな卓越主義に対してどう応答するのかも論点である。

5　リベラルな政治共同体は、定義上、その成員が一致して目指す積極的な目標を持たない。国家が何か積極的な「社会目標」を設定するにしても、それがどの程度達成されるかは、「リベラルな枠」のなかで諸個人が行為した結果でしかない。ある水準のGDPを達成するために人々に責務を課すことがリベラルの枠から外れるのと同じく、最低限の生活を下回る人の数(ないし人口中の割合)を削減することを目標に人々に具体的な責務を課すことも、リベラルの枠を外れるのである。

6　そのような観点での優れた論考として、藤岡(2002)を参照。

7　以上を踏まえてなお、敢えて「評価の指標」として厚生・資源・潜在能力を比較するとしても、優劣は付かないだろう。個人の境遇や個別の政策プログラムを評価するようなミクロ文脈での判断であれば、この三者が我々に命じることには分かりやすい違いが生じるだろうが、評価の対象が「社会の基本構造」のようにマクロになるほど、三者のいずれも、どのような経験的指標を採用するかの余地が広がるため、評価枠組としての優劣は判じにくくなる。現状、理論家・実務家たちの間で評価枠組としてCAを推す声は強いが、それはあくまでも個人レベル・個別施策レベルでの決定をガイドする指標としてのことであるに過ぎない。

8　例えば、ある社会で十分主義に基づくヌスバウムの潜在能力リストが目標として採用されたとして、当該社会の政府が社会政策への支出を増額させる前に原子力潜水艦開発のための基金に歳費を割くことは禁じられるのだろうか？　ヌスバウムはそう考えるだろうが、ミルトン・フリードマンなら、様々な産業に派生する経済効果によって、結果として、潜在能力リストの閾値目標をより効率的にクリアする、と主張するのではないだろうか(Davis 1992: 484)。

9　個人の福利水準の高さそれ自体は道徳的価値——本書の言葉で言うなら、「事態・帰結の全体的な善さ」——ではない。

10　ただし、これは価値論にとどまると宣言する論者にかぎった話ではない。現状、分配的正義論においては、厚生・資源(基本財)・潜在能力のいずれを被分配項とするにせよ、「分配」的正義という語感から想起されるのとは裏腹に、生産・徴収・再分配という一連のサイクルで一貫して使われる一元的なメディアも無ければ(被分配項と、物理的に分配される財サービスとしての「分配手段」は別である)、その流通過程を制御できる主体も想像できない。被分配項の議論も、「何が」人々の間でより平等に(あるいは優先主義的・十分主義的に)分布していれば望ましいのか、その状態を語るだけで、具体的な行為を命じるわけではない。この点、分配的正義論(theories of distributive justice)は「分布の公正さに関する理論」とでも訳したほ

うが適切な議論なのである。
11 本節での参照は本解説の引用文献一覧ではなく本書全体の「文献一覧」に対応している。
12 これはかなり論争の余地ある主張のように聞こえるが、多産多死と早死から少産少死と長寿化へという我々の歴史は、この主張を裏付けているのかもしれない。

引用文献

Anderson, Elizabeth S. (1999) "What Is the Point of Equality?," *Ethics*, 109-(2): 287-337.

Arneson, Richard J. (1990) "Liberalism, Distributive Subjectivism, and Equal Opportunity for Welfare," *Philosophy & Public Affairs*, 19-(2): 158-194.

Bognar, Greg and Iwao Hirose (2014) *The Ethics of Health Care Rationing: An Introduction*, Routledge.

Brighouse, Harry and Ingrid Robeyns (2010 eds.) *Measuring Justice: Primary Goods and Capabilities*, Cambridge University Press.

Cohen, G. A. (1989) "On the Currency of Egalitarian Justice," *Ethics*, 99-(4): 906-944.

Cohen, G. A. (1993a) "Equality of What? On Welfare, Goods and Capabilities," in Nussbaum, Martha and Amartya Sen (eds.) *The Quality of Life*, Clarendon Press, Oxford, pp. 9-29.

Cohen, G. A. (1993b) "Amartya Sen's Unequal World," *Economic and Political Weekly*, 28-(40): 2156-2160.

Davis, D. M. (1992) "The Case against the Inclusion of Socio-Economic Demands in a Bill of Rights Except as Directive Principles," *South African Journal of Human Rights*, 8: 475-90.

Deneulin, Séverine (2002) "Perfectionism, Paternalism and Liberalism in Sen and Nussbaum's Capability Approach," *Review of Political Economy*, 14-(4): 497-518.

Dworkin, Ronald (1981) "What is Equality? Part 1: Equality of Welfare," *Philosophy and Public Affairs*, 10-(3): 185-246. 小林公ほか訳「福利の平等」『平等とは何か？』木鐸社, 2002 年.

Fleischacker, Samuel (2004) *A Short History of Distributive Justice*, Harvard University Press.

藤岡大助 (2002)「分配的正義における平等論の検討——資源アプローチの擁護」『國家學會雜誌』115 (11・12)：1257-1322.

Hirose, Iwao (2014) *Moral Aggregation*, Oxford University Press.

Nussbaum, Martha C.（2003）"Capabilities as Fundamental Entitlements: Sen and Social Justice," *Feminist Economics*, 9-(2–3): 33–59.
――（2005）"Beyond the Social Contract: Capabilities and Global Justice," in Gillian Brock and Harry Brighouse（eds.）*The Political Philosophy of Cosmopolitanism*（Cambridge University Press), pp. 196-218.
――（2007）*Frontiers of Justice: Disability, Nationality, Species Membership*, Harvard University Press. 神島裕子訳『正義のフロンティア』法政大学出版局，2012年．
Pogge, Thomas（2010）"A critique of the capability approach," in Brighouse and Robeyns（2010 eds.), pp. 17-60.
Rawls, John（1971）*A theory of Justice*, Belknap Press of Harvard University Press.
――（1993）*Political Liberalism*, Columbia University Press.
Rawls, John（Erin Kelly ed. 2001）*Justice as Fairness: A Restatement*, Harvard University Press. 田中成明ほか訳『公正としての正義　再説』岩波書店，2004年．
Robeyns, Ingrid（2009）. "Capability approach," in Peil and van Staveren（eds.）*Handbook of Economics and Ethics*, pp. 39-46.
Sen, Amartya（1979）"Equality of what? Tanner lecture on human values," Tanner Lectures.
――（1985）*Commodities and Capabilities*, Elsevier Science Publishers. 鈴村興太郎訳『福祉の経済学――財と潜在能力』岩波書店，1988年．
――（1992）*Inequality Reexamined*, Oxford: Oxford University Press. 池本幸生ほか訳『不平等の再検討――潜在能力と自由』岩波書店，1999年．
――（1993）"Capabilities and Well-being," in Nussbaum and Sen（eds.）*Quality of Life*, pp. 30-53, Clarendon Press.
――（1999）*Development as Freedom*, Oxford University Press. 石塚雅彦訳『自由と経済開発』日本経済新聞社，2000年．

謝　辞

　最後に、本書の翻訳および解説の執筆にあたってお世話になった方々に謝辞を述べさせていただきます。まず、ご自身の貴重な研究の翻訳をお任せいただいたこと、さらに、原文の解釈について提示させていただいた数々の疑問に懇切丁寧にお答えいただいたことについて、原著者の広瀬巌先生に感謝申し上げます。日本での分配的正義論の普及に貢献できるという非常に光栄な機会をいただいたうえに、訳者自身の政治・道徳哲学理解の深化にもつながるものでした。

謝　辞

　次に、訳語の選定・創案および訳文の推敲にあたっては、訳者も所属している立命館大学大学院先端総合学術研究科の井上彰教授と研究指導助手・村上慎司氏にお世話になりました。とくに村上氏には長時間にわたって原文の解釈と訳文表現の正確さのチェックに付き合ってもらい、感謝に堪えません。本書は実質的には彼との共訳であると思っています。

　訳者の不勉強さゆえにこれまで馴染みのなかった概念や用語について、その理解や訳語の選定にあたっては多くの先行研究を参考にさせていただきました。政治哲学、道徳哲学、倫理学、論理学、社会的選択理論、測定理論、意思決定理論、ゲーム理論、公衆衛生学等々、本書に関連する分野に携わっている日本の研究者の方々すべてに対して——インターネットで気前よくご自身の貴重な研究を公開してくださっている方々にはとくに——感謝を申し上げたいと思います。

　最後に、本書の編集を担当していただいた勁草書房の土井美智子氏にお礼と労いの言葉をお送りします。草稿のすべてに目を通していただき、迅速かつ的確なチェックのコメントを頂いただけでなく、訳語の選定・原文の解釈にまで付き合っていただきました。これほど優秀で熱意のある編集者とともに仕事ができたのは非常な幸運であったと思います。

　みなさま、本当にありがとうございました。

索 引

†巻末の用語集に登場する項目は＊印で示した。

ア 行

アーネソン　Arneson, R.　8, 50, 57, 67, 159
アトキンソン　Atkinson, A. B.　123
アロー　Arrow, K. J.　171-2, 176
アンダーソン　Anderson, E.　71-2, 74, 76, 158, 176
遺棄批判＊　71-5, 176-8
厭わしき結論＊　248
員数法＊　154-7
インセンティブ論証　30, 34
ウィギンズ　Wiggins, D.　147-8
ウィリアムズ　Williams, A.　187
運平等主義＊　7-8, 18, 35, 49-76, 103-4, 170, 175-80, 199, 201, 206-7, 228-9
　解釈　57-68
　価値論的および義務論的な——　55-6
　健康における——　175-8
　定義　54
　ハーリーによる批判　69-70
オーツカ　Otsuka, M.　45, 129-31

カ 行

格差原理＊　7-8, 14, 17, 25-35, 36-40, 46-7, 49-53, 121, 140-1, 143, 149-50, 171, 173-4, 176, 201, 203-5　→ロールズも見よ
　健康における——　171-6
　実験経済学における——　140-2
　定義　25-31
　平等主義的批判　31, 34-5
　非平等主義的批判　31-4
　ロールズの諸原理における優先順位　26-7
　下限付きの功利主義　utilitarianism with a floor　140-4, 149-53
苛酷性批判＊　71
カサル　Casal, P.　144
価値論＊　12-4, 18-9, 28, 46, 55-6, 79, 87, 100, 104, 112, 203
カペレン　Cappelen, A. W.　178
下流因子　178-9, 181
カント倫理学　12
帰結主義＊　12, 18-9, 44, 100-1, 104, 112
基数測度　13-4, 22, 112-3, 205
企図感応　ambition-sensitivity　52-3
義務論＊　11-3, 19, 55-6, 78-9, 99, 102-4, 105, 108
義務論的平等主義＊　78-9, 99, 102-5
究極的価値　final value　86-7, 101
強分離可能性＊　20-2, 28, 47, 96, 112-3, 119-22, 135-6
クヌーヴ　Konow, J.　142
クリスプ　Crisp, R.　139, 150-3, 155-6, 160-2, 166, 203
グローバル正義　iii, 10-1, 76
契約主義　8, 17-8, 36, 40-5, 47
契約論　17-8, 35, 41, 46
限界効用逓減　23-4, 109
健康の社会的勾配　170, 178-81, 200
原初状態　26, 30-3, 41, 50, 140, 142
高価な嗜好　58-9, 75, 179
厚生主義　18-9, 112-3
公正な機会の平等＊　26-7, 171, 173-4, 176, 183
衡平ウェイト　188
効用原理＊（目的論的平等主義）　80-1, 97
功利主義＊　2, 4-5, 7, 11-2, 17-25, 28, 31-5, 39-40, 42-4, 46-7, 81, 96, 101, 107, 109-10,

255

索　引

　　112-4, 125, 128, 131, 135, 140-4, 148-52,
　　162, 185-6, 199, 201, 204
　　古典的——　　4-5, 12, 18, 21, 23, 112, 131,
　　150-2
　　——に対する批判　　24-5, 39, 43
　　——の正当化論　　32-4
　　平均——　　18, 21, 23, 32-3, 81, 131, 135,
　　140
　　——を定義する特徴　　18-25
コーエン　Cohen, G. A.　　8, 34-5, 47, 50, 57-
　　60, 67, 72-3, 75, 179
個人間集計　　39, 49
個人間比較可能性　　13-6, 22, 172, 205-6
　　完全比較可能性　　14, 22
　　水準比較可能性　　14, 28
　　単位比較可能性　　14, 22, 28, 113

サ　行

サッツ　Satz, D.　　158
サベージ　Savage, L.　　13
時間断片説*　　ii, 191, 193, 196, 200
閾値水準　　9, 139, 150, 152, 165
質調整生存年（QALY）*　　183-96, 199-200
　　集計への批判　　186-7
　　定義　　183-5
　　——と時間　　195-6
　　——と非健康関連 QOL　　189-91
　　反エイジズム批判　　192, 200
社会的基本財*　　3, 13-4, 27, 35, 39, 51, 142,
　　171-4, 176, 205
社会の基本構造　　26, 31, 34-5, 39, 50, 75,
　　171-2, 203-6, 210
射程問題*　　8, 78, 98-9, 101-2, 104, 108, 111-2
　　——とインカのケース　　99-101
　　——と分割世界ケース　　99, 102
集計説*（目的論的平等主義）　　9, 78, 93-8,
　　104-5, 114, 116, 128, 132-3, 135, 206
　　定義　　91-6
　　内在説との比較　　96-8
　　優先主義との比較　　114-8, 131-5
十分期間説*　　194-5
十分主義*　　3, 8-9, 139-66, 190-1, 201, 203-4,
　　207

解釈　　144-57
　　健康における——　　190-1
　　——と実験経済学　　140-4
　　——に対する批判　　158-65
十分性水準　　139, 143-9, 151-61, 163-5, 191,
　　201, 203, 207　→十分主義も見よ
　　——に対する批判　　158-64
十分性未満優先テーゼ*　　153, 156
生涯全体説*　　ii, 191, 193, 195-8, 200
消極テーゼ*（十分主義）　　144-50, 153, 161-
　　4, 166
　　中立的な——　　147-8
　　強い——　　146, 148-9, 161-2
　　定義　　144
　　弱い——　　147-50, 161-2
条件付き平等主義*　　87-9
上流因子　　178-9
初期機会平等説　equal initial opportunity
　　view　　66-7
序数測度　　13-4, 205
所与運*　　53-8, 62-6, 69, 75, 175, 179　→選択
　　運も見よ
シンガー　Singer, P.　　24
人格影響制約*　　84-5, 105
人格の別個性　separateness of persons
　　130-1, 136
人口集団不変条件　population invariance
　　condition　　93
真正選択説*　　58-60, 75, 179-80
深慮的ライフスパン説*　　196-8, 200
推移性　　40, 87-9
水準低下批判*　　8-9, 77-8, 82-94, 98, 104-5,
　　108, 111, 122-4, 132, 136, 150, 207
　　——と集計説　　92-5
　　——と条件付き平等主義　　86-9
　　——と優先主義　　108, 111-2, 122-4, 132
スキャンロン　Scanlon, T. M.　　8, 17, 36-46
スコルプスキ　Skorupski, J.　　149-50, 152,
　　166
セガル　Segall, S.　　60, 72-3, 75, 173-4, 177,
　　180
責任感応　responsibility-sensitivity　　50, 70,
　　176, 178, 207　→運平等主義も見よ

著者略歴
広瀬　巌（ひろせ　いわお）
　早稲田大学政治経済学部を卒業後、セント・アンドリュース大学（イギリス）で博士号（Ph. D）を取得。オックスフォード大学ユニバーシティ・カレッジ、ハーバード大学、メルボルン大学での研究員を経て、現在、マギル大学（カナダ）の哲学部および環境研究科の准教授。著書に *Moral Aggregation*（Oxford University Press）、*The Ethics of Health Care Rationing*（共著、Routledge）、共編著に *The Oxford Handbook of Value Theory* および *Weighing and Reasoning*（Oxford University Press）。

訳者略歴
齊藤　拓（さいとう　たく）
　1978 年生まれ。立命館大学大学院先端総合学術研究科博士課程修了。博士（学術）。現在、立命館大学大学院先端総合学術研究科非常勤講師。著書に『ベーシックインカム』(共著、青土社)、訳書に『ベーシック・インカムの哲学』（共訳、勁草書房）、主論文に「政策目的としてのベーシックインカム」（『コア・エシックス』vol. 8: 149-160）。

平等主義の哲学　ロールズから健康の分配まで
2016 年 8 月 20 日　第 1 版第 1 刷発行

著 者　広　瀬　　　巌
訳 者　齊　藤　　　拓
発行者　井　村　寿　人

発行所　株式会社　勁草書房
112-0005 東京都文京区水道 2-1-1　振替 00150-2-175253
（編集）電話 03-3815-5277／FAX03-3814-6968
（営業）電話 03-3814-6861／FAX03-3814-6854
日本フィニッシュ・中永製本

Ⓒ SAITO Taku　2016

ISBN978-4-326-10253-2　　Printed in Japan

JCOPY＜(社)出版者著作権管理機構委託出版物＞
本書の無断複写は著作権法上での例外を除き禁じられています。
複写される場合は、そのつど事前に、(社)出版者著作権管理機構
（電話 03-3513-6969、FAX03-3513-6979、e-mail:info@jcopy.or.jp)
の許諾を得てください。

＊落丁本・乱丁本はお取替いたします。
http://www.keisoshobo.co.jp

D. パーフィット／森村進訳
理由と人格　非人格性の倫理へ　　　　　　　　　　　10000 円

A. セン／志田基与志監訳
集合的選択と社会的厚生　　　　　　　　　　　　　　3000 円

A. セン／大庭健・川本隆史訳
合理的な愚か者　経済学＝倫理学的探究　　　　　　　3000 円

D. ウィギンズ／大庭健・奥田太郎監訳
ニーズ・価値・真理　ウィギンズ倫理学論文集　　　　3700 円

福間聡
ロールズのカント的構成主義　理由の倫理学　　　　　3500 円

N. ダニエルズ，B. ケネディ，I. カワチ／児玉聡監訳
健康格差と正義　公衆衛生に挑むロールズ哲学　　　　2500 円

宇佐美誠・濱真一郎編著
ドゥオーキン　法哲学と政治哲学　　　　　　　　　　3300 円

宇佐美誠編著
グローバルな正義　　　　　　　　　　　　　　　　　3200 円

L. ドイヨル，I. ゴフ／馬嶋裕・山森亮監訳
必要の理論　　　　　　　　　　　　　　　　　　　　3200 円

P. シンガー／児玉聡・石川涼子訳
あなたが救える命　　　　　　　　　　　　　　　　　2500 円
　世界の貧困を終わらせるために今すぐできること

P. V. パリース／後藤玲子・齊藤拓訳
ベーシック・インカムの哲学　すべての人にリアルな自由を　6000 円

＊表示価格は 2016 年 8 月現在。消費税は含まれておりません。